충북대학교 법학전문대학원 총서 ⑱

담보물권법

장석천 저

진원사

이 책은 충북대학교 법학전문대학원 법학연구소의
지원에 의하여 출판되었음

머 리 말

각각의 전문영역에서 능력 있는 전문변호사의 양성이라는 목표로 2009년 법학전문대학원이 출범함으로서 법학교육에도 대전환이 일어나게 되었고 법학전문대학원 체제하에서 민법교육도 변화를 겪게 되었다. 기존의 법과대학하에서의 통상적인 구분에 의한 교육은 더 이상 법학전문대학원의 교육과정에는 적용할 수 없게 되었다. 변화하는 교육과정에 맞추어 적절한 교육프로그램을 제공하는 것이 중요한 덕목이 되었다.

기존의 물권법이라고 구분되었던 교과서는 기본물권으로서 점유권과 소유권 용익물권으로서 지상권, 지역권, 전세권, 담보물권으로서의 유치권, 질권, 저당권으로 구분하고, 비전형담보에 대해서 다루는 방식으로 구성되어 있었고, 이것은 종합적인 법률지식을 습득하기 위한 것이라기보다는 학문적 관점에서 학설 위주의 교과서로서 법학전문대학원의 졸업 후 바로 실무에 적용하기에는 부족한 측면이 많았다.

이러한 문제의식에서 출발하여 이 책은 기존의 구성에서 탈피하여 실무에 좀 더 가까운 교과서로서 담보물권에 대한 전반적인 이론과 관련 판례를 위주로 구성하여 법학전문대학원생들이 졸업 후 실무가로 활동하는데 있어서 도움을 주고자 하는 생각으로 그 동안의 강의안을 위주로 약간의 편집을 가미하여 집필하였다.

그러나 저자의 학문적인 능력의 부족으로 인하여 책의 완성도가 떨어지는 부분이 있을 것이고, 나의 게으름으로 인하여 많은 부분이 빠져있는 것도 사실이다. 이러한 부분들은 앞으로 공부와 강의를 통하여 부족한 부분을 찾아서 보충하는 작업을 통하여 좀 더 나은 책을 집필할 것을 약속드리며, 부족한 부분은 독자들의 넓은 아량으로 용서해주시고 격려해 주시기를 부탁드립니다.

2013. 6.

늦은 밤 개신골 연구실에서

저자 씀

참고문헌

고상룡, 물권법, 법문사, 2001.
곽윤직, 물권법 제7판 박영사, 2011.
김기선, 한국물권법, 법문사, 1990.
김민중, 물권법강의, 로앤피플, 2007.
김상용, 물권법, 법문사, 2006.
김용한, 물권법론, 박영사, 1996.
김준호, 물권법, 법문사, 2012.
김증한·김학동, 물권법, 박영사, 1998.
김형배·김규완·김명숙, 민법학강의, 2009.
송덕수, 민법강의, 박영사, 2012.
양창수, 민법연구 제1권, 박영사, 1991.
양형우, 민법의 세계, 진원사, 2013.
이상태, 물권법, 법원사, 2011.
이영준, 물권법, 박영사, 2009.
이은영, 물권법, 박영사, 2006.
지원림, 민법강의, 홍문사, 2012.
이재성, "무효인 부동산등기의 유용의 범위", 사법행정 제28권 5호, 사법행정학회, 1987.

목 차

제1장 담보물권 입문

제2장 유 치 권

제3장 질 권

담보물권법

Chapter 01 담보물권 입문

제1절 총 설

Ⅰ. 담보물권과 담보의 의의

1. 담보물권의 의의

채무자가 채무를 변제하지 않음으로서 채권자가 채권의 만족을 얻을 수 없는 경우에 채권자는 채권의 효력에 의해서 최종적으로 채무자의 일반재산 즉, 책임재산에 대한 강제집행을 통해 만족을 얻게 된다. 이와 같이 채권자가 채무자의 일정한 재산으로부터 우선적으로 채권을 회수할 수 있는 권리가 담보물권이다. 그러나 현실에서는 채무자가 채무를 임의로 이행하지 않는 경우의 대부분은 채무자의 자산상태가 악화되어 있는 때이고 채무자의 일반재산을 가지고서는 채무자의 총채권자에게 만족을 줄 수 없는 경우가 대부분이며, 이 경우 채무자의 총재산은 총채무액을 하회하는 것이 보통이다. 이 경우에 각 채권자는 채권액의 비율에 따라 평등하게 변제를 받는 것이 원칙이기 때문에 채권자가 채권의 효력에만 의존하게 된다면 자기 채권의 전액을 변제받을 수 없게 될 가능성이 높아진다. 이와 같은 위험을 회피하기 위해서 채권자는 채권을 취득할 때 채권의 이행확보를 위해 담보물권을 설정하거나 법률이 특정의 채권을 보호하기 위해 이와 같은 담보물권의 성립을 인정하는 경우가 있다.

담보물권은 금전을 차용하거나 채권자와 채무자 사이에 계속적인 거래가 있는 경우에 설정되는 것이 보통이다. 오늘날에는 기업이 설비자금과 운영자금을 확보하기 위한 기업금융과 소비자가 가계의 생활자금을 확보하기 위한 소비자금융 등의 분야에서 이루어지고 있으며, 담보물권은 오늘날 경제사회에서 중요한 기능을 하고 있다.

2. 담보제도의 의의

담보란 채권의 변제를 확실하게 하기 위한 제도로서 금전채권자가 채권의 일반적인 효력을 보강하여 채권의 회수를 확보하기 위한 수단이다. 따라서 이러한 보강된 채권의 확보수단인 담보를 확보하고 있지 못한 채권자는 채무자가 이행기에 채무를 이행하지 않는 경우 채권의 일반적 효력인 강제집행의 방법을 통하여 채무자의 일반재산으로부터 채권의 만족을 얻을 수밖에 없으므로 만족할 만한 채권의 확보가 불가능한 경우가 보통이다. 담보가 없는 채권자는 채무자의 총재산이 총채무액을 초과하는 경우에는 채권의 만족을 얻을 수 있지만, 총재산이 총채무액을 하회하는 경우에는 채권자평등의 원칙에 의하여 다른 채권자와 안분비례하여 변제를 받아야 함으로 충분한 변제를 받을 수 없게 된다. 그러나 채무자로부터 채권의 확보를 위한 담보를 제공받은 채권자는 채권자평등의 원칙에도 불구하고 담보물로부터 채권의 우선변제를 받음으로서 채권을 확보할 수 있다.

민법은 채권담보를 위한 제도로서 인적 담보와 물적 담보를 두고 있다. 인적 담보는 채무자 이외의 자에게 채무를 부담시키는 담보방법으로서 채무자 이외의 자의 일반재산으로 채무를 부담시키는 것으로서 보증인·연대채무자 등이 인적담보의 전형이다. 이 인적담보의 경우 담보설정자의 재산 상태에 의해 그 담보가치가 불안정해질 수 있다는 단점도 있으나, 계약만으로 설정할 수 있다는 절차의 간편성은 이점이 될 수 있다. 반면에 채무자 혹은 제3자(물상보증인)의 재산을 채권의 담보로 하는 방법을 물적 담보라고 한다. 물적 담보는 담보목적물이 가지는 경제적 가치에 의해 채권을 담보하는 것으로서 채무자의 인적 요소에 의존하지 않으므로 채권의 변제가 보다 확실하게 담보되는 이점이 있다.

3. 담보물권의 종류

1) 전형담보와 비전형담보

민법은 담보물권으로서 유치권·질권·저당권을 규정하고 있으며, 그밖에 전세권도 기능면에서 일종의 담보물권으로서의 역할을 하고 있다. 그러나 오늘날의 담보물권제도에 있어서의 실질적·중심적 기능인 적극적 신용수수의 역할을 하는 물적 담보제도로서 민법이 정한 제도는 질권과 저당권뿐이라고 할 수 있다. 그런데 실제 거래계에서는 이러한 민법상의 담보물권제도에 불편함을 느끼고 새로운 형태의 담보제도를 개발하여 이용하게 되었다. 즉, 본래는 담보수단으로서 구성되어 있지 않은 민법상의 제도를 담보수단으로 전용하는 방법을 취해오고 있다. 여기서 유치권·질권·저당권 등과 같이 민법이 예정한 본래의 담보방법을 전형담보라 하고, 민법이 예정하지 않았지만 채권 특히 금전채권을 담보할 목적으로 채권자와 채무자 사이에서 채무자 소유의 부동산을 목적물로 하는 대물변제예약 또는 매매예약을 하고, 동시에 가등기를 하는 방식으로 담보하는 가등기담보, 담보에 제공하려는 물건의 소유자가 채권자에게 목적물을 양도하는 형식에 의하여 담보의 목적을 달성하려는 양도담보, 매매대금을 전부 변제하기 전에 목적물을 매수인에게 인도해 주기는 하되 전부 변제할 때까지는 목적물의 소유권을 매도인에게 유보시킴으로써 대금채권을 담보하는 방법인 소유권유보, 매도인(채무자)이 매매의 형식으로 물건을 팔아 매매대금의 형식으로 채무를 부담하고 매수인(채권자)으로부터 그 물건을 되사는 방법으로 담보하는 매도담보 등과 같은 새로운 담보방법을 비전형담보 또는 변칙담보라고 부르는 것이다.

2) 법정담보물권과 약정담보물권

법정담보물권은 특수한 채권에 대하여 일정한 요건에 의거하여 법률상 당연히 발생하는 것으로 타인의 물건이나 유가증권의 점유자가 그 물건에 관하여 생긴 채권을 가지는 경우에 그 채권의 변제를 받을 때까지 그 물건 또는 유가증권을 유치할 수 있는 유치권, 건물 기타 공작물의 임대인이 임대차에 관한 채권에 의하여 그 건물 기타 공작물에 부속한 임차인소유의 동산을 압류한 때 성립하는 법정질권, 토지임대인이 변제기를 경과한 최후 2년의 차임채권에 의하여 그 지상에 있는 임차인소유의 건물을 압류한 때 성립하는 법정저당권, 목적물을 유치하거나 등기하지 않더라도 채무자의 일반재산이나 특정재산으로부터 우선변제권이 인정되는 우선특권(근로기준법 제37조 제2항, 주택임대차보호법 제8조) 등이 이에 해당한다. 그러나 우선특권이 인정된다고 하여 권리자에게 추급효까지 인정하는 것은 아니다. 약정담보물권은 채권자와 채무자가 채권을 담보하기 위하여 담보물권 설정계약에 의하여 성립되는 담보물권으로 질권자가 채무자나 제3자로부터 인도받은 물건을 점유하고 채무불이행시에 그 물건을 환가하여 다른 채권자에 우선하여 자기의 채권을 변제받는 질권, 채무자나 제3자가 점유를 이전하지 않고 채무의 담보로서 제공한 부동산으로부터 다른 채권자에 우선하여 자기의 채권을 변제받을 수 있는 저당권, 원래는 용익물권이지만 전세금반환채권을 확보하기 위하여 전세권자에게 우선변제권이 인정됨으로 일종의 담보물권이라고 할 수 있는 전세권이 이에 해당한다.

☞ 우선특권의 추급효

근로기준법 제30조의2 제2항에 규정된 우선특권은 이른바 법정담보물권에 해당하는 것으로서 사용자의 총재산에 대하여 질권 또는 저당권에 의하여 담보된 채권보다 우선하여 변제받을 수 있는 권리이나, 이는 사용자의 재산에 대하여 강제집행절차나 임의경매절차가 개시된 경우에 그 배당절차에서 질권 또는 저당권의 피담보채권이나 일반채권보다 우선하여 변제받을 수 있음에 그치는 것이지 더 나아가 사용자가 제3자에게 처분한 재산에 대하여까지 추급하여 우선변제를 받을 수 있는 것은 아니라 할 것이다(대판 1994. 12. 27, 94다19242).

Ⅱ. 담보물권의 성질

담보물권이 통상 가지는 성질(通有性)은 부종성·수반성·불가분성·물상대위성이다.

1. 부종성(附從性)

담보물권은 채권의 담보를 목적으로 하는 것이므로 피담보채권이 존재하여야 담보물권이 존재하는데, 이를 부종성이라 한다. 민법은 '저당권으로 담보한 채권이 시효의 완성 기타 사유로 인하여 소멸한 때에는 저당권도 소멸한다.'고 하여 다음과 같은 취지를 규정하고 있다(제369조). 채권이 없으면 담보물권은 발생하지 않는다는 성립에 있어서 부종성, 담보물권은 채권과 분리하여 처분할 수 없다는 존속에 있어서 부종성, 채권이 소멸하면 담보물권도 소멸한다는 소멸에 있어서 부종성, 목적물로부터 우선변제를 받기 위해서는 현실로 발생하고 있는 피담보채권에 의하지 않으면 안 된다는 우선변제를 받음에 있어서 부종성을 규정하고 있다. 이러한 부종성은 유치권과 같이 특정채권의 담보를 위해 법률상 인정되는 법정담보물권에서는 엄격하게 적용되나, 질권이나 저당권과 같은 약정담보물권에서는 부종성이 완화된다. 특히 근저당권과 같이 담보할 채무의 최고액만을 정하고 채무의 확정을 장래에 보류하는 근담보의 경우에는 성립과 소멸에 있어서 부종성이 완화되어 인정되고 있다(제357조).

2. 수반성(隨伴性)

담보물권은 피담보채권에 의존하는 것이므로 채권이 이전되면 담보물권도 이에 따라 이전한다. 이러한 성질을 수반성이라 한다. 민법은 제361조에서 "저당권은 그 담보한 채권과 분리하여 타인에게 양도하거나 다른 채권의 담보로 하지 못한다."고 하여 이러한 취지를 규정하고 있다. 담보물권의 수반성과 관련하여 피담보채권을 양도하면 담보물권 즉, 등기로 공시되는 저당권이 등기 없이 당연히 양수인에게 이전되는가이다. 이에 대해서 통설은 수반성을 인정하면서 양수인이 채권과 저당권을 취득하기 위해서는 각각 채권양도의 대항요건과 저당권이전의 부기등기가 필요하다고 본다. 그러나 피담보채권과 함께 담보물권도 양도되지만, 수반성에 의해서 제3자에게 불이익을 주어서는 안 되기 때문에 물상보증인이 제공한 것에 설정된 질권이나 저당권은 물상보증인의 동의가 없으면 수반하지 않는다.

☞ 담보권의 수반성

담보권의 수반성이란 피담보채권의 처분이 있으면 언제나 담보권도 함께 처분된다는 것이 아니라 채권담보라고 하는 담보권 제도의 존재 목적에 비추어 볼 때 특별한 사정이 없는 한 피담보채권의 처분에는 담보권의 처분도 당연히 포함된다고 보는 것이 합리적이라는 것일 뿐이므로, 피담보채권의 처분이 있음에도 불구하고, 담보권의 처분이 따르지 않는 특별한 사정이 있는 경우에는 채권양수인은 담보권이 없는 무담보의 채권을 양수한 것이 되고 채권의 처분에 따르지 않은 담보권은 소멸한다(대판 2004. 4. 28, 2003다61542).

3. 불가분성(不可分性)

담보물권은 피담보채권의 전부에 대한 변제를 받을 때까지 목적물 전부에 대해 그 효력이 미치는데 이를 불가분성이라 한다. 즉, 피담보채권의 일부가 변제 등의 사유로 소멸하더라도 피담보채권의 전부가 소멸하지 않는 한 담보물 전부에 담보물권의 효력이 미치며, 담보물의 일부가 불가항력 기타의 사유로 인하여 소멸하더라도 그 잔존하는 목적물로서 피담보채권 전부를 담보한다. 그리고 담보물이 공유자들 사이에서 분할이 되어도 피담보채권은 영향을 받지 않고 각 담보물 위에 채권액 전부를 위하여 담보물권이 존속한다. 또한 담보 목적물이 수개인 경우에도 그 각각의 물건이 피담보채권 전부를 담보한다. 민법은 불가분성에 대해서 유치권에서 "유치권자는 채권 전부의 변제를 받을 때까지 유치물 전부에 대하여 그 권리를 행사할 수 있다."고 규정하고(제321조), 이를 질권과 저당권에 준용하고 있다(제343조·제370조).

4. 물상대위성(物上代位性)

담보물권은 목적물 자체가 아니라 그 교환가치를 파악하는 것이므로 목적물이 멸실·훼손·공용징수되더라도 그로 말미암아 채무자가 받을 금전 기타 물건, 즉 가치변형물에 대해서도 담보물권자가 그 담보물권을 행사할 수 있는데 이를 물상대위라고 한다. 민법은 질권에서 "질권은 질물의 멸실·훼손 또는 공용징수로 인하여 질권설정자가 받을 금전 기타 물건에 대하여도 이를 행사할 수 있다. 이 경우에는 그 지급 또는 인도전에 압류하여야 한다."고 규정하고(제342조), 이를 저당권에 준용하고 있다(제370조). 이러한 물상대위성은 우선변제적 효력이 있는 담보물권에 인정되는 것으로서 목적물 자체의 유치, 즉 점유를 통해 채권의 변제를 받을 수 있는 유치권에는 우선변제적 효력이 인정되지 않으므로 물상대위성이 인정되지 않으며, 목적물이 멸실되면 유치권도 소멸하게 된다.

Ⅲ. 담보물권의 효력

1. 우선변제적 효력

채무자가 변제기에 채무의 이행을 하지 않는 경우 담보목적물의 환가를 통해서 채권자평등의 원칙을 배제하고 다른 채권자보다 우선해서 담보채권자가 변제받을 수 있는 효력이다. 이 우선변제적 효력은 담보물권의 본질적 효력으로서 질권·저당권에는 인정되나 유치권에는 우선변제적 효력이 없다.

2. 유치적 효력

담보목적물을 채권자가 점유하면서 채무자로부터 채무의 변제가 있을 때까지 목적물의 반환을 거절함으로서 채무자에게 채무의 변제를 간접적으로 강제하는 효력이다. 즉, 목적물을 채권자에게 유치시켜 채무자가 목적물을 사용하지 못하도록 함으로써 심리적 압박을 가함으로써 채무변제를 촉구하는 효력이다. 유치적 효력은 목적물의 사용가치를 채무자로부터 빼앗는 것으로서 유치권·질권에는 인정되지만, 점유를 요건으로 하지 않는 저당권에는 인정되지 않는다.

3. 수익적 효력

채권자가 목적물로부터 얻는 수익으로 변제에 충당하는 것이다. 이러한 수익적 효력은 현행민법이 규정하는 담보물권에는 인정되지 않는다. 그러나 전세권은 그 실질에 있어서 수익적 효력이 있는 일종의 부동산질권으로서의 담보물권이라고 볼 수 있다. 전세권자는 목적물을 수익하면서 전세금반환채권에 관해서는 우선변제권을 가지기 때문이다(제303조 제1항).

4. 추급적 효력

담보물이 누구에게 있든 그 소재하는 곳에 추급하여 담보물권을 행사할 수 있는 효력을 말한다. 질권과 저당권은 추급적 효력이 있지만 유치권은 추급적 효력이 없다. 추급적 효력을 인정하기 위해서는 담보물권의 효력이 존재하고 있어야 하나, 유치권은 점유의 상실로 유치권의 효력이 상실되기 때문에 유치권에는 추급효를 인정하기 어렵다. 그러나 가치권적 담보물권의 전형인 저당권은 점유를 수반 하지 않기 때문에 목적물이 어디에 있든 담보권의 행사가 가능하며, 점유를 성립요건으로 하는 질권은 점유권의 효력이 있을 뿐만 아니라 질권 자체에 기한 물권적 청구권을 인정할 수 있으므로 추급효를 인정할 수 있다. 그러나 유치권의 경우도 점유회수의 소(제204조 제1항)로써 점유를 회복할 수 있으므로 통상의 물권과는 다르게 추급효를 가지고 있지 않는 유치권도 사실상은 추급효를 인정할 수 있다고 보아야 할 것이다.

Ⅳ. 담보물권의 순위

담보물권의 순위란 동일한 목적물 위에 2개 이상의 담보물권이 존재하는 경우에 그들 상호간의 우열관계를 말하며, 이 순위에 따라서 목적물의 환가대금이 피담보채권의 총액에 미치지 못하는 때에는 성립순위에 따라 우선변제를 받게 된다. 담보물권의 순위에 대해서 민법은 질권에 대해서 "그 순위는 설정의 선후에 의한다."고 규정하고(제333조) 있으며, 이를 저당권에 준용하고 있다(제370조). 따라서 먼저 성립한 담보물권이 후에 성립한 담보물권에 우선한다. 그러나 이러한 순위의 문제는 물권의 배타성으로 인하여 목적물의 물질적 이용을 내용으로 하는 소유권 또는 동종의 용익물권은 동일한 목적물 위에 동시에 2개 이상 성립할 수 없으므로 순위의 문제는 발생하지 않지만, 피담보채권액을 한도로 하여 목적물의 교환가치를 지배하는 질권·저당권에서는 그 배타성에 우열이 있고 또한 동일 목적물 위에 동시에 2개 이상 성립할 수 있기 때문에 담보물권의 순위의 문제가 발생하는 것이다. 한편 우리 민법은 선순위의 담보물권이 변제 등과 같은 일정한 사유로 소멸하면 후순위의 담보물권이 특별한 절차를 거치지 않더라도 당연히 그 순위가 승진하는 순위승진의 원칙을 인정하고 있다. 그러나 이러한 순위승진의 원칙 중 특이한 것으로 혼동에 대한 예외를 들 수 있다. 예컨대 1번 근저당이 설정된 물권을 2번 근저당권자가 매수하고, 1번 근저당권을 변제하여 자신의 2번 근저당이 승진하는 경우이다. 일반적인 혼동의 법리에 의하면 자신의 2번 근저당권과 소유권은 동일한 권리자에게 속해 혼동으로 소멸해야 하지만, 타물권의 예외로서 소멸하지 않는다고 본다. 따라서 자신의 1번 근저당권을 타인에게 양도할 수도 있다.

Chapter 02

유 치 권

제1절 유치권의 의의 및 법적성질

Ⅰ. 유치권의 의의

1. 의 의

유치권이란 타인의 물건 또는 유가증권을 점유하고 있는 자가 그 물건이나 유가증권에 관해서 생긴 채권을 가지는 경우에 그 변제를 받을 때까지 그 물건 또는 유가증권을 유치할 수 있는 권리이다(제320조). 예컨대 자동차를 수리한 카센타주인은 수리비의 지불을 받을 때까지 자동차를 반환하지 않겠다고 항변할 수 있다. 유치란 물건의 인도청구를 받은 경우에도 그 인도청구를 거절하고 점유를 계속하는 것이다. 이와 같이 유치권은 목적물을 유치함으로써 채무자의 변제를 간접적으로 강제할 수 있다는 점에서 목적물의 교환가치를 직접적인 목표로 하는 전형적인 담보물권과는 상이하다. 그리고 유치권은 해당물건에 관하여 생긴 채권의 채권자에게 일정한 요건에 의해서 법률상 당연히 성립하는 법정담보물권이지만, 우선변제권이 인정되지 않는다는 점에서 다른 담보물권과 차이가 있다. 이와 같이 유치권에 우선변제권이 인정되지 않는다는 것은 담보적 효력이 다른 담보물권보다 상대적으로 약하다고 할 수 있다.

2. 인정근거

민법이 유치권을 인정하는 이유는 '공평의 원칙'을 실현하려는데 있다.[1] 타인의 물건이나 유가증권을 점유하는 자가 그 물건이나 유가증권에 관하여 생긴 채권을 가지는 경우에 채권의 변제를 받기 전에 채권자에게만 물건의 인도를 하게 하면 채권의 변제를 받기 어렵게 되기 때문에 그 채권의 변제를 받을 때까지 그 물건의 반환을 거절할 수 있게 함으로서 채권의 변제를 원활하게 하는 것이 공평의 원칙에 부합함과 동시에 이를 통해서 다른 채권자보다 사실상 우선변제를 받을 수 있기 때문이다.

3. 유치권과 동시이행의 항변권

1) 공 통 점

유치권과 비슷한 제도인 동시이행의 항변권은 매매계약과 같은 쌍무계약으로부터 생긴 양 채권의 이행을 담보하는 것으로써 당사자일방은 상대방이 그 채무의 이행을 제공할 때까지 자기의 채무의 이행을 거절할 수 있는 권리를 말한다(제536조). 동시이행의 항변권은 대가관계에 있는 쌍방의 채무는 동시에 이행되는 것이 공평하고 신의에 적합하다는 이유에서 인정된 것으로서 유치권과 마찬가지고 공평의 원칙에 근거하고 있다. 또한 성립요건으로서 채권과 채무 사이에 일정한 견련관계(牽連關係)와 채권이 변제기에 있을 것을 요구한다는 점과 양자는 모두 자기의 채권에 대한 변제가 있을 때까지 채무의 이행을 거절할 수 있는 권리이므로 상대방의 이행청구에 대하여 권리를 행사하면 상환급부판결(相換給付判決)을 해야 한다는 공통점이 있다.

---

1) 곽윤직, 282면; 김준호, 356면; 지원림, 726면; 송덕수, 783면.

2) 차 이 점

유치권은 계약이나 부당이득 등에 의하여 발생하는 물권으로서 절대적·배타적 효력을 가지고 있기 때문에 누구에게나 주장할 수 있으나 동시이행의 항변권은 채권관계인 쌍무계약에서 발생하는 채권이기 때문에 채권관계의 당사자에 대하여 상대적 효력을 가지므로 당사자 사이에서만 주장할 수 있다. 그리고 유치권에 의하여 거절할 수 있는 급부는 유치권이 특정된 목적물의 유치를 통하여 채권을 담보하는 것이므로 목적물의 인도에 한하나, 동시이행의 항변권에 의하여 거절할 수 있는 급부는 쌍무계약에 의하여 발생한 모든 급부로서 제한이 없다. 또한 유치권에는 불가분성이 있으므로 유치권자는 채권의 전부를 변제받을 때까지 유치물의 전부에 대하여 그 권리를 행사할 수 있고(제321조), 채권의 변제를 받기 위하여 유치권자는 유치물을 경매할 수 있으나(제322조 제1항), 동시이행의 항변권에는 경매권이 없다. 유치권자는 선량한 관리자의 주의 의무로 유치물을 점유하여야 하는 선관주의 의무가 있으며(제324조 제1항), 채무자의 승낙 없이 유치물을 사용, 대여, 또는 담보제공을 할 수 없으나(제324조 제2항 본문), 동시이행의 항변권에 있어서는 급부목적물이 불특정물인 경우에는 자유로이 사용·수익·처분할 수 있으나, 특정물인 경우에는 선량한 관리자의 주의 의무를 부담한다(제374조). 그리고 소멸상의 차이로서 유치권에는 점유의 상실(제328조), 선관주의의무위반(제324조 제3항), 상당한 담보의 제공(제327조) 등에 의한 특별한 소멸사유가 있으나, 동시이행의 항변권에는 이러한 소멸사유가 없다.

3) 유치권과 동시이행의 항변권의 경합

가령 카센터에 수리를 맡긴 사람이 자동차의 반환을 요구하는 경우 카센터 주인은 대금을 지급하면 자동차를 반환하겠다고 할 수 있다. 이는 동시이행의 항변권에 해당하며, 반환하지 않고 계속해서 가지고 있는 것은 유치권을 행사하고 있는 것에 해당한다.

이와 같이 쌍무계약에 있어서 물건의 이전을 수반하는 경우에는 동시이행의 항변권뿐만 아니라 유치권도 그 요건을 충족하는 한 행사할 수 있다고 해석된다. 유치권은 제3자에 대해서도 주장할 수 있고, 경매권도 인정되어 있는 등 동시이행의 항변권과는 그 요건과 효과가 다르기 때문이다. 유치권과 동시이행의 항변권이 병존하는 경우 유치권을 행사하면 상대방은 선이행의무를 지게 되므로 동시이행의 항변권의 존재는 무의미하게 된다.2)

Ⅱ. 유치권의 법적성질

1. 물 권

유치권은 단순히 인도거절권능을 내용으로 하는 항변권에 불과한 것이 아니라, 채무의 변제를 받을 때까지 목적물을 점유할 수 있는 독립한 물권이다. 따라서 유치권자는 채무의 변제를 받을 때까지 그 물건의 소유권의 귀속에 관계없이 누구에게나 그 권리를 행사 할 수 있다. 즉, 유치권자는 채무자뿐만 아니라, 그 물건의 양수인에 대하여서도 권리를 주장하고 그 목적물을 유치할 수 있다. 다만 유치권은 다음과 같은 점에서 다른 물권과 차이가 있다. 첫째, 유치권에는 다른 물권과는 달리 추급효가 인정되지 않으며, 유치권자가 점유를 상실하면 유치권도 상실한다(제328조). 다만, 유치권자가 유치물을 침탈당한 경우에는 점유물반환청구권(제204조 제1항)에 의하여 그 반환을 청구할 수 있다. 둘째, 부동산유치권에 있어서도 등기는 그 요건이 아니며(부동산등기법 제3조), 유가증권을 목적으로 하는 유치권에서도 배서와 같은 공시방법이 필요없다. 그 이유는 유치권은 항상 목적물의 점유를 수반하는 권리이므로, 점유에 의하여 공시의 목적을 달성하는데 지장이 없기 때문이다.

---

2) 곽윤직, 283면; 양형우, 712면.

2. 담보물권의 통유성

유치권은 물권의 일종으로서 제한물권이며 담보물권으로서는 법정담보물권에 속한다. 따라서 담보물권으로서의 부종성·수반성·불가분성(제321조)을 가진다. 즉, 피담보채권이 발생하지 않으면 유치권도 성립하지 않으며, 피담보채권이 소멸하여 존재하지 않는 경우에는 유치권도 법률상 당연히 소멸한다(부종성), 또한 유치권은 특정한 채권을 담보하기 위하여 인정되는 것이므로, 채권이 이전되면 당연히 유치권도 채권양수인에게 이전된다. 다만 유치권은 점유와 시종 같이 하는 권리이므로, 유치권의 이전을 위하여서는 목적물의 점유도 함께 이전되어야 함은 물론이다(수반성). 그리고 유치권은 채권 전부의 변제를 받을 때까지 유치물 전부에 대하여 그 권리를 행사할 수 있다. 따라서 유치물은 그 각 부분으로써 피담보채권의 전부를 담보하며, 이와 같은 유치권의 불가분성은 그 목적물이 분할 가능하거나 수 개의 물건인 경우에도 적용된다(불가분성). 그러나 유치권에 있어서 채권의 담보는 누구에게나 인도를 거절함으로써 간접적으로 실현되는 것이므로 우선변제적 효력이 없고, 또한 유치권은 채권을 확보하기 위하여 목적물을 유치할 수 있는 권리에 지나지 않으며, 목적물의 교환가치를 확보하는 것을 목적으로 하는 권리가 아니기 때문에 유치권에는 물상대위성이 인정되지 않는다. 따라서 목적물이 멸실되거나 훼손되는 경우에 유치권은 당연히 소멸하고, 목적물에 갈음한 그 대상물에 유치권이 존재하는 것은 아니다.

☞ 불가분성 판례

이 사건에서 대법원은 다세대주택의 창호 등의 공사를 완성한 하수급인이 공사대금채권 잔액을 변제받기 위하여 위 다세대주택 중 한 세대를 점유하여 유치권을 행사하는 경우 그 유치권은 위 한 세대에 대하여 시행한 공사대금만이 아니라 다세대주택 전체에 대하여 시행한 공사대금채권의 잔액 전부를 피담보채권으로 하여 성립한다고 판시하였다(대판 2007. 9. 7, 2005다16942).

3. 담보물권성

유치권자는 목적물을 경매할 수 있지만, 우선변제권이 인정되지 않으므로 그 매각대금으로부터 다른 채권자에 우선하여 변제를 받을 수 없다. 다만 예외적으로 간이변제충당(제322조 제2항)과 과실수취권(제323조 제1항)의 경우와 채무자가 파산하여 유치권자가 별제권을 행사하는 경우(채무자회생법 제411조)에는 우선변제를 받을 수 있다.

제2절 유치권의 성립요건

민법 제320조는 타인의 물건 또는 유가증권을 점유한 자는 그 물건이나 유가증권에 관하여 생긴 채권이 변제기에 있는 경우에는 변제를 받을 때까지 그 물건 또는 유가증권을 유치할 권리가 있다. 그러나 그 점유가 불법행위로 인한 경우에 적용하지 아니한다고 하여 유치권이 성립하기 위해서는 ① 타인의 물건 또는 유가증권을 점유하고 있을 것, ② 그 물건에 관하여 생긴 채권을 가지고 있을 것(견련성), ③ 채권이 변제기에 있을 것, ④ 점유가 불법행위로 인한 것이 아닐 것, ⑤ 유치권 배제의 특약이 부존재할 것을 요구하고 있다.

Ⅰ. 타인의 물건 또는 유가증권을 점유하고 있을 것

1. 타인의 물건

타인의 물건이란 채무자 자신의 소유물일 필요는 없고 채무자에게 그 물건의 인도청구권이 있으면 유치권이 성립한다. 예를 들면 A가 자동차를 B에게 수리를 맡겼지만 A가 소유자가 아니고 C로부터 임차하여 사용하고 있는 경우에도 B는 A에 대하여 유치권을 주장할 수 있다. 즉, 타인의 물건 또는 유가증권이므로 타인은 채무자가 아닌 제3자이어도 상관없다. 제3자 소유의 물건에 대해서도 유치권이 성립할 수 있다는 것이 통설[3]·판례(대판 1975. 2. 10, 73다746; 대판 1993. 3. 26, 91다14116)의 입장이다. 유치권의 인정근거인 공평의 원칙은 목적물의 소유권이 누구에게 귀속되느냐에 따라서 달라지는 것이 아니기 때문이다. 주의 할 것은 유치권은 타물권이므로 유치권의 목적물은 유치권자의 소유이어서는 안 되고 타인 소유이어야 한다.

☞ 타인소유 물건

1) 가등기가 되어있는 부동산 소유권을 이전받은 "갑" 이 그 부동산에 대하여 필요비나 유익비를 지출한 것은 가등기에 의한 본등기가 경유됨으로써 가등기 이후의 저촉되는 등기라 하여 직권으로 말소를 당한 소유권이전등기의 명의자 "갑" 과 본등기 명의자인 "을" 내지 그 특별승계인인 "병" 과의 법률관계는 결과적으로 타인의 물건에 대하여 "갑" 이 그 점유 기간 내에 비용을 투입한 것이 된다고 보는 것이 상당하다(대판 1976. 10. 26, 76다2079).

2) 유치권은 타물권인 점에 비추어 볼 때 수급인의 재료와 노력으로 건축되었고 독립한 건물에 해당되는 기성부분은 수급인의 소유라 할 것이므로 수급인은 공사대금을 지급받을 때까지 이에 대하여 유치권을 가질 수 없다(대판 1993. 3. 26, 91다14116).

2. 목 적 물

유치권의 목적이 될 수 있는 것은 타인의 동산, 부동산, 유가증권이다. 유치권은 목적물의 점유자체가 공시방법의 역할을 하는 법정담보물권임으로 부동산이나 유가증권에 대한 유치권의 경우에도 등기나 배서가 필요치 않다. 따라서 부동산에 대한 유치권을 양도하는 경우에도 피담보채권의 양도와 점유의

3) 곽윤직, 287면; 이영준, 772면; 김상용, 599면.

이전이 있으면 담보물권의 수반성에 의하여 당연히 이전되며 민법 제187조 단서가 적용되지는 않는다. 그리고 물건의 일부가 거래상 다른 부분과 분할이 가능한 때에는 그 일부에 대한 유치권도 가능하다(대판 1968. 3. 5, 67다2786). 또한 건물임차인이 건물에 관한 유익비상환청구권에 터 잡아 취득하게 되는 유치권은 임차건물의 유지사용에 필요한 범위 내에서 임차대지부분에도 그 효력이 미친다(대판 1980. 10. 14, 79다1170).

☞ 독립한 건물이 되지 못한 토지정착물 또는 토지

건물의 신축공사를 한 수급인이 그 건물을 점유하고 있고 또 그 건물에 관하여 생긴 공사대금 채권이 있다면, 수급인은 그 채권을 변제받을 때까지 건물을 유치할 권리가 있는 것이지만(대판 1995. 9. 15, 95다16202, 16219 등 참조), 건물의 신축공사를 도급받은 수급인이 사회통념상 독립한 건물이라고 볼 수 없는 정착물을 토지에 설치한 상태에서 공사가 중단된 경우에 위 정착물은 토지의 부합물에 불과하여 이러한 정착물에 대하여 유치권을 행사할 수 없는 것이고, 또한 공사중단시까지 발생한 공사금 채권은 토지에 관하여 생긴 것이 아니므로 위 공사금 채권에 기하여 토지에 대하여 유치권을 행사할 수도 없는 것이다(대결 2008. 5. 30, 2007마98)

3. 유치권자가 목적물을 점유하고 있을 것

유치권에서의 점유는 유치권의 성립요건인 동시에 존속요건이다. 즉, 유치권은 점유하고 있는 물건에 대하여 생기는 권리이므로 물건의 점유를 이탈하여 성립할 수 없다. 점유가 계속되는 때에만 유치권이 존속하게 된다. 따라서 유치권자가 목적물의 점유를 잃으면 유치권은 당연히 소멸한다(제328조). 이 경우 채권자의 점유는 간접점유라도 상관이 없다. 통설[4]과 판례는 유치권자의 점유는 직접점유이든 간접점유이든 묻지 않는다(대결 2002. 11. 27, 2002마

4) 곽윤직, 287면; 김상용, 599면; 김준호, 369면.

3516). 따라서 채권자가 직접점유를 하지 않고 제3자에게 보관시키는 경우에도 유치권은 인정된다. 그러나 판례는 유치권은 목적물을 유치함으로써 채무자의 변제를 간접적으로 강제하는 것을 본체적 효력으로 하는 권리인 점에 비추어 그 직접점유자가 채무자인 경우에는 유치권이 성립하지 않는다고 한다.[5] 구체적인 경우에 채권자가 목적물을 점유 하고 있는가 하는 것이 문제되는데, 판례는 공장신축공사대금채권에 기한 공장건물의 유치권자가 공장건물의 소유 회사가 부도가 난 다음에 그 공장에 직원을 보내 그 정문 등에 유치권자가 공장을 유치·점유한다는 안내문을 게시하고 경비용역회사와 경비용역계약을 체결하여 용역경비원으로 하여금 주야 교대로 2인씩 그 공장에 대한 경비·수호를 하도록 하는 한편 공장의 건물 등에 자물쇠를 채우고 공장 출입구 정면에 대형 컨테이너로 가로막아 차량은 물론 사람들의 공장 출입을 통제하기 시작하고 그 공장이 경락된 다음에도 유치권자의 직원 10여 명을 보내 그 공장 주변을 경비·수호하게 하고 있었다면, 유치권자가 그 공장을 점유하고 있었다고 볼 여지가 충분하다고 판시한 바 있다(대판 1996. 8. 23, 95다8713).

☞ 유치권의 점유

유치권의 성립요건인 유치권자의 점유는 직접점유이든 간접점유이든 관계없지만, 유치권자는 채무자의 승낙이 없는 이상 그 목적물을 타에 임대할 수 있는 처분권한이 없으므로(민법 제324조 제2항 참조), 유치권자의 그러한 임대행위는 소유자의 처분권한을 침해하는 것으로서 소유자에게 그 임대의 효력을 주장할 수 없고, 따라서 소유자의 동의 없이 유치권자로부터 유치권의 목적물을 임차한 자의 점유는 구 민사소송법(2002. 1. 26. 법률 제6626호로 전문 개정되기 전의 것) 제647조 제1항 단서에서 규정하는 '경락인에게 대항할 수 있는 권원'에 기한 것이라고 볼 수 없다(대결 2002. 11. 27, 2002마3516).

5) 이은영, 685면; 이영준, 774면; 이상태, 392면; 대판 2008. 4. 11, 2007다27236.

☞ 유치목적물에 대한 경매개시결정 후 점유의 취득

채무자 소유의 건물 등 부동산에 강제경매개시결정의 기입등기가 경료되어 압류의 효력이 발생한 이후에 채무자가 위 부동산에 관한 공사대금 채권자에게 그 점유를 이전함으로써 그로 하여금 유치권을 취득하게 한 경우, 그와 같은 점유의 이전은 목적물의 교환가치를 감소시킬 우려가 있는 처분행위에 해당하여 민사집행법 제92조 제1항, 제83조 제4항에 따른 압류의 처분금지효에 저촉되므로 점유자로서는 위 유치권을 내세워 그 부동산에 관한 경매절차의 매수인에게 대항할 수 없다(대판 2005. 8. 19, 2005다22688).

Ⅱ. 채권과 물건의 견련성(牽連性)

채권이 유치권의 목적물에 관하여 생긴 것이어야 한다. 「그 물건에 관하여 생긴 채권」(320조)이란 (i) 채권이 물건 자체로부터 발생한 경우와, (ii) 채권이 물건의 반환청구와 동일한 법률관계 또는 사실관계로부터 발생한 경우를 말한다(대판 2007. 9. 7, 2005다16942). 이러한 견련성은 채권과 목적물 사이에 있으면 충분하고 그 채권이 목적물의 점유 중에 생긴 것이어야 하는 것은 아니다(통설). 즉, 채권과 '목적물의 점유'와의 견련성이 요구되는 것은 아니다.

1. 채권이 물건 자체로부터 발생한 경우

물건을 위하여 지출한 필요비·유익비의 상환청구권, 물건의 하자로 말미암아 생긴 손해의 배상청구권, 유가증권의 유상수치로 인하여 생긴 보수청구권, 타인의 동물로부터 공격을 받아 입은 손해에 대한 배상청구권과 같이 채권이 목적물 자체로부터 발생한 경우에는 그 변제를 받지 아니하는 한 점유물을 점유자로부터 분리할 수 없는 견련관계가 있다고 본다. 예컨대, 수치인이 임치물의 성질 또는 하자로 인하여 받은 손해는 이를 임치인에게 배상청구 할 수 있는바(제697조), 이때의 수치인의 손해배상청구권은 그 임치물로부터 받은 손해의 배상청구권이므로, 수치인은 임치물에 대하여 유치권을 행사할 수 있다. 또한 판례는 건물의 신축공사를 한 수급인이 그 건물을 점유하고 있고 또 그 건물에 관하여 생긴 공사금채권이 있다면, 수급인은 그 채권을 변제받을 때까지 건물을 유치할 권리가 있다고 한다(대판 1995. 9. 15, 95다16202, 16219). 그러나 목적물을 원인으로 하여 발생한 채권이 아니라 피담보채권이 목적물 그 자체를 목적으로 하는 경우에는, 피담보채권과 목적물과의 견련관계는 인정되지 않는다고 한다(예컨대 임차보증금반환청구권(대판 1976. 5. 11, 75다1305), 부속물매수청구시 부속물대금채권과 대지의 반환의무(대판 1977. 12. 13, 77다115) 등). 예컨대, 임차권은 임차물을 목적으로 하여 성립하는 것이지 임차물에 "관하여" 생긴 채권이라고 할 수 없으므로, 임차권은 유치권의 발생 원인이 되지 않는다는 것이다.

2. 채권이 물건의 반환청구권과 동일한 법률관계 또는 사실관계로부터 발생한 경우

1) 동일한 법률관계로부터 생기는 경우

물건·유가증권의 매매계약이 취소된 경우에 부당이득에 의한 매매대금의 반환청구권과 목적물의 반환의무는 매매계약의 취소라는 동일한 법률관계에 기인하여 생긴 것으로서 서로 견련관계가 인정되고, 대금반환청구권자는 그 청구권을 위하여 목적물 위에 유치권을 취득한다(대판 2007. 9. 7, 2005다16942). 그리고 수급인의 공사잔금채권이나 그 지연손해금청구권과 도급인의 건물인도청구권은 모두 건물신축도급계약이라고 하는 동일한 법률관계로부터 생기므로 손해배상채권과 건물과의 사이에도 견련관계가 있다(대판 1976. 9. 28, 76다582).

2) 동일한 사실관계로부터 생긴 경우

채권이 물건의 반환청구권과 동일한 사실관계로부터 발생한 경우로는 비오는 날 2인이 서로 우산을 바꿔간 경우 그 상호간의 반환청구권의 관계를 예로 들 수 있다.

3. 채권과 목적물의 점유 사이의 견련관계

채권은 목적물의 점유 중에 또는 점유와 더불어 생긴 것이어야 하는가? 채권과 목적물 사이의 견련관계 이외에 다시 채권과 목적물의 점유 사이의 견련관계까지도 요구된다고 해석하는 견해가 한 때 있었으나, 채권과 목적물의 점유 사이의 견련관계는 요구되지 않는다고 해석하는 것이 현재의 통설이며,[6] 판례도 통설의 입장을 지지하고 있다. 따라서 목적물을 점유하기 전에 그 목적물과 관련되는 채권이 발생하고, 그 후 어떤 사정으로든지 채권자가 목적물의 점유를 취득한 경우에도, 채권자는 유치권을 취득한다(대판 1965. 3. 30, 64다1977).

☞ 견련관계의 부정

1) 임대인과 임차인 사이에 건물명도시 권리금을 반환하기로 하는 약정이 있다고 하더라도 그 권리금반환청구권은 건물에 관하여 생긴 채권이라고 할 수 없으므로 권리금반환청구권을 가지고 건물에 대한 유치권을 행사할 수 없다(대판 1994. 10. 14, 93다62119).

2) 명의신탁자와 명의수탁자가 이른바 계약명의신탁약정을 맺고 명의수탁자가 당사자가 되어 명의신탁약정이 있다는 사실을 알지 못하는 소유자와 사이에 부동산에 관한 매매계약을 체결한 뒤 수탁자 명의로 소유권이전등기를 마친 경우에는 명의신탁자와 명의수탁자 사이의 명의신탁약정은 무효이지만 그 명의수탁자는 당해 부동산의

6) 곽윤직, 286면; 이영준, 771면; 김상용, 597면.

완전한 소유권을 취득하게 되고(부동산 실권리자명의 등기에 관한 법률 제4조 제1항, 제2항 참조), 반면 명의신탁자는 애초부터 당해 부동산의 소유권을 취득할 수 없고, 다만 그가 명의수탁자에게 제공한 부동산 매수자금이 무효의 명의신탁약정에 의한 법률상 원인 없는 것이 되는 관계로 명의수탁자에 대하여 동액 상당의 부당이득반환청구권을 가질 수 있을 뿐인바(대판 2005. 1. 28, 2002다66922 참조), 명의신탁자의 이와 같은 부당이득반환청구권은 부동산 자체로부터 발생한 채권이 아닐 뿐만 아니라 소유권 등에 기한 부동산의 반환청구권과 동일한 법률관계나 사실관계로부터 발생한 채권(대판 2007. 9. 7, 2005다16942 참조)이라고 보기도 어려우므로, 결국 민법 제320조 제1항에서 정한 유치권 성립요건으로서의 목적물과 채권 사이의 견련관계를 인정할 수 없다 할 것이다(대판 2009. 3. 26, 2008다34828).

Ⅲ. 채권이 변제기에 있을 것

채권이 변제기에 있지 않을 때는 유치권은 발생하지 않는다. 변제기 전에 유치권을 인정하면 변제기 전의 채무이행을 간접적으로 강제하는 것이 되기 때문이다. 변제기 도래라는 요건은 질권·저당권에 있어서는 권리실행의 요건이나, 유치권에서는 성립요건이다.

유익비의 상환청구권에 대해 법원은 채무자에게 기한을 허여할 수가 있는데, 이 경우에는 유치권이 성립하지 않는다(제203조 제3항·제325조 제2항 단서·제626조 제2항 후단). 반면에 불법행위에 의한 손해배상청구권과 같이 변제기가 정해져 있지 않은 채권은 채권의 발생과 동시에 유치권이 성립한다.[7)]

7) 김준호, 369면.

Ⅳ. 점유가 불법행위로 인하여 취득된 것이 아닐 것

점유는 불법행위로 인하여 취득한 것이 아니어야 한다(제320조 제2항). 불법행위에 의하여 점유를 취득한 자까지 유치권을 인정하여 그의 채권을 보호해 줄 필요가 없기 때문이다. 따라서 타인의 물건을 훔치거나 횡령한 자가 그 물건에 수선을 하였더라도 그 비용 상환청구권을 위한 유치권은 성립하지 않는다.

제320조 제2항의 "그 점유가 불법행위로 인한 경우"라 함은 점유의 취득이 점유의 침탈이나 사기·강박 등에 의한 경우뿐만 아니라, 채무자에게 대항할 수 있는 점유의 권원 없이 이루어진 경우 또는 이를 알거나 과실로 인하여 알지 못하고 시작된 경우도 포함된다.[8)]

한편 처음에는 권원에 의하여 점유를 개시하였더라도 후에 권원이 소멸한 경우에는 견해의 대립[9)]이 있으나 유치권의 성립이 인정되지 않는다.[10)] 예컨대, 건물의 임차인이 임대차계약이 해지된 이후 에도 적법한 권원 없이 계속 건물을 점유하여 필요비나 유익비를 지출한 경우, 비용 상환청구권을 위한 유치권은 발생하지 않는다. 판례는 "점유물에 대한 유익비 상환청구권을 기초로 하는 유치권의 주장을 배척하려면 적어도 그 점유가 불법행위로 인하여 개시되었거나 유익비 지출 당시 이를 점유할 권원이 없음을 알았거나 이를 알지 못함이 중대한 과실에 기인하였다고 인정할 만한 사유의 상대방 당사자의 주장·입증이 있어야 한다."고 한다(대판 1966. 6. 7, 66다600, 601).

Ⅴ. 유치권배제특약의 부존재

유치권에 관한 민법 제320조의 규정은 임의규정이므로, 당사자 사이에 유치권의 발생을 배제하는 특약은 유효하다고 해석하는 데 이설이 없다. 그러므로

8) 곽윤직, 287면; 김상용, 599면.
9) 이영준, 775면.
10) 양형우, 717면; 김형배·김규완·김명숙, 704면; 송덕수, 787면.

당사자 간에 유치권의 발생을 배제하는 특약이 있으면 그 특약은 유효하다. 따라서 그러한 특약이 없어야 유치권이 성립할 수 있다.

> ☞ 유치권의 배제특약
>
> 건물의 임차인이 임대차관계 종료 시에는 건물을 원상으로 복구하여 임대인에게 명도하기로 약정한 것은 건물에 지출한 각종 유익비 또는 필요비의 상환청구권을 미리 포기하기로 한 취지의 특약이라고 볼 수 있어 임차인은 유치권을 주장할 수 없다(대판 1975. 4. 22, 73다2010).

제3절 유치권의 효력

Ⅰ. 유치권자의 권리

1. 목적물의 유치

1) 유치적 효력

유치권자는 채권의 변제를 받을 때까지 목적물을 유치할 수 있다. 여기서 「유치(留置)」라 함은 '목적물의 점유를 계속하면서 인도를 거절하는 것'을 말한다. 이 유치적 효력에 의하여 확실하게 채권의 효력은 강제되지만, 그 효력은 심리적인 것에 불과하다. 예를 들어 유치하고 있는 물건이 채무자에게 필요하다면 변제를 강제할 효력을 가지지만 그렇지 않은 경우에는 강제의 효력이 없다. 이런 이유와 유치권에는 본래 우선변제권이 없는 것 등으로 인해서 담보물권으로서의 법적인 효력이 약하다는 단점이 있다. 또한 유치권자는 유치물을 침해하는 자에 대해 점유보호청구권을 행사할 수 있을 뿐만 아니라 불법행위로 인한 손해배상청구권도 행사할 수 있다.

문제는 건물 또는 토지의 임차인이 그의 비용상환청구권에 기한 유치권을 행사함에 있어서 종전대로 건물 또는 토지의 사용을 계속할 수 있느냐 하는 것이다. 유치권은 목적물의 인도를 거절하고 점유를 계속함으로써 채무자의 변제를 간접적으로 강제하는 것을 목적으로 하는 담보물권이므로, 유치권자의 이익을 위하여 목적물을 사용하는 것은 허용되지 않는다고 하여야 한다.

그러나 그렇다고 하여 종래 거주하여 온 건물을 빈집으로 비워두거나 특별한 보관조치를 취한다는 것도 비현실적이다. 따라서 판례는 유치권자가 목적물을 사용하는 것은 유치물에 대한 보존행위[11]로서 적법한 행위이므로 불법점유로 인한 손해배상책임이 없다고 한다(대판 1972. 1. 31, 71다2414). 다만 유치권자가 유치물을 사용·수익함으로써 얻은 실질적 이익은 부당이득으로서 소유자에게 상환할 의무가 있다고 한다(대판 1990. 12. 21, 90다카24076; 대판 1998. 5. 29, 98다6497; 대판 2008. 4. 10, 2007다76986, 76993). 학설은 이러한 판례의 입장을 수용하고 있으나,[12] 그 이론적 근거에 대해서는 부동산의 임대차에서는 종래의 점유상태(사용상태)를 유지하는 것이 유치방법이라고 해석하는 견해[13]와, 보존행위에 해당한다고 해석하는 견해[14]가 대립하고 있다.

☞ 유치권자의 점유 하에 있는 유치물의 소유자가 변동하더라도 유치권자의 점유는 유치물에 대한 보존행위로서 하는 것이므로 적법하고 그 소유자 변동 후 유치권자가 유치물에 관하여 새로이 유익비를 지급하여 그 가격의 증가가 현존하는 경우에는 이 유익비에 대하여도 유치권을 행사할 수 있다. 유치권자가 유치물에 대한 보존행위로서 목적물을 사용하는 것은 적법행위이므로 불법점유로 인한 손해배상책임이 없다(대판 1972. 1. 31, 71다2414).

11) 김형배·김규완·김명숙, 708면.
12) 곽윤직, 288면; 김상용, 600면; 송덕수, 790면.
13) 곽윤직, 288면; 김상용, 600면; 김용한, 482면.
14) 이영준, 785면; 이은영, 690면.

☞ 임차인이 임대차계약 종료 이후에도 동시이행의 항변권을 행사하는 방법으로 목적물의 반환을 거부하기 위하여 임대차건물 부분을 계속 점유하기는 하였으나 이를 본래의 임대차계약상의 목적에 따라 사용·수익하지 아니하여 실질적인 이득을 얻은 바 없는 경우에는 그로 인하여 임대인에게 손해가 발생하였다고 하더라도 임차인의 부당이득반환의무는 성립되지 아니한다(대판 2008. 4. 10, 2007다76986, 76993).

2) 대 항 력

유치권은 물권이므로, 유치권자는 채무자에 대하여서 뿐만 아니라 다른 모든 사람에 대하여서도 유치권의 효력을 주장할 수 있다. 유치권은 채권변제를 받을 때까지는 누구에 대해서도 목적물을 유치할 수 있고, 목적물의 소유권이 이전되더라도 이러한 효력에 변함이 없다. 유치물이 경매되는 경우에도 경락인은 유치권자에 대하여 채권을 변제하지 않으면 그 목적물을 수취할 수 없다(민사집행법 제91조 제5항, 제268조).

(1) 부동산 경매의 매수인

부동산경매에서 매수인은 유치권자에게 그 유치권으로 담보하는 채권을 변제할 책임이 있다(민사집행법 제91조 제5항, 제268조). 이는 부동산경매의 매수인은 강제경매이든 담보권실행을 위한 경매이건 피담보채권을 변제하지 못하면 목적물을 인도받지 못한다는 것을 의미한다. 즉, 유치권자는 부동산경매의 매수인에게 유치권으로써 대항할 수 있다.

채무자 소유의 건물 등 부동산에 경매개시결정의 기입등기가 경료되어 압류의 효력이 발생한 후에 채무자가 위 부동산에 관한 공사대금 채권자에게 그 점유를 이전함으로써 그로 하여금 유치권을 취득하게 한 경우에 유치권을 취득한 채권자가 그 기입등기의 경료사실을 과실 없이 알지 못하였다는 사정을 내세워 그 유치권으로 경매절차의 매수인에게 대항할 수 있는가에 대해서 판례는 "그와 같은 점유의 이전은 목적물의 교환가치를 감소시킬 우려가 있는 처분행위에 해당하여 민사집행법 제92조 제1항, 제83조 제4항에 따른 압류의 처분 금지효에 저촉되므로, 점유자로서는 위 유치권을 내세워 그 부동산에 관한 경매절차의 매수인에게 대항할 수 없고, 이 경우 위 부동산에 경매개시결정의 기입등기가 경료되어 있음을 채권자가 알았는지 여부 또는 이를 알지 못한 것에 관하여 과실이 있는지 여부 등은 채권자가 그 유치권을 경락인에게 대항할 수 없다는 결론에 아무런 영향을 미치지 못한다."고 한다(대판 2005. 8. 19, 2005다22688; 대판 2006. 8. 25, 2006다22050; 대판 2009. 1. 15, 2008다70763). 다만 판례는 이러한 법리는 경매로 인한 압류의 효력이 발생하기 전에 유치권을 취득한 경우에는 적용되지 아니하고, 유치권 취득시기가 근저당권설정 후이거나 유치권 취득 전에 설정된 근저당권에 기하여 경매절차가 개시되었다고 하여 달리 볼 것은 아니라고 한다(대판 2009. 1. 15, 2008다70763).

(2) 동산경매의 매수인

유체동산을 목적으로 하는 담보권 실행을 위한 경매는 채권자가 그 목적물을 제출하거나, 그 목적물의 점유자가 압류를 승낙한 때에 한하여 개시할 수 있을 뿐이므로(민사집행법 제271조), 유치권자가 유치권의 목적물인 동산 또는 유기증권을 집행관에게 인도한 경우에만 경매가 기능하다고 할 수 있다. 이 경우에 유치권은 채권자가 목적물을 집행관에게 인도하면 소멸하게 되는가 하는 것이 문제되는데, 집행관에게 목적물이 인도되더라도 유치권자는 간접점유자로서 점유를 상실하지 않으며, 따라서 유치권의 효력에는 영향이 없다고 해석되므로 경락인은 유치권자에게 변제하여야 한다.[15)]

동산 또는 유가증권의 유치권자는 집행관에게 목적물의 인도를 거절할 수 있으며, 그럼에도 불구하고 집행관이 경매를 하는 경우에는「제3자 이의의 소」(민사집행법 제48조)를 제기할 수 있다.

---

15) 곽윤직, 289면; 김상용, 601면; 김준호, 373면.

3) 유치권의 행사의 효과

목적물의 소유자 등의 인도청구에 대하여 유치권자가 유치권을 행사하여 인도를 거절 할 것인가의 여부는 전적으로 유치권자의 자유에 속한다. 따라서 유치권자가 유치권을 행사하지 않았음에도 불구하고 법원이 유치권을 고려하여 원고패소판결을 하는 것은 허용되지 아니한다.

유치권자가 소송에서 유치권을 행사한 경우에는 이론상 원고의 청구를 기각하는 것이 옳으나, 소송경제를 고려하여 상환급부판결을 하는 것이 타당하다는 것이 통설[16]·판례의 입장이다(대판 1969. 11. 25, 69다1592; 대판 1974. 6. 25, 73다1642). 나아가 판례는 부동산 임의경매절차에서 매수신고인이 당해 부동산에 관하여 유치권이 존재하지 않는 것으로 알고 매수신청을 하여 이미 최고가매수신고인으로 정하여졌음에도 불구하고, 그 이후 매각결정기일까지 사이에 유치권의 신고가 있을 뿐만 아니라, 그 유치권이 성립될 여지가 없음이 명백하지 아니한 경우, 집행법원으로서는 장차 매수신고인이 인수할 매각부동산에 관한 권리의 부담이 현저히 증가하여 민사집행법 제121조 제6호가 규정하는 이의사유가 발생된 것으로 보아 이해관계인의 이의 또는 직권으로 「매각을 허가하지 아니하는 결정」을 하는 것이 상당하다고 한다(대판 2008. 6. 17, 2008마459; 대판 2007. 5. 15, 2007마128; 대판 2005. 8. 8, 2005마643).

2. 경매권과 간이변제충당권

1) 경 매 권

유치권자는 채권의 변제를 받기 위하여 유치물을 경매할 수 있다(제322조 제1항). 그러나 유치권자에게 우선변제권은 인정되지 않으므로 다른 채권자의 배당요구가 있으면 그 자와 평등한 비율로 변제를 받을 수 있을 뿐이다. 유치권에서는 질권에서의 제329조, 저당권에서의 제356조와 같은 규정이 없기 때문

---

16) 곽윤직, 289면; 김상용, 602면; 이영준, 779면; 지원림, 736면.

이다. 유치권자에 의한 구체적인 절차는 민사집행법 제274조에서 정하고 있다.

민법은 감정인의 평가에 의한 현금화를 하려면 미리 채무자에게 통지하여야 한다고 규정하고 있으나(민법 제322조 제2항), 경매에 관해서는 이러한 규정을 두지 않고 있다. 그러나 채무자에게 채무를 변제하거나 또는 담보를 제공함으로써(민법 제327조) 유치권을 소멸시킬 수 있는 기회를 주는 것이 타당하므로, 유치권자는 경매를 하기 전에 채무자에 대하여 채무의 이행을 최고하고 변제가 없을 경우에 유치물을 경매에 붙인다는 것 을 미리 통지할 의무가 있다고 해석하여야 할 것이다.[17)]

유치권은 반환의무의 이행을 거절하고 목적물을 계속 유치하는 것을 내용으로 하는 권리에 지나지 아니하므로, 유치권자에게는 경매신청권은 인정되나 경매절차에서의 우선변제권은 인정되지 않는다. 그러나 경매의 매수인이 목적물의 인도를 받기 위해서는 유치권자에게 채무를 변제하지 않으면 안 되므로, 사실상 우선변제권이 있는 것과 같다(민사집행법 제91조 제5항, 제268조).

☞ 유치권자의 경락인에 대한 변제청구 여부

구민사소송법 제728조에 의하여 담보권의 실행을 위한 경매절차에 준용되는 같은 법 제608조 제3항은 경락인은 유치권자에게 그 유치권으로 담보하는 채권을 변제할 책임이 있다고 규정하고 있는 바, 여기에서 '변제할 책임이 있다.'는 의미는 부동산상의 부담을 승계한다는 취지로서 인적 채무까지 인수한다는 취지는 아니므로, 유치권자는 경락인에 대하여 그 피담보채권의 변제가 있을 때까지 유치목적물인 부동산의 인도를 거절할 수 있을 뿐이고 그 피담보채권의 변제를 청구 할 수는 없다(대판 1996. 8. 23, 95다8713).

17) 곽윤직, 289면; 김준호, 375면; 지원림, 737면.

2) 간이변제충당권

(1) 의 의

경매는 많은 비용이 소요되고 절차가 복잡하므로 유치권의 목적을 달성하는데 부적절한 경우가 많으므로, 민법은 유치권자에게 유치물로써 직접 변제에 충당할 수 있는 간편한 방법을 인정하고 있는바, 이를 「간이변제충당」이라고 한다.

(2) 요 건

민법은 유치권자의 간이변제충당에 대하여, "정당한 이유가 있는 때에는 유치권자는 감정인의 평가에 의하여 유치물로 직접 변제에 충당할 것을 법원에 청구할 수 있다. 이 경우에는 유치권자는 미리 채무자에게 통지하여야 한다." 고 규정하고 있다(제322조 제2항). 따라서 유치권자가 유치물로써 직접 변제에 충당할 수 있기 위하여서는, ① 정당한 이유가 있을 것, ② 법원에 청구할 것, ③ 유치물의 가격은 감정인의 평가에 의할 것, ④ 미리 채무자에게 그 뜻을 통지할 것의 네 가지 요건을 갖추어야 한다. 유치권자가 위의 통지의무를 다하지 아니하고 간이변제충당을 신청한 경우에, 법원이 이를 허가하지 아니할 수 있음은 당연하다. 그런데 법원이 이를 간과하고 간이변제충당을 허가한 경우의 효과에 대하여서는 명문규정이 없으나, 질물의 간이변제충당에 관한 비송사건절차법 제56조 및 제59조를 유추적용하여, 그 허가결정의 효력은 확정적으로 발생한다고 해석하여야 할 것이다.

(3) 효 과

이상과 같은 요건을 갖추어 간이변제충당을 허가하는 법원의 결정이 있게 되면, 유치권자는 유치물의 소유권을 취득하며, 채권은 감정평가액의 한도에서 변제를 받은 것으로 간주되어 소멸한다. 따라서 법원으로부터 간이변제충당을 허가받은 유치권권자는 유치물에 대하여 우선변제권을 행사한 것과 마찬가지 결과가 된다. 만약 평가액이 채권액을 초과하는 경우에는 유치권자가 초과액을 채무자에게 반환하여야 하며, 평가액이 채권액에 미치지 못하는 경우에는 채무자가 그 부족액을 변제하여야 함은 당연하다.

☞ 정당한 이유

유치물의 처분에 관하여 이해관계를 달리하는 다수의 권리자가 존재하거나 유치물의 공정한 가격을 쉽게 알 수 없는 등의 경우에는 민법 제322조 제2항에 의하여 유치권자에게 유치물의 간이변제충당을 허가할 정당한 이유가 있다고 할 수 없다(대결 2000. 10. 30, 2000마4002).

3. 과실수취권

1) 의의 및 인정근거

유치권은 목적물의 인도를 거절할 수 있는 권리에 지나지 아니하므로, 목적물의 사용·수익을 할 수 없는 것이 원칙이고, 따라서 유치물로부터 산출되는 과실의 수취권도 인정되지 않는다고 하는 것이 논리적일 것이다. 그러나 민법은 당사자의 편의를 위하여 유치권자의 과실수취권 및 변제충당권을 인정하고 있다.

유치권자는 선량한 관리자의 주의로써 유치물을 관리할 의무를 부담하므로 (제324조 제1항) 과실수취권은 이에 대한 보수로서의 성격을 가진다는 견해도 있으나,[18] 채무의 변제에 충당되어야 하는 과실을 채권자의 관리행위에 대한 보수로 해석하는 것은 이론상 적절하지 않다고 생각된다.

18) 곽윤직, 291면; 김준호, 376면.

2) 과실수취권의 법적 성질

유치권자의 과실수취권은 과실의 소유권을 취득하는 것인가(소유권취득설), 아니면 과실의 유치권을 취득하는 데 그치는 것인가(유치권취득설) 하는 것이 문제되는데, 민법이 제323조 제1항 단서에서 “과실이 금전이 아닌 때에는 경매하여야 한다.”고 규정하고 있는 점으로 미루어, 민법은 유치권자가 수취한 과실의 소유권을 취득하지 못한다는 것을 전제로 하고 있으며, 유치권자는 수취한 과실의 소유권이 아니라 유치권만을 취득한다고 해석하는 것이 타당하다고 할 것이다.[19] 다만, 유치물의 과실로서 금전을 수취한 경우에는, 다른 채권보다 먼저 그 채권의 변제에 충당할 수 있으므로, 사실상 금전의 소유권을 취득한 것과 마찬가지이다.

과실에는 천연과실·법정과실이 모두 해당되며, 부당이득으로서 반환하여야 할 사용이익도 과실에 준하는 것으로 볼 것이다.

3) 효 과

유치권자가 수취한 과실이 금전인 경우에는 유치권자는 다른 채권보다 먼저 그 채권의 변제에 충당할 수 있다. 문제는 수취한 과실이 금전이 아닌 경우인데, 이 경우에는 유치권자는 그 과실의 유치권자로서 민사집행법의 담보권 실행을 위한 경매에 관한 규정에 따라 경매를 신청하든지(제323조 제1항 단서, 제322조 제1항), 제322조 제2항의 요건을 갖추어 유치물인 과실로써 직접 변제에 충당할 것을 법원에 청구하든지 선택할 수 있다고 해석하여야 할 것이다.

수취한 과실은 먼저 이를 채권의 이자에 충당하고, 또 나머지가 있으면 원본에 충당한다(제323조 제2항). 과실이 금전이 아닌 때에는 이를 경매하여 위와 같이 충당하여야 한다(제323조 제1항 단서).

---

19) 고상룡, 548면; 이은영, 691면; 이영준, 782면.

4. 보존에 필요한 유치물 사용권

유권자는 채무자의 승낙 없이 유치물의 사용, 대여 또는 담보제공을 하지 못하는 것이 원칙이지만, 유치물의 보존에 필요한 범위 안에서는 목적물을 사용할 수 있다(제324조 제2항). 이때 승낙을 할 자는 채무자이지만 소유자와 채무자가 다른 사람인 때에는 소유자가 승낙하여야 한다는 것이 통설이다.[20] 목적물의 보존에 필요한 사용은 채무자의 이익에 부합하는 것이기 때문이다. 여기서 "보존행위"라 함은, 그 물건의 가치를 유지하는 데 필요한 행위를 말한다. 유치권자는 목적물에 대한 선관주의의무를 부담하기 때문에, 경우에 따라서는 보존에 필요한 사용을 하지 아니하면 손해배상책임을 지는 경우도 있을 수 있다(제324조 제1항).

문제는 건물 또는 토지의 임차인이 그의 비용상환청구권에 기한 유치권을 행사하면서 종전대로 건물 또는 토지의 사용을 계속할 수 있느냐 하는 것인데, 이에 대하여 판례는 유치권자가 종래의 사용을 계속하는 것은 보존행위로서 목적물을 사용하는 것은 적법하므로 불법행위로 인한 손해배상책임이 없다고 한다(대판 1972. 1. 31, 71다2414). 한편 유치권자가 보존에 필요한 사용에 의하여 얻은 이익은 부당이득이므로 이 소유자 또는 채무자에게 반환하여야 하지만(대판 2009. 9. 24, 2009다40684), 이러한 사용이익은 과실에 준하여 우선적으로 변제에 충당할 수 있다.[21]

☞ 부당이득 반환

공사대금채권에 기하여 유치권을 행사하는 자가 스스로 유치물인 주택에 거주하며 사용하는 것은 특별한 사정이 없는 한 유치물인 주택의 보존에 도움이 되는 행위로서 유치물의 보존에 필요한 사용에 해당한다고 할 것이다. 그리고 유치권자가 유치물의 보존에 필요한 사용을 한 경우에도 특별한 사정이 없는 한차임에 상당한 이득을 소유자에게 반환할 의무가 있다(대판 2009. 9. 24, 2009다40684).

---

20) 김형배·김규완·김명숙, 708면; 양형우, 722면.
21) 이영준, 786면; 양형우, 722면.

5. 비용상환청구권

유치권자는 유치물에 대하여 선관주의의무를 부담할 뿐만 아니라, 유치권자가 유치물에 관하여 비용을 지출한 경우에 그로 인한 이익을 소유자에게 귀속시키는 것은 부당하므로, 민법은 제325조에서 유치권자에게 유치물에 관하여 지출한 비용의 상환청구권을 인정하고 있다. 따라서 이미 목적물에 관하여 유치권을 행사하고 있는 유치권자라고 할지라도 다시 제325조에 의한 비용상환청구권을 위한 유치권을 취득할 수 있게 된다.

이 유치권자의 비용상환청구권은 점유자의 비용상환청구권(제203조)과 유사하지만, 후자의 경우에는 과실을 수취한 점유자는 “통상의 필요비”는 청구할 수 없으므로, 전자에 비하여 상환의 범위가 다소 제한된다는 점에서 특칙을 규정한 것이라고 할 수 있다.

1) 비용상환청구권의 당사자

비용상환청구권은 유치권자에 한하여 행사할 수 있으며, 비용상환의무자는 유치물의 소유자에 한한다는 것이 통설이다. 학설 중에는 유치권자는 채무자에게도 비용상환청구권을 행사할 수 있다고 해석하는 견해도 있으나,[22] 유치권자의 비용상환청구권은 부당이득 반환의 성질을 가지는 것이므로, 부당이득이 귀속하는 소유자에 한하여 비용상환청구권을 행사할 수 있다고 해석하는 것이 타당하다. 유치권이 소멸한 후에 목적물에 비용을 지출한 경우에는 비용의 상환을 청구할 수 없다.

2) 필요비상환청구권

유치권자가 유치물에 관하여 필요비를 지출한 때에는, 소유자에게 그 상환을 청구할 수 있다(제325조 제1항). 「필요비」라 함은 ‘목적물의 보존에 필요

22) 이영준, 787면; 이상태, 399면.

한 비용(수리비, 동물의 사육비 등)과 목적물의 관리에 필요한 비용(조세 등)과 같이 선량한 관리자의 주의로써 물건을 보관하는 데 필수불가결한 비용'을 말한다.

필요비는 다시 일상의 보관에 필요한 비용인 「통상의 필요비」와 일상의 보관 이외에 지출할 필요가 있는 비용인 「임시비」로 구분되는데, 일반적인 점유자의 경우에는 과실을 수취한 경우에는 통상의 필요비는 청구할 수 없도록 되어 있으나(제203조 제1항), 유치권자는 과실을 수취하더라도 과실의 소유권을 취득할 수 없으므로, 통상의 필요비의 상환도 청구 할 수 있다. 따라서 유치권의 경우에는 통상의 필요비와 임시비를 구분할 필요가 없다.

3) 유익비상환청구권

유치권자가 유치물에 관하여 유익비를 지출한 때에는, 그 가액의 증가가 현존한 때에 한하여 소유자의 선택에 좇아 그 지출한 금액이나 증가액의 상환을 청구할 수 있다(제325조 제2항 본문). 여기서 「유익비」라 함은 예컨대, 건물에 부속물을 설치한다든지 기계의 성능을 향상시키는 데 든 비용과 같이, '유치권자가 선관주의의무를 이행하기 위하여 반드시 필요한 것은 아니지만, 물건의 본질을 변화시키지 아니하고 목적물의 가치를 증가시키는 데 소요된 비용'을 말한다. 따라서 시계에 금도금을 한다든지 건물의 외벽에 조각품을 부착하는 경우와 같이, 물건의 이용·개량과 관계없는 이른바 「사치비」는 유익비라고 할 수 없다. 다만 유치물의 가치를 증가시키는 비용의 지출인지의 여부는 유치권자를 기준으로 하는 것이 아니라, 소유자를 기준으로 하여야 한다.

유치권자의 유익비상환청구권은 유치권이 존속하는 중에도 행사할 수 있다는 점에서, 점유자의 유익비상환청구권은 점유자가 점유물을 반환하는 경우에 한하여(제203조), 임차인의 유익비상환청구권은 임대차 종료시에 한하여(제626조 제2항) 유익비상환청구권을 행사할 수 있는 것과 차이가 있다.

즉, 유익비를 지출한 때는 그 가격의 증가가 현존하는 경우에 한하여 소유자의 선택에 좇아 그 지출한 금액 또는 증가액의 상환을 청구할 수 있다. 단 유익비의 상환에 대하여 법원은 소유자의 청구에 의하여 상당한 기간을 허여할 수 있고(제325조 제2항), 이때에는 유익비에 관하여 유치권을 행사할 수 없다.

6. 채무자 파산시의 별제권

채무자가 파산한 때에도 파산재단에 속하는 재산상에 유치권을 가진 자는 그 목적인 재산에 관하여 별제권을 가진다(채무자회생법 제411조). 따라서 유치권자는 파산절차에 의하지 아니하고 유치권의 목적물에 대한 권리를 행사하여 사실상 우선변제를 받을 수 있게 된다(채무자회생법 제412조). 특히 부동산유치권자는 민사집행법상 부동산경매의 방법에 의하여 목적부동산을 환가하여 그 매각대금으로부터 우선변제를 받을 수 있다.

Ⅱ. 유치권자의 의무

유치권자는 선량한 관리자의 주의의무로 유치물을 점유하여야 한다(제324조 제1항). 유치권자는 그 권리의 성질상 채무자의 승낙 없이 유치물을 사용·대여 또는 담보제공을 하지 못한다(제324조 제2항 본문). 따라서 판례는 유치권자가 소유자의 승낙 없이 목적물을 임대하는 행위는 소유자의 처분권을 침해하는 행위로서, 임차인은 소유자에게 임대차계약의 효력을 주장할 수 없으며, 임차인의 점유는 민사집행법 제136조 제1항 단서 소정의 "경락인에게 대항할 수 있는 권원"에 기한 것이라고 볼 수 없다고 한다(대판 2002. 11. 27, 2002마3516).

다만 유치물의 보존에 필요한 사용, 예컨대 자동차를 유치한 경우 자동차배터리의 방전을 막기 위해 사용하거나 노트북컴퓨터에 바이러스가 침투하여 이를 퇴치하기 위해 사용하는 것은 채무자의 승낙 없이도 할 수 있다(제324조 제2항 단서). 채무자와 소유자가 다를 때에 그 승낙은 소유자가 한다. 유치권자가 위 의무를 위반한 경우에 채무자는 유치권의 소멸을 청구할 수 있다(제324

조 제3항). 이 청구권은 형성권이며, 유치권자에 대한 소유자의 일방적인 의사표시에 의하여 유치권은 소멸하게 된다.[23)]

제4절 유치권의 소멸

Ⅰ. 일반적 소멸원인

유치권도 물권이므로 물권의 일반적인 소멸원인에 의하여 소멸한다. 즉, 목적물의 멸실·토지수용·혼동·포기 등으로 유치권은 소멸한다. 다만, 유치권자는 목적물을 점유하고 있으므로 유치권이 시효로 소멸하지는 않는다.[24)] 그러나 목적물을 점유하고 있다고 해서 그것이 곧 채권을 행사하는 것이라고 볼 수 있는 것은 아니므로 유치권의 행사가 피담보채권의 소멸시효의 진행에 영향을 미치지는 않는다(제326조). 따라서 목적물을 유치하고 있더라도 채권을 행사하고 있지 않으면 시효로 소멸될 수 있으며, 그렇게 되면 담보물권의 부종성에 의하여 유치권은 피담보채권의 소멸로 인하여 소멸한다.

Ⅱ. 특수한 소멸원인

1. 유치권자의 의무위반에 대한 소멸청구(소유자의 소멸청구)

유치권자가 보관의무를 해태하거나 채무자의 승낙 없이 유치물을 사용·대여·담보제공을 한 경우에는 채무자는 유치권의 소멸을 청구할 수 있다(제324조 제3항). 채무자는 위반행위가 종료했는지 여부, 손해가 발생했는지의 여부를 불문하고 소멸청구 할 수 있으며, 유치물의 제3취득자도 소멸청구 할 수 있다.

---

23) 김형배·김규완·김명숙, 709면; 양형우, 724면; 김준호, 378면.
24) 김형배·김규완·김명숙, 710면; 이영준, 790면.

이 경우의 소유자의 유치권소멸청구권은 유치권자의 일방적 의사표시에 의하여 그 효력이 발생하는 형성권이므로, 유치권은 소유자의 유치권소멸청구에 의하여 등기 없이(목적물이 부동산인 경우에도 유치권은 등기할 수 없다) 소멸한다.

2. 상당한 담보제공에 의한 소멸청구

채무자는 상당한 담보를 제공하고 유치권의 소멸을 청구할 수 있다(제327조). 피담보채권액에 비하여 과대한 금액의 물건이 유치되어 있는 경우에 실익이 있다. 이 대담보제도(代擔保制度)는 채무자의 이익을 고려하여 공평의 원칙에 의하여 인정된 것으로 인적 담보와 물적 담보 모두 가능하다. 다만 다른 담보를 제공하고 소멸청구를 하려면 유치권자의 동의가 필요하다. 따라서 담보제공에 유치권자가 승낙하지 않을 때에는 그 승낙에 갈음하는 판결을 구할 수밖에 없다.[25]

☞ 담보의 상당성의 판단기준

민법 제327조에 의하여 제공하는 담보가 상당한가의 여부는 그 담보의 가치가 채권의 담보로서 상당한가, 태양에 있어 유치물에 의하였던 담보력을 저하시키지는 아니한가 하는 점을 종합하여 판단하여야 할 것인 바, 유치물의 가격이 채권액에 비하여 과다한 경우에는 채권액 상당의 가치가 있는 담보를 제공하면 족하다고 할 것이고, 한편 당해 유치물에 관하여 이해관계를 가지고 있는 자인 채무자나 유치물의 소유자는 상당한 담보가 제공되어 있는 이상 유치권 소멸 청구의 의사표시를 할 수 있다(대판 2001. 12. 11, 2001다59866).

25) 김준호, 379면; 양형우, 725면; 송덕수, 794면.

3. 점유상실

유치권은 점유의 상실로 인하여 소멸한다(제328조). 유치권은 목적물의 점유를 본체로 하는 권리이므로 점유는 유치권의 성립·존속요건이다. 유치권자가 점유를 침탈당한 경우에는 점유물반환청구권(제204조)에 의하여 이를 회수하여야 하며, 이것은 유치권에 기한 반환청구권은 아니다. 점유를 회복하면 점유를 상실하지 않았던 것이 되므로(제192조) 유치권도 소멸하지 않았던 것으로 된다.

Chapter 03

질 권

제1절 질권 일반

Ⅰ. 질권의 의의와 성질

1. 질권의 의의

질권은 채권자가 그 채권을 담보하기 위하여 채무자 또는 제3자(물상보증인)로부터 동산 또는 재산권을 채무의 변제가 있을 때까지 유치함으로써 채무의 변제를 간접적으로 강제하는 동시에 변제가 없을 때에는 그 동산 또는 재산권으로부터 우선변제를 받을 수 있는 권리이다. 예컨대 甲이 乙로부터 50만원을 차용하면서 그 담보로서 보석반지를 입질하면 乙은 甲이 채무를 변제할 때까지 그 반지를 유치하여 반환을 거부할 수 있고, 또 甲이 이행지체에 빠지게 되면 乙이 그 반지의 가액으로부터 자기채권의 우선변제를 받을 수 있는 권리이다.

2. 질권과 다른 담보물권과의 비교

1) 유치권과의 비교

유치권은 법률의 규정에 의하여 발생하는 법정담보물권으로서, 채권의 변제를 받을 때까지 목적물을 유치할 수 있는 물권으로 법률상 우선변제권은 없지만, 목적물을 유치함으로써 사실상 우선변제의 목적을 달성할 수 있다. 반면 질권은 법정질권(제648조, 제650조 참조)과 같은 예외적인 경우가 있기는 하지만, 원칙적으로는 당사자의 의사에 의하여 성립하는 약정담보물권으로서 채무의 변제가 있을 때까지 목적물을 유치할 수 있다는 측면에서는 유치권과 같지만, 목적물을 환가한 대금으로부터 채권의 우선변제를 받을 수 있는 우선변제권이 있다는 면에서 차이가 있다.

2) 저당권과의 비교

질권은 다음과 같은 점에서 저당권과 차이가 있다. 즉, 질권은 목적물의 점유가 질권자에게 이전되어 그 유치적 효력에 의하여 간접적으로 채무의 변제를 강제한다는 점에서 유치적 효력이 없는 저당권과 차이가 있다. 그리고 질권의 공시방법은 인도라는 점에서, 등기 또는 등록에 의하여 공시되는 저당권과 다르며, 질권은 공시방법으로서 등기를 요하지 않으므로 동산이나 일정한 재산권을 객체로 할 수 있으나, 저당권의 객체는 등기나 등록에 의하여 공시될 수 있는 것에 한정 된다. 또한 동산질권은 서민금융수단으로서 채무자의 보호에 그 제도의 중점이 두어져 있으나, 저당권은 투자의 매개수단으로서 저당권자의 채권확보에 중점이 두어져 있다. 다만 권리질권은 투자의 매개수단이라는 점에서 저당권과 마찬가지로 저당권자의 채권확보에 중점이 두어져 있으며, 질권은 동시에 두 개 이상이 성립하기 어려우므로 피담보채권의 범위가 넓게 인정되는 데 비하여(제334조), 저당권은 후순위권리자를 보호할 필요가 있으므로 피담보채권의 범위가 제한된다(제360조).

3. 질권의 법적 성질

질권은 물권의 일종으로서 제한물권이며, 담보물권으로서는 예외적인 경우를 제외하고는 약정담보물권에 속한다. 따라서 담보물권 으로서의 부종성·수반성·불가분성·물상대위성을 가진다. 또한 질권은 피담보채권의 변제가 있을 때까지 채무자 또는 제3자에 의하여 제공된 목적물을 유치하고 변제가 없을 때에는 목적물의 교환가치로부터 우선변제를 받을 수 있는 권리이다.

Ⅱ. 질권의 종류

1. 목적물에 의한 분류

민법은 질권의 대상인 목적물에 따라 동산질권과 권리질권으로 나누어 규정하고 있다. 현행민법은 저당권의 존재로 그 효용이 없다는 점에서 부동산질권을 인정하지 않는다(제345조 단서). 그러나 현행민법은 전세권에 관한 규정을 두고 있다. 전세권자에게 전세금반환청구권을 확보하기 위하여 우선변제권을 인정하고 있는데(제303조 제1항), 이는 전세권을 일종의 부동산질권으로 규정하고 있는 것이라고 할 수 있다.

1) 동산질권

동산을 목적으로 하는 질권이다. 민법은 동산질권에 관하여 일반적인 규정을 두고, 이것을 다른 종류의 질권에 관하여 준용하도록 하고 있다. 동산질권은 소액의 채무를 담보하는데 적합하고 편리하지만 채무자가 이용하고 있는 기계나 기구에 질권을 설정한다면 생산활동을 할 수 없게 된다. 동산질권에 있어서 유치적 효력은 단지 물건을 유치할 뿐이고, 목적물을 사용·수익 할 수는 없다.

2) 권리질권

통상의 지명채권 외에 채권·주식·사채 기타의 권리를 목적으로 하는 질권이다. 대상이 권리이기 때문에 유치적 효력이라 하더라도 의미는 없다. 증서인 권리는 증서의 교부가 효력요건이지만 이를 유치적 효력이라고 할 수는 없다. 채무자에게 심리적 압박을 줄 수 없기 때문이다. 결국 효력의 중심은 저당권과 마찬가지로 우선변제권이다.

2. 적용법규에 의한 분류

1) 민사질권

민법의 적용만을 받는 질권을 민사질권이라 한다. 민법상의 질권으로서는 위에서 본 동산질권과 권리질권이 있으나, 민사질권에 관한 일반이론은 아래의 상사질권에 대해서도 통칙으로 적용된다.

2) 상사질권

상행위에 의하여 생긴 채권을 담보하기 위하여 설정되는 질권을 총칭하여 상사질권이라 한다. 상사질권에 관해서는 우선 상법이 적용되고 그 규정이 없는 경우에는 민법이 적용된다. 상사질권에 있어서는 민사질권에서 금지되는 유질계약이 허용된다(상법 제59조).

3) 영업질권

전당포영업법이 폐지되기 전에는 전당포영업법에 의한 질권을 영업질권이라 하였다. 폐지된 전당포영업법에서는 당연히 유질이 허용되었으며, 질물의 가격이 채권액의 과부족을 묻지 않고 그 전당물로써 그 변제에 충당할 수 있는 점에 특색이 있었다. 그러나 이제는 이 법의 폐지로 영업질권을 질권의 종류에서 제외시켜야 할 것이다.

3. 내용에 의한 분류(질물의 권리 내용을 기준으로)

1) 점 유 질

질권자가 단순히 질물을 점유할 권리만을 가질 뿐이고 원칙적으로 질물의 사용·수익이 금지되는 질권을 말한다.

2) 수 익 질

질권자가 질물을 사용·수익함으로써 채무의 변제에 충당하는 것이 허용되는 질권을 수익질 이라고 한다. 동산질권의 경우 현행민법은 질권자로 하여금 채무자의 승낙 없이 질물의 사용·대여 또는 담보제공을 할 수 없도록 하고 있으므로(제343조, 제324조 제2항), 원칙적으로 「수익질」은 현행 민법상 허용되고 있지 않다고 할 수 있다. 다만 전세권을 부동산질권의 일종으로 보는 경우에는 전세권은 「수익질」에 해당된다.

4. 기타(약정질권·법정질권)

질권이 당사자의 설정행위에 의하여 발생하는가 또는 법률의 규정에 의하여 당연히 발생하는가에 따라서 약정질권과 법정질권으로 나눌 수 있다. 현행민법은 양자를 모두 인정하고 있으나 법정질권은 예외적인 것에 지나지 않는다.

제2절 동산질권

Ⅰ. 동산질권의 성립요건

1. 질권설정계약

동산질권은 당사자(채권자와 채무자, 채권자와 물상보증인) 사이의 질권설정계약과 목적물인 동산의 인도에 의하여 발생하는 것이 원칙이다.

질권설정계약의 당사자는 질권자(채권자)와 질권설정자(채무자 또는 물상보증인)인데, 질권자는 피담보채권의 채권자에 한하며, 질권설정자는 피담보채권의 채무자인 것이 보통이나, 반드시 채무자에 한하지 않으며 제3자이더라도 상관이 없다(제329조). 제3자인 질권설정자를 「물상보증인」이라고 한다.

물상보증인은 채무자가 아니므로, 채권자가 물상보증인에 대하여 급부의 이행을 청구하거나 담보권의 목적물 이외의 물상보증인 소유의 일반재산에 대하여 강제집행을 할 수는 없다. 이 점에서 물상보증인은 보증인과 그 법적 지위가 크게 다르다. 그러나 물상보증인은 채무자에 대한 관계에서는 보증인과 비슷한 지위를 가지는데, 물상보증인은 변제할 정당한 "이해관계 있는 제3자"로서 채무자의 의사에 반하여서도 변제할 수 있으며(제469조 제2항), 채무를 변제하거나 질권의 실행으로 인하여 질물의 소유권을 잃은 때에는, 보증채무에 관한 규정에 의하여 채무자에 대한 구상권을 행사할 수 있다(제341조). 또한 물상보증인이 채무를 변제하거나 질권의 실행으로 인하여 질물의 소유권을 잃은 경우에, 변제에 의한 대위가 발생한다(제481조~제486조). 구상권과 대위에 의한 권리는 별개의 것이어서 물상보증인은 두 권리를 선택적으로 행사 할 수 있다(대판 1997. 5. 30, 97다1556).

이와 같이 물상보증인의 채무자에 대한 구상권에 대하여는 보증채무에 관한 규정이 적용되므로, 채무자의 부탁을 받아 물상보증인이 되었는지의 여부에 따라 구상권의 범위가 달라진다(제441조~제448조). 즉, 물상보증인이 채무자의 부탁을 받아 자기의 물건 위에 질권을 설정한 경우에, 수탁보증인의 구상권에 관한 제441조 제2항이 적용되어 면책된 날 이후의 법정이자 및 피할 수 없는 비용 기타 손해배상까지 구상할 수 있다(제425조 제2항). 채무자의 부탁 없이 물상보증인 된 경우에는 제444조에 따른 규정이 적용된다.

물상보증인의 채무자에 대한 구상권의 법적 성질에 관하여, 판례는 "물상보증은 채무자 아닌 사람이 채무자를 위하여 담보물권을 설정하는 행위이고, 채무자를 대신해서 채무를 이행하는 사무의 처리를 위탁받는 것이 아니므로, 물상보증인이 변제 등에 의하여 채무자를 면책시키는 것은 위임사무의 처리가 아니고 법적 의미에서는 의무 없이 채무자를 위하여 사무를 관리한 것에 유사하다. 따라서 물상보증인의 채무자에 대한 구상권은 그들 사이의 물상보증위탁계약의 법적 성질과 관계없이 민법에 의하여 인정된 별개의 독립한 권리이고, 그 소멸시효에서는 민법상 일반채권에 관한 규정이 적용된다."고 한다(대판 2001. 4. 24, 2001다6237).

2. 질권설정자에게 처분권이 있을 것

질권의 설정은 처분행위에 해당하므로, 질권설정자에게 처분권이 있어야 한다. 즉, 질물의 소유자이더라도 처분권이 없는 경우에는 질권을 설정할 수 없으며, 질물의 소유자가 아니라도 처분권을 가지고 있는 경우에는 질권을 설정할 수 있다.

질권설정자에게 처분권이 없는 경우에도, 처분권자가 사후에 처분행위를 추인하거나(대판 1981. 1. 13, 79다2151; 대판 2001. 11. 9, 2001다44291), 질권자가 선의·무과실이어서 선의취득이 인정되는 경우(제343조, 제249조)에는 채권자는 질권을 취득한다. 이때 취득자의 선의·무과실은 동산질권자가 증명하여야 한다(대판 1981. 12. 22, 80다2910). 따라서 이 경우에는 목적물의 소유자는 질권설정자는 아니지만, 그의 소유물에 질권의 부담을 받는 물상보증인과 같은 지위에 놓이게 되므로, 물상보증인에 관한 제341조의 적용을 받게 된다고 해석하여야 할 것이다.

3. 목적물의 인도

1) 질권설정계약의 요물성(제330조의 해석)

민은 제330조에서, "질권의 설정은 질권자에게 목적물을 인도함으로써 그 효력이 생긴다."고 규정하고 있다. 그런데 민법은 이와는 별도로 제188조 제1항에서 동산물권의 양도에 관하여, "동산에 관한 물권의 양도는 그 동산을 인도하여야 효력이 생긴다."고 규정 하고 있다. 이와 같이 동산물권변동에 관한 일반규정인 제188조 제1항과 중복되어 규정된 것처럼 보이는 질권설정계약에 관한 제330조의 규정취지와 질권설정계약의 요물성 여부가 문제된다.

이에 관하여, 학설은 ① 질권설정계약은 당사자의 합의 이외에 인도를 요하는 요물계약으로 보아야 하며, 제330조는 이를 규정한 것이라고 해석하는 견해와,[26] ② 동산물권의 "양도"만을 규정하고 있는 제188조 제1항과 별개로 질권설정계약에 관한 제330조를 규정 한 것은 나름대로 의미가 있으나, 질권설정계약을 요물계약이라고 볼 수는 없다는 견해,[27] ③ 질권설정계약을 요물계약으로 볼 수 없을 뿐만 아니라, 물권변동에 관하여 형식주의를 취하고 있는 현행민법 하에서 제188조 제1항과 별개로 제330조를 규정한 것은 무의미 하거나 불필요하다는 견해의 세 가지 견해[28]로 갈리고 있다.

생각건대, 질권설정계약에 관한 제330조는 물권변동에 관하여 의사주의를 취하고 있던 구 의용민법 제344조의 규정을 그대로 답습한 것임은 분명하다. 그러나 그렇다고 하여 동조가 무의미하거나 불필요하다고 해석하는 것은 지나친 논리의 비약이라고 하지 않을 수 없다. 왜냐하면 제188조 제1항은 동산물권변동 일반을 규정한 것이 아니라 "양도" 요건만을 규정한 것이므로, 같은 내용이라고 해도 질권의 「설정」에 관하여서는 별개로 규정할 수도 있기 때문이다. 그러나 질권설정계약을 요물계약이라고 파악하는 것은 문제가 있다고 하지 않을 수 없다. 왜냐하면 「요물계약」이란, '계약의 성립요건으로 당사자의 합의 이외에 인도 등의 현실행위가 요구되는 경우'를 의미하는데, 의사주의 하에서는 합의만으로는 질권설정계약이 성립하지 않고 목적물의 인도가 있어야 계약이 성립한다고 이론구성 할 수 있었으나, 형식주의로 전환된 현행민법 하에서 질권의 설정은 질권설정계약만으로 이루어지는 것이 아니라, 목적물의 인도라는 공시방법까지 갖추어야 하는 것이므로, 질권설정계약을 요물계약으로 보는 것은 이론상으로나 실제상으로나 불합리한 것이라고 하지 않을 수 없기 때문이다. 따라서 질권설정계약은 당사자의 합의만으로 성립하며 인도는 채권계약의 성질을 가진 질권설정계약과는 별개로 요구되는 제2의 질권의 발생요건이라고 해석하여야 할 것이다.

---

26) 이영준, 803면.
27) 곽윤직, 299면; 김상용, 622면; 김용한, 500면.
28) 송덕수, 799면; 김준호, 386면.

2) 점유개정에 의한 질권 설정의 금지

민법은 제332조에서 "질권자는 설정자로 하여금 질물의 점유를 하게 하지 못한다."고 규정함으로써, 질권설정자의 점유개정에 의한 질권의 설정을 금지하고 있다. 따라서 「간이인도」(제188조 제2항)나 「목적물반환청구권의 양도」(제190조)와 같은 인도방법에 의한 질권의 설정은 가능하나, 「점유개정」에 의한 인도방법은 허용되지 않는다. 이와 같이 점유개정에 의한 질권설정이 금지되는 것은 질권의 유치적 효력을 확보하기 위한 것이므로, 제332조는 강행규정이라고 해석하여야 할 것이다. 따라서 이에 반하는 합의는 무효이다.[29] 다만 거래의 실제에서 많이 이용되는 동산의 양도담보는 점유개정에 의한 질권의 설정을 금지하는 제332조를 실질적으로 회피하기 위한 것이라고 볼 수도 있으나, 그 유효성을 인정하는 데 학설[30]·판례가 일치한다. 따라서 점유개정에 의한 질권 설정금지 제도는 큰 의미가 없다고 할 수 있다.

☞ **점유개정에 의한 동산양도담보**

동산에 대하여 점유개정의 방법으로 이중양도담보를 설정한 경우 원래의 양도담보권자는 뒤의 양도담보권자에 대하여 배타적으로 자기의 담보권을 주장할 수 있으므로, 뒤의 양도담보권자가 양도담보의 목적물을 처분함으로써 원래의 양도담보권자로 하여금 양도담보권을 실행할 수 없도록 하는 행위는, 이중양도담보 설정행위가 횡령죄나 배임죄를 구성하는지 여부나 뒤의 양도담보권자가 이중양도담보 설정행위에 적극적으로 가담하였는지 여부와 관계없이, 원래의 양도담보권자의 양도담보권을 침해하는 위법한 행위이다(대판 2000. 6. 23, 99다65066).

29) 곽윤직, 299면.
30) 김형배·김규완·김명숙, 812면; 김상용, 837면; 김준호, 498면.

3) 점유의 계속이 질권의 존속요건인가(질물 반환과 질권의 효력)

질권이 성립한 후 질권자가 설정자에게 질물을 반환한 경우에 질권은 어떻게 되는가가 문제된다. 이에 대하여 견해가 나뉘고 있는데 질권자가 점유를 잃더라도 질권은 소멸하지 않고, 다만 제3자에 대하여 대항할 수 없다는 대항력 상실설[31]과 제332조의 취지는 설정자의 사용·수익권을 빼앗아 유치적 효력을 확보하는데 있으므로 질권자가 유치적 효력을 포기한 때에 질권은 소멸한다는 다수설인 질권소멸설[32]과 질권자의 점유반환을 질권자가 담보권소멸의 의사 없이 행하여진 것이라면 질권은 담보권의 유형을 달리하여 양도담보권으로 존속한다는 양도담보설[33]이 대립하고 있다.

생각건대 제332조의 규정 취지는 설정자로부터 질물의 사용·수익을 빼앗음으로서 질권자에게 목적물에 대한 유치적 효력을 확보케 하는데 있으므로, 질권자가 질물의 점유를 상실하거나 스스로 설정자에게 반환하면 질권은 원칙적으로 소멸한다고 보아야 할 것이다.

4. 동산질권의 목적물

질권은 양도할 수 없는 물건을 목적으로 하지 못한다(제331조). 질권은 우선변제권을 내용으로 하고 있으므로, 양도성이 없는 물건은 그것을 현금화하여 우선변제를 받을 수 없기 때문에 질권의 목적이 될 수 없음은 당연하다. 여기서 "양도할 수 없는 물건"이라 함은 마약이나 위조화폐와 같이 법률상 그 거래가 금지되어 있어서 양도할 수 없는 금제물을 말한다.

민사집행법상 압류가 금지되어 있는 물건(동법 제195조)의 경우에는, 압류가 금지되는 이유에 따라 달리 취급하여야 한다. 예컨대, 민사집행법 제195조 7

---

31) 김기선, 353면.

32) 고상룡, 573면; 곽윤직, 300면; 김상용, 623면; 김형배·김규완·김명숙, 716면; 이영준, 805면; 양형우, 729면; 송덕수, 800면.

33) 이은영, 704면.

호의 "채무자 또는 그 친족이 받은 훈장·포장·기장 그밖에 이에 준하는 명예증표"와 같이, 압류금지의 이유가 양도할 수 없기 때문인 경우에는 질권의 목적물이 될 수 없다. 그러나 예컨대, 채무자 및 그와 같이 사는 친족의 생활에 필요한 의복·침구·가구·부엌기구, 그 밖의 생활필수품(동법 제195조 제1항)과 같이, 단순히 채무자의 보호를 위하여 압류가 금지되는 것은 채무자가 임의로 인도할 수 있으므로 질권의 설정이 가능하다. 그 밖에 특별법에 의하여 질권설정이 금지되는 경우도 있다. 예컨대, 등기된 선박(상법 제873조), 자동차(자동차저당법 제7조), 항공기(항공기저당법 제8조) 등 저당권의 객체가 되는 동산의 경우에는 질권의 설정을 금지하는 명문규정이 있다. 건설기계와 같이 저당권의 객체가 되지만 질권설정을 금지하는 명문규정이 없는 경우에도 질권의 설정은 불가능하다고 해석하여야 할 것이다.[34] 이들 동산의 경우에는 질권의 유치적 효력을 인정하는 것이 적당치 않기 때문이다.

5. 동산질권의 피담보채권

1) 피담보채권의 종류

동산질권의 피담보채권의 종류에는 제한이 없다. 따라서 피담보채권의 발생원인이 계약이든 불법행위나 기타 법률상의 원인에 기한 것이든 상관이 없다. 또한 질권의 피담보채권은 금전채권이 보통이지만, 반드시 금전채권에 한하는 것은 아니며, 금전으로 가액을 산정할 수 없는 채권(제373조)을 담보하기 위한 질권의 설정도 가능하다. 금전으로 가액을 산정할 수 없는 채권도 그 불이행시에는 손해배상채무로 전환되는바(제394조), 이는 원칙적으로 금전채권으로서 질물에 의하여 우선변제를 받을 수 있기 때문이다.

---

34) 양형우, 729면; 김상용, 624면.

2) 장래의 채권

동산질권의 피담보채권은 현재 이미 존재하고 있는 것에 한하는가, 아니면 조건부채권 또는 기한부채권과 같이 장래 발생하는 것이라도 무방한가 하는 것은, 담보물권의 부종성의 문제와 관련하여 오랫동안 논의되어 온 문제이다. 이러한 논의는 거래의 수요에 응하기 위하여는 질권이나 저당권과 같은 약정담보물권의 부종성을 완화할 필요가 있기 때문이다.

이 문제에 관하여, 독일민법은 조건부·기한부채권을 질권과 저당권의 피담보채권으로 할 수 있도록 하는 명문규정을 두고 있으며(BGB 제1204조, 제1113조), 스위스민법도 저당권에 관하여 명문규정을 두고 있다. 우리 민법은 근저당의 유효성을 인정하는 규정을 두고 있으나(제357조), 질권에 관하여는 별도로 규정을 두고 있지 않다.

이 문제에 대하여, 학설은 장래채권에 대하여 질권을 설정하는 것을 인정하는데 이론이 없다. 즉, 목적물의 교환가치를 목적으로 하는 담보물권의 부종성은 담보물권을 실행할 때 그 가치취득을 적법한 것으로 하는 채권이 존재하면 충분하다고 설명함으로써 장래채권을 피담보채권으로 하는 질권의 성립을 인정하는데 일치하고 있다.[35] 피담보채권이 조건의 성취 또는 기한의 도래에 의하여 장래에 발생할 것이 기대되는 이상 현재의 질권 또는 저당권의 설정도 가능하다고 하여야 한다는 것이다.

3) 근질(根質)

당사자간의 계속적 거래관계로부터 장래 발생하게 될 불특정다수의 채권을 담보하기 위하여 설정되는 질권이나 저당권을 총칭하여 「근담보」라고 한다. 근담보는 종래 금융계에서 관행적으로 사용하여 오던 것으로서, 민법은 이를 반영하여 제357조에 근저당에 관한 규정을 두고 있다. 「근질」에 관하여서는 민법에 규정이 없으나, 그러나 사회경제적인 현실을 고려하여 조건부채권이

35) 곽윤직, 301면; 김형배·김규완·김명숙, 717면; 양형우, 726면.

나 기한부채권을 위해서도 담보권을 유효하게 설정할 수 있다는 점에 이설이 없다. 그러나 근질은 근저당의 경우와는 달리 채권최고금액을 공시할 수 있는 방법이 없다는 점에서, 특히 금융계의 관행인 「포괄근질」의 경우에는 채무자 보호에 문제가 발생한다.

6. 법정질권의 발생

질권은 원칙적으로 약정담보물권이나, 예외적으로 일정한 경우에는 법률상 당연히 질권이 성립되는데 이를 「법정질권」이라고 한다. 현행민법은 특히 토지와 건물 등 부동산 임대인의 임대차에 관한 채권을 보호하기 위하여 법정질권을 인정하고 있다.

법정질권은 토지의 임대인이 임대차에 관한 채권에 의하여 임차지에 부속되거나 그 사용의 편익에 공용된 임차인 소유의 동산 및 그 토지의 과실을 압류한 때(제648조), 건물 기타 공작물의 임대인이 임대차에 관한 채권에 의하여 그 건물 기타 공작물에 부속한 임차인 소유의 동산을 압류한 때에 발생한다(제650조).

법정질권의 피담보채권은 차임채권 또는 손해배상청구권 등 임대인의 임대차에 관한 채권이다.

법정질권의 목적물은 임차인의 소유에 속하는 동산으로서, 임차인이 임대목적물에 부속시키거나 그 사용의 편익에 제공한 동산과 그 과실이다. 임차인이 타인소유의 동산을 부속시킨 경우에도 선의취득의 규정을 적용하여 법정질권이 성립한다고 해석하여야 한다는 견해가 있으나,[36] 제650조는 법정질권의 객체를 "임차인 소유의 동산"으로 한정하고 있으며, 압류에 의한 점유취득을 거래행위에 의한 승계취득으로 볼 수는 없으므로 법정질권의 성립을 부인하여야 할 것이다.[37]

---

36) 김기선, 401면.
37) 곽윤직, 302면; 김상용, 627면; 이영준, 810면; 양형우, 730면.

법정질권이 발생하기 위하여는 임대인이 목적물을 압류하여야 한다. 압류는 집행관이 그 물건을 점유함으로써 하는 것이 원칙이다(민사집행법 제189조 제1항).

법정질권도 계약에 의하여 성립하는 동산질권과 동일한 효력을 가진다고 해석하여야 하므로 동산질권에 관한 규정이 준용된다는데 학설은 일치하고 있다.

Ⅱ. 동산질권의 효력

1. 동산질권의 효력이 미치는 범위

1) 피담보채권의 범위

동산질권은 피담보채권의 원본뿐만 아니라 그 이자·위약금·질권실행의 비용·질물보존의 비용·채무불이행으로 인한 손해배상채권·질물의 하자로 인한 손해배상채권까지도 담보한다(제334조 본문). 그러나 이 범위는 당사자의 특약으로서 변경할 수 있다(제334조 단서). 질권의 피담보채권의 범위는 저당권의 경우(제360조 참조)보다 상당히 넓은데, 그것은 질권에 있어서는 질물이 채권자에게 인도될 뿐만 아니라 동일목적물 위에 질권이 경합하는 경우가 비교적 적어서 다른 채권자를 해할 염려가 적기 때문이다.

동산질권은 불가분성을 가지고 있으므로(제343조·제321조), 질권자는 채권의 전부의 변제를 받을 때까지 질물의 전부의 전부에 관하여 그 권리를 행사할 수 있다.

2) 목적물의 범위

(1) 종물과 과실

동산질권의 효력은 설정계약에 의하여 질권의 목적으로 된 물건의 전부에 미친다. 종물의 경우는 주물의 처분에 따르기 때문에(제100조 제2항) 설정계약에 다른 약정이 없고, 또한 그 종물이 인도된 경우에 한해서는 질권의 효력은 종물에도 미치는 것으로 해석하여 한다.

또한 과실의 경우에는 유치권의 규정(제323조 참조)이 준용되기 때문에 동산 질권은 과실에 대해서도 그 효력을 미친다(제343조). 과실은 천연과실뿐만 아니라 질물소유자의 동의를 얻어서 사용 또는 임대하는 경우의 법정과실(토지의 지료, 건물의 차임, 원본의 이자, 물건의 사용대가로 받은 금전 기타의 물건이 법정과실이다)도 포함된다. 질권자는 과실수취권을 통하여 다른 채권자보다 먼저 자기 채권에 대한 변제에 충당할 수 있다.

(2) 물상대위

① 의 의

질권은 목적물의 교환가치를 취득하는 것을 목적으로 하는 권리이기 때문에 목적물이 멸실·훼손되더라도 그 교환가치를 대표하는 변형물이 존재하는 경우 질권은 다시 그 가치변형물 위에 존속하게 되는데 이를 물상대위라 한다. 민법은 「질권은 질물의 멸실·훼손 또는 공용징수로 인하여 질권설정자가 받을 금전 기타 물건에 대해서도 이를 행사할 수 있다」고 규정하고(제342조 전문), 이를 저당권에 관해서도 준용하고 있다(제370조).

② 물상대위의 객체

물상대위가 인정되는 대표물은 질물의 멸실·훼손 또는 공용징수로 인하여 질권설정자가 받을 금전 기타의 물건이다. 실제 물상대위의 객체는 현실의 금전 기타의 물건이 아니라 질권설정자가 제3자에 대하여 가지는 금전 기타의 대위물의 「지급청구권 또는 인도청구권」으로서 보험금청구권·손해배상청구권·보상금청구권 등이 그 예이며, 이러한 청구권은 불법행위, 계약, 법률의 규정에 의하여 발생한다. 여기서 「멸실·훼손」 이라 함은 물리적인 것은 물론, 부합·혼화·가공에 의한 경우와 같은 소유권이 상실되는 '법률상의 멸실·훼손'도 포함한다. 그리고 멸실·훼손의 원인은 사람의 행위이든 사건이든 이를 묻지 않으나 질권자의 과실에 기하지 않은 것이어야 한다. 질권자의 과실에 의한 경우에는 질권자의 선관주의의무 위반(제343조)으로 물상대위가 인정되지 않는다. 주의할 것은 교환가치가 구체화된 경우라 할지라도 질권자가 질물에 추급할 수 있는 때에는 물상대위가 인정되지 않는다는 점이다.[38] 예컨대 목적물이 매매 또는 임대된 경우에 그 매매대금이나 차임에 대하여는 질권자가 목적물을 추급할 수 있기 때문에 물상대위가 인정되지 않는다.

☞ 청구권에 대한 물상대위

1) 저당목적물이 소실되어 저당권설정자가 보험회사에 대하여 화재보험계약에 따른 보험금청구권을 취득한 경우 그 보험금청구권은 저당목적물이 가지는 가치의 변형물이라 할 것이므로 저당권자는 민법 제370조, 제342조에 의하여 저당권설정자의 보험회사에 대한 보험금청구권에 대하여 물상대위권을 행사할 수 있다(대판 2004. 12. 24, 2004다52798).

2) 민법 제370조, 제342조에 의하여 저당권자는 저당물의 멸실, 훼손 또는 공용징수로 인하여 저당권설정자가 받을 금전에 대하여 그 지급 또는 인도 전에 압류하여 물상대위권을 행사할 수 있으므로, 공익사업보상법상의 보상금채권에 관하여 위와 같이 요건을 흠결한 집행공탁이 이루어지고 이에 기하여 배당절차가 진행되는 경우, 수용되는 부동산의 근저당권자가 사업시행자의 공탁사유신고 이후 배당금이 지급되기 전에 공탁금출급청구권에 관한 압류 및 추심명령을 받아 위 배당절차에서 배당요구를 하였다면, 이는 적법하게 물상대위권을 행사한 것으로 볼 수 있다(대판 2008. 4. 10, 2006다60557).

③ 물상대위의 요건

질권자가 물상대위권을 행사하기 위해서는 설정자가 받을 가치변형물에 대해 설정자가 지급 또는 인도받기 전에 압류하여야 한다(제342조 단서). 압류는

38) 송덕수, 802면; 양형우, 731면.

물상대위권을 행사하는 질권자가 하여야 하는가에 대하여는 대위권행사의 취지상 질권자가 해야 한다는 견해[39]와 압류는 목적물의 특정성을 확보하기 위함이기 때문에 제3채권자도 압류할 수 있다는 견해[40]가 있다. 이에 대해서 다수설과 판례(대판 2002. 10. 11, 2002다33137; 대판 1996. 7. 12, 96다21058)는 물상대위에 압류를 요구하는 취지는 질권설정자가 지급 또는 인도를 받아 그의 다른 재산 속에 섞이게 된 후에도 질권자의 추급을 허용한다면 목적물을 특정하기 어렵고 다른 채권자의 이익을 해하게 되기 때문이며, 이러한 취지에 비추어 볼 때 다른 제3채권자가 이미 압류한 경우에도 특정성은 유지되는 것이므로 물상대위를 할 수 있다고 본다. 그리고 이러한 특정성은 압류이외의 다른 방법 즉, 공탁을 통해서도 유지된다면 물상대위권을 행사할 수 있다(대판 2000. 6. 23, 98다31899; 대판 1987. 5. 26, 86다카1058).

물상대위를 행사하기 위한 압류는 채권의 압류에 관한 민사집행법 제223조 이하의 규정에 의하여야 한다. 물상대위는 질권의 목적물의 가치변형물인 금전 기타 물건 그 자체가 아니라 그것에 대한 지급(인도)청구권이기 때문이다.

☞ 제3자의 압류

민법 제370조, 제342조 단서가 저당권자는 물상대위권을 행사하기 위하여 저당권설정자가 받을 금전 기타 물건의 지급 또는 인도 전에 압류하여야 한다고 규정한 것은 물상대위의 목적인 채권의 특정성을 유지하여 그 효력을 보전함과 동시에 제3자에게 불측의 손해를 입히지 않으려는데 있는 것이므로, 저당목적물의 변형물인 금전 기타 물건에 대하여 이미 제3자가 압류하여 그 금전 또는 물건이 특정된 이상 저당권자가 스스로 이를 압류하지 않고서도 물상대위권을 행사하여 일반 채권자보다 우선변제를 받을 수 있다(대판 2002. 10. 11, 2002다33137).

39) 고상룡, 657면.
40) 곽윤직, 304면; 김준호, 391면; 김상용, 629면; 김형배·김규완·김명숙, 719면; 송덕수, 802면; 이영준, 813면; 양형우, 731면.

2. 유치적 효력

동산질권자는 피담보채권의 전부를 변제받을 때까지 질물을 유치할 권리를 가진다(제335조 본문). 질권자의 질물을 유치할 권리는 질물의 양수인·일반채권자 또는 자기에게 우선하지 않는 다른 담보물권자에 대해서도 주장할 수 있다. 그러나 유치권의 경우와는 달리 그 질물에 대하여 우선권을 가지는 채권자(예컨대 선순위 질권자(제333조), 질권자에 우선하는 국세채권자(국세징수법 제5조), 선박우선특권을 가지고 있는 채권자(상법 제861조, 제872조) 등)에게는 대항할 수 없다(제335조 단서).

그러므로 이러한 채권자에 의하여 질물이 경매에 부쳐진 경우에는 질권자로서는 그 순위와 효력에 따라서 경락대금으로부터 배당을 받을 수 있을 뿐이고, 유치권자와 같이 자기의 채권 전부에 대한 변제가 없다는 이유로 그 질물의 인도를 거절할 수는 없다.

그 밖의 점에 있어서 동산질권은 유치권과 공통된 성질을 가지기 때문에 유치권에 있어서의 과실수취권(제323조)·유치물의 관리 및 사용(제324조)·비용상환청구권(제325조)에 관한 규정들은 모두 질권에 준용된다(제343조).

다만 유치권에서의 피담보채권의 소멸시효에 대한 제326조를 질권에 준용하는 명문의 규정이 없지만, 질권자가 질물을 유치하고 있더라도 피담보채권을 행사하고 있다고 할 수 없으므로, 제326조를 유추적용하는 것이 타당할 것이다.[41]

3. 우선변제적 효력

1) 의 의

동산질권자는 질물에 대하여 다른 채권자보다 자기의 채권의 우선변제를

41) 김상용, 631면; 양형우, 732면.

받을 권리가 있다(제329조). 그러나 질권자의 우선변제권은 그 질권보다 우선권이 있는 선순위의 질권자(제333조), 우선특권을 갖는 선박채권자(상법 제872조· 제861조 이하), 질권자에 우선하는 조세채권을 갖는 국가(국세징수법 제5조) 등이 있는 때에는 제한된다. 그리고 근로자의 임금채권은 원칙적으로 질권과 저당권에 우선하지 못하지만 예외적으로 최종 3개월간의 근로자의 임금과 재해보상금은 질권과 저당권에 우선한다(근로기준법 제38조 제2항). 질권설정자가 파산한 경우에는 파산절차를 밟지 않고 질권자는 별제권(채무자 회생법 제411조)에 의하여 우선변제를 받을 수 있다.

2) 우선변제권의 행사요건

질권자가 우선변제권을 행사하기 위해서는 채무자가 채무를 이행하지 않아야 하며(이행지체에 빠져야 하며), 피담보채권이 금전 이외의 급부를 목적으로 하는 경우에는 손해배상채권 등 금전채권으로 변한 후이어야 한다.

3) 우선변제권의 행사방법

(1) 경 매

질권자는 채권의 변제를 받기 위하여 질물을 경매할 수 있는바(제338조 제1항), 동산질권의 실행을 위한 경매는 채권자가 그 목적물을 제출하거나, 그 목적물의 점유자가 압류를 승낙 한 때에 개시한다(민사집행법 제271조).

동산질권의 실행을 위한 경매의 절차는 민사집행법 제2장 제4절 제2관의 「유체동산에 대한 강제집행절차」에 관한 규정(민사집행법 제189조~제222조)과 제265조, 제266조의 규정에 따라서 이루어진다(민사집행법 제272조). 경매는 압류(민사집행법 제189조~제198조) → 현금화(압류물의 매각)(민사집행법 제199조~제216조) → 배당(민사집행법 제217조~제222조)의 순서로 이루어진다.

질권자는 질물로부터 얻은 금액이 채권의 총액에 부족한 때에는 그 부족액을 채무자의 다른 재산으로부터 변재 받을 수 있다(제340조 제1항)고 규정하고 있는데, 이 규정에 의하여 질권자가 질권을 실행하지 않고 처음부터 채무자의 일반재산에 대하여 먼저 집행할 수 있는가 하는 의문이 생길 수 있다. 이에 대해서 다수설인 긍정설[42]은 채무자의 일반재산은 모든 채권자의 공동담보이며 질권자도 역시 채무자의 일반재산에 대하여는 일반채권자의 지위에 있다고 볼 때 일반재산에 대하여 먼저 민사집행법에 따라서 집행권원을 얻어 강제집행을 할 수 있다고 본다. 긍정설에 의하면 「질물에 의하여 변제를 받지 못한 부분의 채권에 한하여」 질권자는 채무자의 다른 재산으로부터 변제를 받을 수 있다고 하는 민법 제340조 제1항은 오직 일반채권자를 보호하기 위한 규정이라고 보고, 일반채권자는 이의를 제기할 수 있지만 채무자는 일반재산에 대하여 먼저 집행하려는 질권자에 대하여 아무런 이의를 제기할 수 없다고 본다.

다만 소수설로서 민법 제340조 제1항의 취지는 일반채권자뿐만 아니라 채무자 보호도 그 목적으로 한다고 보고, 질권자가 질권을 실행하지 않고 먼저 채무자의 일반재산에 대하여 강제집행을 하는 때에는 채무자도 이의를 제기할 수 있다고 보는 부정설[43]도 있다. 부정설은 질권자에게 처음부터 질물에 대한 실행과 일반재산에 대한 집행이라는 택일적 기회를 부여한다면 일반적으로는 경제적 약자인 채무자의 보호를 지나치게 무시하게 된다고 본다.

생각건대 제340조의 규정은 채권자만을 위한 규정이 아니라 채무자의 이익도 보호하기 위한 규정이라고 할 것이므로 채무자는 질권자의 선집행에 대하여 이의를 제기할 수 있다고 보아야 할 것이다.

한편 질물보다 먼저 다른 재산에 관한 배당을 실시하는 경우에는 민법 제340조 제1항이 적용되지 아니하고(제340조 제2항), 질권자는 채권 전액을 가지고 배당에 참가할 수 있다. 다만 질권자가 채권 전액을 가지고 배당에 참가하는 경우에 다른 채권자의 청구가 있는 때에는 질권자는 그 배당금액을 공탁하

42) 김형배·김규완·김명숙, 721면; 김상용, 634면; 김준호, 397면; 송덕수, 804면; 이영준, 818면; 양형우, 733면.

43) 곽윤직, 306면; 김용한, 511면; 이은영, 711면.

여야 한다(제340조 제2항 단서). 이 규정은 질권자가 질물로서 충분히 변제받을 수 있음에도 불구하고 미리 배당신청을 하여 배당액을 수령하게 된다면 결과적으로 제340조 제1항의 취지와 모순되게 다른 채권자의 이익을 해하기 때문에 공탁하도록 하는 것이다. 따라서 질권자를 공탁을 한 후 질물의 실행에 의하여 변제받지 못한 부분만을 공탁금에서 수령할 수 있고, 질권자가 배당을 요구했음에도 불구하고 배당이 이루어지지 않은 경우 질권자는 배당받은 다른 채권자에게 부당이득청구를 할 수 있다.

(2) 간이변제충당

예외적으로 간이변제충당이 인정된다. 예컨대 질물의 가격이 적어서 경매가 부적당하다는 등 정당한 사유가 있는 경우에 한해서는 법원에 청구하여 법원이 선임한 감정인의 평가에 따라서 질물로서 직접 변제에 충당할 수 있다. 간이변제충당을 하고자 하는 경우에는 법원에 청구하기 전에 미리 채무자 및 질권설정자에게 그 뜻을 통지하여야 한다(제338조 제2항 후문). 법원은 간이변제충당의 허가결정을 하기 전에 채무자 또는 질권설정자에 대한 심문절차를 거쳐야 한다(대결 1998. 10. 14, 98그58).

(3) 다른 채권자에 의한 환가절차

동산질권자는 스스로 경매를 하지 않더라도 일반채권자가 목적물에 대하여 집행을 하거나 또는 다른 담보물권자가 목적물을 경매에 붙이는 경우에는 경락인에 대하여 유치적 효력을 주장함으로써 우선변제를 받는 것과 동일한 결과를 거두거나 또는 경매대금으로부터 그 순위와 효력에 따라서 우선변제를 받을 수 있다(민사집행법 제217조). 또 질권설정자가 파산한 경우에 질권자는 별제권을 가진다(채무자회생법 제411조).

4. 유질계약의 금지

1) 의 의

유질계약이란 질권설정자가 채무변제기 전의 계약으로 질권자에게 변제에 갈음하여 질물의 소유권을 취득하게 하거나 법률에 정한 방법에 의하지 않고 질물을 처분할 것을 약정하는 것을 말한다. 유질계약을 금지하는 이유는 서민금융을 위한 법적 수단으로서의 질권의 사회경제적 기능에 비추어 궁박한 상태에 있는 채무자가 소액의 채무 때문에 고가인 질물을 제공하고 유질계약을 통하여 부당하게 소유권을 상실함으로써 착취당하게 되는 결과를 방지하기 위한 것이다. 따라서 제339조는 강행규정이라고 보아야 하며, 이에 위반하여 체결된 유질계약은 무효이다.

2) 요 건

민법 제339조의 유질계약으로 되기 위하여는 첫째, 유질계약이 변제기 전에 체결되어야 한다. 변제기 후에 유질계약을 체결하는 것은 채무자의 궁박을 악용할 우려가 적기 때문에 유효하면 일종의 대물변제로 보아야 할 것이다. 둘째, 변제에 갈음하여 질권자에게 질물의 소유권을 취득하게 하거나, 법률에 정한 방법(경매·간이변제충당)에 의하지 아니하고 질물을 처분할 것을 약정하여야 한다. 예컨대 질권자가 질물을 임의로 처분하는 것을 약정하여야 한다.

3) 효 과

제339조는 강행규정으로서 이에 위반하여 체결된 유질계약은 무효이다. 따라서 채무자는 종전대로 채무를 변제하고 목적물의 반환을 청구할 수 있다. 다만, 제3자가 질권자로부터 질물을 매수하여 선의취득의 요건을 갖춘 경우에는 반환을 청구할 수 없다. 유질계약이 무효이면 질권설정계약 자체도 무효로

되는가 하는 문제가 있다. 다수설은 유질계약이 무효라고 하더라도 질권에 의하여 피담보채권을 담보하려는 목적의 범위내에서는 여전히 유효하여 유질계약의 특약이 있는 질권설정계약은 통상의 질권설정계약으로 효력을 지속하여 질권 자체는 유효하다고 본다.[44] 다만, 소수설로서 당사자가 유질계약이 존재하지 않으면 처음부터 질권계약을 체결하지 않았거나 유질계약의 유효를 조건으로 한 때에는 질권계약 전체가 무효로 되지만, 다른 경우에는 유질계약 자체만이 무효로 되고, 다만 유질계약이 폭리행위로서 민법 제104조에 해당하면 질권계약 전체가 무효로 된다고 보는 조건부유효설이 있다.[45]

생각건대, 유질계약이 무효인 경우에도 주된 계약인 질권설정계약 자체도 무효가 된다고 해석할 필요는 없으며, 주된 계약은 통상의 질권설정계약으로서 유효하다고 할 것이다. 입법론으로서는 유질계약을 허용하되 청산절차에 의하여 차액을 채무자에게 반환하도록 규정하는 것이 바람직하다고 본다.[46]

4) 예 외

유질계약을 엄격하게 금지하는 경우에는 금융경색의 폐단을 야기할 수 있으므로, 민법은 변제기 후의 유질계약은 허용하고 있으며, 상행위에 의하여 생긴 채권을 담보하기 위하여 설정된 질권에 관해서는 유질계약이 허용된다(상법 제59조). 또 폐지된 전당포영업법에서는 이 법의 적용을 받은 질권에 있어서 전당포주는 당연히 유질권을 갖는 것으로 명시되고 있었으나 이제는 이 법이 폐지되었다(구전당포영업법 제21조).

다만, 판례는 모든 상사질권설정계약이 당연히 유질계약에 해당한다고 할 수는 없으며, 유질계약의 성립을 인정하기 위해서는 그에 관한 특별한 약정이 있어야 할 것이라고 한다(대판 2008. 3. 14, 2007다11996).

---

44) 고상룡, 586면; 이영준, 822면; 양형우, 734면.
45) 김용한, 512면.
46) 김형배·김규완·김명숙, 722면; 김상용, 635면; 이영준, 823면.

☞ 상사질의 유질계약

상행위로 인하여 생긴 채권을 담보하기 위하여 설정한 질권의 경우에는 이른바 유질계약이 허용된다고 할 것이나(상법 제59조, 민법 제339조), 그렇다고 하여 모든 상사질권설정계약이 당연히 유질계약에 해당한다고 할 수는 있는 것이고, 상사질권설정계약에 있어서 유질계약의 성립을 인정하기 위하여서는 그에 관하여 별도의 명시적 또는 묵시적인 약정이 성립되어야 할 것이다(대판 2008. 3. 14, 2007다11996).

5. 동산질권자의 전질권

1) 의의 및 종류

질권자는 질물에 고정화된 가치를 그 질권을 처분하여 다시 유동화할 수 있는 전질권이 있다. 전질권을 통하여 질권자는 질물 위에 자기채무의 담보를 위하여 다시 제2의 질권을 설정할 수 있다. 예를 들어 甲에게 50만원을 융자하고 그 담보로서 다이아몬드반지를 수취한 질권자 乙은 자기가 丙로으부터 30만원의 융자를 받는 경우에 보관하고 있는 다이아몬드반지에 자기채무의 담보를 위하여 다시 제2의 질권을 설정하는 전질을 할 수 있다.

전질은 질물에 고정된 질권자의 자금을 피담보채권의 변제 이전에 질권자로 하여금 다시 유동케 하기 위하여 인정된다.

한편 민법 제336조는 "질권자는 그 권리의 범위 내에 자기의 책임으로 질물을 전질 할 수 있다."고 규정하고 있고, 다른 한편 민법 제343조에 의하여 민법 제324조가 질권에 준용되므로 질권자는 채무자의 승낙 없이 질물을 담보에 제공하지 못한다. 그러므로 민법 제336조와 질권자에 의한 질물의 담보제공을 금지하는 민법 제324조는 서로 정면으로 충돌한다고 할 수 있다. 따라서 민법 제336조는 전질은 항상 질권설정자의 승낙이 있어야만 가능하다고 보고, 단지 민법 제324조 제2항의 규정과 같은 취지의 승낙전질의 요건과 효과를 규정한 경우에 지나지 않는가, 혹은 민법 제324조 제2항과는 별도로 질권자가 그 책임으로 전질을 할 수 있는 책임전질을 인정하는 규정으로 보는가 하는 문제가 있다. 현재 통설[47]은 민법 제336조는 책임전질을 규정하고, 민법 제343조에 의하여 질권에 준용되는 민법 제324조는 승낙전질을 규정한 경우로 해석하여 전질에는 두 종류가 있다고 본다.

2) 책임전질

"질권자는 그 권리의 범위 내에서 자기의 책임으로 질물을 전질할 수 있다"(제336조 전단). 질권자가 질권설정자의 승낙 없이 오직 자기의 책임으로 하는 전질을 「책임전질」이라고 한다. 책임전질을 한 때에는 전질을 하지 아니한 경우라면 면할 수 있는 불가항력로 인한 손해에 대하여도 책임을 부담한다(제336조 후단).

(1) 성 질

책임전질의 법적성질에 대하여 단독입질설, 채권·질권공동입질설, 질물재입질설 등이 있으며, 단독입질설은 다시 해제조건부질권양도설과 질권입질설로 나뉘고 있으나 현재 이설을 취하는 견해는 없으며, 채권·질권공동입질설이 현재의 다수설이다.

① 채권·질권 공동입질설

채권·질권 공동입질설은 전질이란 담보물권의 부종성에 의하여 채권만을 분리하여 처분할 수 없으므로 원질권자의 피담보채권을 원질권과 함께 입질하는 것으로 보는 견해이다.[48] 채권·질권 공동입질설의 근거는 첫째, 가치권

---

47) 곽윤직, 308면; 김형배·김규완·김명숙, 723면; 김상용, 637면; 송덕수, 806면; 이영준, 824면; 양형우, 735면.

48) 곽윤직, 308면; 김형배·김규완·김명숙, 724면; 김상용, 638면; 김준호, 400면; 송덕수, 806면; 이영준, 826면; 양형우, 735면.

으로서의 독립성이 가장 뚜렷해야 할 저당권에 관해서 민법은 부종성을 강화하고 있는데(제361조) 질권에 관해서만 부종성을 완화하여 피담보채권과 분리하여 처분할 수 있다고 하는 것은 저당권과 질권 사이의 균형을 잃은 주장이라고 할 수 있고 둘째, 전질의 대항요건으로 권리질권설정과 같이 대항요건(전질의 통지 또는 채무자의 승낙)을 요구하는 태도(제337조 제1항)는 전질에는 피담보채권의 입질이 당연히 포함된다는 사실을 전제로 하고 있는 것이며 셋째, 질물재입질설에 의하면 질물을 채권으로부터 분리하여 입질하는 경우가 되어 채권자(질권자)는 자기의 채권의 변제를 받을 수 있게 되며 그 결과 전질권자의 이익이 침해당할 수 있는 위험이 생기고 넷째, 실제의 거래에서는 피담보채권이란 인적 신용관계를 고려하여 질권부채권을 입질하는 경우가 보통이라는 사정을 고려할 때 채권·질권 공동입질설이 당사자의 의사에도 적합한 이론이라고 본다.[49)]

② 질물재입질설

질물재입질설은 전질이란 질권자가 자기의 채권의 담보를 위하여 원질물을 전질권자에게 다시 입질하여 신질권을 설정하는 경우를 말한다.[50)] 질물재입질설에 의하면 질권자는 그 권리의 범위 내에서 질물을 전질할 수 있다는 민법 제336조에 가장 적합하다고 할 수 있지만, 소유자가 아닌 질권자가 사전허락 없이 타인의 소유물을 처분한다는 비판이 제기되고 있다.[51)]

생각건대 질권에 대해서만 부종성을 완화하여 피담보채권과 분리하여 질권만의 양도를 허용할 근거가 없으며, 거래의 실제에 있어서 피담보채권까지를 고려하여 전질을 설정하는 것이 보통이라는 점, 책임전질에 있어서도 채권질권의 설정과 마찬가지의 대항요건을 요구하고 있다는 점(제337조) 등을 고려할 때, 채권과 질권이 공동으로 입질된다고 보는 채권·질권 공동입질설이 가장 타당한 견해라고 생각한다.

---

49) 김민중, 318면; 김상용, 638면.
50) 김기선, 379면.
51) 김민중, 318면.

(2) 요 건

전질도 하나의 질권설정이므로 원질권자와 전질권자와의 사이에 물권적 합의와 질물의 인도가 있어야 한다. 채권증서가 있는 경우에는 이를 교부하여야 한다.

책임전질은 질권자의 권리의 범위 내에서만 할 수 있다(제336조). 따라서 전질권의 피담보채권액은 원질권의 피담보채권액을 초과할 수 없고, 전질권의 존속기간은 원질권의 존속기간 내여야 한다. 예컨대 乙이 甲에게 변제기를 2003. 8. 1.로 하여 150만원을 빌려주면서 甲소유의 카메라에 질권자가 된 경우, 乙은 丙에게 그 카메라를 입질하고 150만원의 범위 내에서 2003. 8. 1.로 변제기를 정해 전질권을 설정할 수 있다. 만일 그 범위를 초과하는 경우에는 원질권의 범위 내에서만 그 효력을 가진다.

책임전질을 다른 사람에게 주장하기 위해서는 대항요건을 갖추어야 한다. 즉, 질권자가 채무자에게 전질의 사실을 통지하거나 채무자가 그것을 승낙하지 않으면 전질로써 채무자·보증인·질권설정자(물상보증인 포함) 및 그 승계인에게 대항할 수 없다(제337조 제1항).

이와 같이 전질의 대항요건은 채권양도의 대항요건(제450조)과 같은데, 이는 채권·질권 공동입질설에 의할 경우에는 전질이 채권질권의 설정이라는 성질도 갖기 때문이다. 즉, 권리질권의 설정은 권리의 양도방법에 의하여야 하므로(제346조), 채권질권의 설정으로서의 성격도 가지고 있는 전질의 대항요건은 채권양도의 대항요건과 그 내용이 같을 수밖에 없는 것이다.

(3) 효 과

질권자는 전질을 하지 않았더라면 생기지 않았을 불가항력으로 인한 손해에 대해서도 배상의 책임을 져야 한다(제336조 후단). 예컨대, 전질권자의 창고가 낙뢰에 의하여 붕괴하여 질물이 멸실되었으나 원질권자의 창고는 피해가 없는 경우와 같이, 전질을 하지 않았더라면 발생하지 아니하였을 「불가항력」에 의한 손해도 배상할 책임이 있다.

질권자는 전질을 함으로써 자기의 질권 및 채권에 의하여 구속되기 때문에 원질권을 포기하거나 또는 원채무자의 채무를 면제하는 따위와 같이 원질권을 소멸시키는 처분을 할 수 없다.

질권자가 전질의 사실을 채무자에게 통지한 경우에는 그 전질로써 채무자·보증인·질권설정자 및 그 승계인에게 대항할 수 있다(제337조 제1항). 한편 그 통지를 받은 채무자로서는 전질권자의 동의 없이 질권자에게 채무를 변제하였더라도 그것으로써 전질권자에게 대항하지 못한다(337조 제2항).

전질권자는 자기의 피담보채권의 변제를 받을 때까지 질물을 유치할 수 있다(제335조).

전질권자가 전질권을 실행(경매와 순위에 따른 우선변제, 간이변제충당 등)하기 위해서는 자기의 채권은 물론 원질권자의 채권도 변제기에 도래하고 있어야 한다. 전질권을 실행한 경우 그 매각대금은 우선 전질권자의 우선변제에 충당하고 다음에 그 나머지를 원질권자의 우선변제에 충당하게 된다. 원질권이 소멸하게 되는 경우에는 전질권도 당연히 소멸한다.

3) 승낙전질

(1) 의의 및 성질

승낙전질은 질권자가 질물소유자의 승낙을 얻어서 자기의 채무를 담보하기 위하여 질물을 다시 입질함으로써 그 질물 위에 자기의 질물보다도 우선적 효력이 있는 새로운 질권을 설정하는 것이다. 따라서 승낙전질의 성질에 있어서는 승낙에 의하여 질물 소유자가 질권 설정의 처분권능을 원질권자에게 부여하기 때문에 질물재입질이라고 하는데 학설은 일치하고 있다. 즉, 승낙전질에 있어서 전질권은 원질권과 관계없는 독립적 동산질권이다.

(2) 요 건

첫째, 승낙전질이 성립하기 위해서는 질권자와 전질권자 사이에 전질권설정계약과 질물의 인도가 있어야 하며, 질물소유자의 전질에 대한 승낙이 필요하며, 승낙 없이 전질을 한 경우 원질권설정자는 질권의 소멸을 청구할 수 있다(제343조·제324조 제2항). 다만, 이 경우에도 책임전질의 요건을 구비하였다면 질권자가 책임전질을 한 것으로 해석하여야 한다.

둘째, 승낙전질은 원질권과는 관계가 없기 때문에 그 범위에 관하여 어떠한 제한도 받지 않는다. 예컨대 乙이 甲에게 변제기를 2003. 8. 1.로 하여 150만원을 빌려주면서 甲소유의 카메라에 질권자가 된 경우, 乙은 丙으로부터 다시 융자를 받을 때에 변제기를 2003. 12. 1.로 하고 융자액을 200만원으로 할 수 있다. 그러나 승낙전질의 경우에도 전질권설정자가 원질권설정자의 승낙내용을 초과하여 전질한 경우에는 그 부분은 역시 초과전질이 된다.

셋째, 책임전질의 경우와 같이 원질권의 채무자에 대하여 전질의 사실을 통지할 필요가 없다.

(3) 효 과

승낙전질의 경우에는 책임전질에서와 같은 질권자의 가중책임은 인정 될 수 없다. 즉, 불가항력에 의한 손해의 배상책임이 없다. 또한 원질권설정자는 자기의 채무를 원질권자에게 변제함으로써 질권을 소멸시킬 수 있다. 그러나 원질권자의 질권이 소멸하여도 전질권자의 질권에 대해서는 어떠한 영향도 미칠 수 없다.

그런데 원질권설정자가 원질권자에게 그 채무를 변제하는 데 전질권자가 동의한 경우에는 그 변제로써 전질권자에게 대항할 수 있는가? 이에 대해서 다수설[52]은 제337조 제2항의 유추적용을 통하여 대항할 수 있다고 하나, 제337조는 제336조와 동일하게 책임전질에 대해서만 적용되고 승낙전질에 관하여는 그 적용이 없기 때문에 전질권자에게 대항할 수 없다는 부정설[53]도 있다. 다수설에 의하면 그 변제로 인하여 원질권이 소멸하면 질물소유자는 질물의 반환을 청구할 수 있다.

---

52) 곽윤직, 309면; 김상용, 641면; 김준호, 402면; 송덕수, 807면; 이상태, 400면.
53) 이영준, 829면.

6. 동산질권의 침해에 대한 효력

1) 점유보호청구권

동산질권은 물권이며 그것은 성질상 당연히 점유할 권리를 포함한다. 따라서 동산질권에 대한 침해가 있는 경우에는 우선 점유보호청구권(제204조~제206조)에 의하여 보호될 것이며, 그로 인하여 손해가 발생한 경우에는 손해배상청구권(제750조)이 생길 것이다.

2) (질권에 기한) 물권적 청구권

질권자는 질권 자체에 기한 물권적 청구권을 행사할 수 있는가? 민법이 본권에 기한 물권적 청구권에 관하여 소유권에 기한 물권적 청구권의 규정을 다른 물권에 준용하는 입법방식을 취하고 있으면서 질권에 관하여는 준용규정을 두고 있지 않으므로 발생하는 문제이다.

부정설[54]은 동산질권은 점유를 상실하면 소멸하므로 반환청구권을 인정하는 것은 다른 채권자를 해칠 우려가 있고, 점유보호청구권만으로도 질권자를 보호하는데 충분하다는 것을 논거로 하여 질권자의 물권적 청구권을 부정한다.

이에 대해 다수설인 긍정설[55]은 첫째, 질권도 물권으로 그 내용의 실현이 침해당하고 있는 때에는 당연히 물권적 청구권을 인정하여야 하고, 둘째, "동산질권자가 질권의 점유를 침탈당한 때에는 점유회수의 소에 의해서만 그 질물을 회수할 수 있다."는 구민법 제353조의 삭제는 질권에 기한 물권적 청구권을 인정하려는 취지로 해석할 수 있고, 셋째, 연혁적으로는 로마법 이래 근대민법전이 질권에 기한 물권적 청구권을 점유보호청구권과 병행하여 인정하고 있고, 넷째, 질권자가 질물을 유실하거나 제3자의 사기에 의하여 질물을 인도한 경우와 같이 점유물반환청구권을 행사할 수 없는 경우를 위하여 점유보

54) 송덕수, 808면; 지원림, 756면; 양창수, 263면 이하 참조.
55) 곽윤직, 310면; 김민중, 312면; 김형배·김규완·김명숙, 726면; 김상용, 642면; 이영준, 830면; 양형우, 737면.

호청구권에 이외에 질권에 기한 물권적 청구권을 인정할 필요가 있다고 한다.

결론적으로 물권적 청구권을 인정하여야 한다. 왜냐하면 질물을 유실하거나, 질물의 점유를 상실하는 경우에 1년 내에 점유를 회복하지 못하는 경우에는 점유보호청구권을 행사할 수 없게 되어 질권자의 권리가 침해되고, 질권도 약정담보물권이기 때문에 피담보채권이 존속하는 한 질권자의 권리를 보호할 수 있는 수단을 확보할 필요가 있기 때문이다.[56] 그러나 이러한 문제점을 근본적으로 해결할 수 있는 방법은 민법개정을 통해서 질권의 경우에도 소유물과 마찬가지로 반환청구권과 방해배제, 방해예방청구권을 인정규정을 마련하는 것이라고 생각된다.

3) 질물 훼손에 따른 효과

질권설정자가 질물을 훼손한 경우에는 기한의 이익을 상실하므로(제338조 제1항), 질권자는 채무를 즉시 이행할 것을 청구할 수 있고, 잔존물이 있으면 질권을 실행할 수 있으며, 손해배상을 청구할 수도 있다. 이때 손해배상액은 피담보채권액을 한도로 하며, 배상을 청구할 수 있는 시기는 침해행위가 있는 때이다. 한편 제3자가 질물을 훼손한 때에는 불법행위를 원인으로 한 손해배상청구권이 발생한다(제750조).

7. 동산질권자의 의무

1) 질물의 보관의무(선관주의 의무)

동산의 질권자는 선량한 관리자의 주의로써 목적물을 보관하여야 하며(제343조, 제324조 제1항), 전질의 경우를 제외하고 소유자의 승낙 없이 질물을 사용·임대하거나 담보로 제공하지 못한다(제342조, 제324조 제2항, 제336조). 만약 질권자가 이러한 의무에 위반한 경우에는, 질권설정자는 질권의 소멸을 청구할 수 있다(제343조, 제324조 제3항).

---

56) 동지, 양형우, 737면.

2) 질물의 반환의무

질권이 소멸하면, 질권자는 질물을 질권설정자에게 반환하여야 한다. 질권자의 질물반환의무는 질권설정계약의 효력에 의한 것이므로, 질권설정자가 타인의 승낙을 얻어 질권을 설정한 경우에도 소유자가 아닌 설정자에게 반환할 의무를 진다. 질권이 소멸한 후에는 질권설정자가 아닌 질물의 소유자도 물권적 청구권으로서 질물의 반환을 청구할 수 있음은 당연하다(제213조).

질물의 반환의무는 채권의 변제와 동시이행관계에 있는 것이 아니라, 채무자가 채무변제의무를 선이행하여야 한다. 따라서 질권설정자가 채무를 변제하지 아니하고 질문의 반환을 청구한 경우, 법원은 상환급부판결이 아니라 원고패소의 판결을 하여야 한다.

Ⅲ. 동산질권의 소멸

1. 소멸원인

동산질권은 물권 일반의 소멸사유(예컨대, 목적물의 멸실·몰수·첨부·취득시효·포기·혼동)와 담보물권에 공통되는 소멸사유(예컨대, 경매·변제 기타 피담보채권의 소멸)에 의하여 각각 소멸한다.

그리고 동산질권에 특유한 소멸원인은 질권자가 목적물을 질권설정자에게 반환함으로써 소멸한다는 것(점유상실)과 질권자가 그 의무를 위반한 경우에 질권설정자의 소멸청구로 소멸하게 된다는 것(제343조, 제324조 제3항)이다. 한편 동산질권자가 질물을 유치하고 있다고 해서 피담보채권을 행사하고 있다고는 할 수 없기 때문에 채권불행사로 인한 소멸시효는 진행되고 있다고 해석된다.

2. 소멸효과

동산질권이 소멸하면 질권자는 질물을 질권설정자에게 반환하여야 한다. 질물의 반환은 채권의 변제와 동시이행의 관계에 있는 것이 아니고, 채권의 전부 변제가 있은 후에 비로소 질물반환청구권을 행사할 수 있는데 그친다.[57] 반면 민법 제536조를 유추적용하여 이를 긍정하는 견해가 있다.[58]

제3절 권리 질권

Ⅰ. 서

1. 권리질권의 의의

권리질권이란 재산권을 목적으로 하는 질권을 말한다(제345조 본문). 질권은 본래 유체물에 관하여 발달한 것이나, 근대에 오면서 재산권 특히 채권이 독립된 교환가치를 인정받게 되고 나아가서는 재산권을 화체(化體)한 유가증권제도가 발달하게 되면서 권리질권이 제도적으로 부각된 것이다.

오늘날에는 재산권이 표상된 증권을 통해 피담보채권의 변제를 가장 간편하면서도 확실하게 보장받을 수 있기 때문에 권리질권이 동산질권보다도 많이 활용되고 있다. 권리질권은 객체에 있어서 동산질권과 차이가 있을 뿐 본질적인 차이는 없다.

2. 권리질권의 목적

권리질권의 목적이 될 수 있는 것은 양도성이 있는 재산권이어야 한다. 따

57) 곽윤직, 331면; 김상용, 644면; 이영준, 832면.
58) 이은영, 708면.

라서 권리질권의 목적이 되기 위해서는 첫째, 재산권이어야 한다. 즉, 금전적 가치로 평가할 수 있는 권리이어야 하며, 인격권·친족권·상속권 등은 권리질권의 목적이 되지 못한다. 둘째, 양도성을 가지는 재산권이어야 한다. 권리질권의 목적은 환가가 가능한 것이어야 하기 때문에 비록 재산권이라 하더라도 양도성이 없으면 권리질권의 목적이 되지 않는다. 셋째, 양도가 가능한 재산권이라 하더라도 질권설정이 적당하지 않은 권리에 대해서는 법률의 규정에 의하여 질권의 설정을 허용하지 않고 있다. 즉, 민법은 부동산의 사용·수익을 목적으로 하는 권리(예컨대, 지상권·전세권·부동산임차권)에 대하여 질권의 설정을 금지하고(제345조 단서), 그 밖에 광업권·어업권 등에 대해서는 특별법에 의하여 질권의 설정을 금지하는 한편 저당권의 목적으로 할 수 있게 하고 있다. 그리고 소유권·지역권·점유권 등은 그 성질상 질권의 목적이 될 수 없다. 결국 권리질권의 목적으로서 중요한 것은 채권·주식·무체재산권이다.

Ⅱ. 채권질권

1. 의 의

권리질권 중에서 채권을 목적으로 하는 질권을 채권질권이라고 한다. 채권은 물권과 같이 대표적인 재산권으로서 원칙적으로 양도성을 가지며(제449조), 추심·현금화에 의하여 피담보채권을 만족시키기에 적합하므로, 채권 질권이 가장 중요한 권리질권에 속한다.

2. 성립요건

1) 피담보채권이 존재할 것

권리질권에 의해 담보될 수 있는 채권은 동산질권의 경우처럼 아무런 제한

이 없다. 즉, 채권의 발생원인을 묻지 않으며, 금전으로 평가할 수 없는 채권(제373조)도 피담보채권으로 될 수 있다. 또한 장래의 채권, 조건부채권, 선택채권뿐만 아니라 일정한 계속적인 거래관계에서 발생하는 불특정채권을 담보하기 위하여 권리질권을 설정할 수 있다.

2) 당사자 사이에 질권설정의 합의가 있을 것

질권자는 원칙적으로 피담보채권의 채권자에 한하지만, 채무자 이외의 제3자(물상보증인)도 질권설정자가 될 수 있으며, 이 경우 물상보증인은 질권의 실행에 의한 소유권을 잃거나 물상보증인에 의한 채무의 변제가 있을 때 구상권을 취득한다(제355조, 제341조). 한편 제347조는 "채권을 질권의 목적으로 히는 경우에 채권증서가 있는 때에는 질권의 설정은 그 증서를 질권자에게 교부함으로써 그 효력이 생긴다."고 규정하고 있는데, 이는 동산질권 설정계약의 요물성을 채권질권에 적용함으로서 물권변동에 관한 성립요건주의를 관철시키기 위한 규정이라고 할 수 있다. 그러나 이 규정이 적용되는 경우는 지명채권에 한하고, 지시채권이나 무기명채권에 관해서는 별도의 규정(제350조, 제351조)이 있기 때문에 적용되지 않는다.

☞ 물상보증인의 구상권

타인의 채무를 담보하기 위하여 자신의 채권에 질권을 설정하여 준 물상보증인은 채무자의 채무를 변제하거나, 질권의 실행으로 인하여 질물의 소유권을 잃은 경우, 민법 제355조에 의하여 준용되는 같은 법 제341조에 의하여 채무자에 대하여 구상권을 갖게 된다고 할 것이다(대판 2007. 5. 31, 2005다28686).

3) 채권증서의 배서·교부 등이 있을 것-공시방법

채권질권은 당사자간의 설정계약과 그 공시방법을 갖춤으로써 설정된다. 민법은 권리질권의 설정은 법률에 다른 규정이 없으면 그 권리의 양도에 관한 방법에 의하여야 한다고 규정한다(제346조). 따라서 채권질권의 설정방법은 목적이 되는 채권의 종류에 따라서 달라진다.

(1) 지명채권

지명채권을 입질하는 경우에 채권증서가 있으면 질권의 설정은 그 증서를 질권자에게 교부하여야 그 효력이 생긴다(제347조). 채권증서가 없다면 질권설정의 합의만으로 그 효력이 생긴다. 여기서 채권증서란 채권의 존재를 증명하는 서면을 한다(예금통장·보험증권·차용증서 등). 그러나 제3채무자에게 통지하거나 또는 제3채무자가 입질을 승낙하지 않으면 이로써 제3채무자 기타 제3자에게 대항하지 못한다(제349조 제1항). 제3채무자 이외의 제3자에게 대항하기 위해서는 그 통지나 승낙을 확정일자 있는 증서로 하여야 한다(제450조).

지명채권의 질권설정계약이 체결된 후 질권자가 채권증서에 대한 점유를 상실하면 질권이 소멸하는가에 대하여 무기명채권이나 지시채권에서는 채권이 증권에 화체되어 있으므로, 증권의 교부는 질권의 성립을 공시할 뿐만 아니라 질권설정자로부터 처분권을 박탈하므로 중요한 의미가 있지만, 지명채권에서 채권증서의 점유는 동산질권에서와 같은 유치적 효력은 희박하며 대항요건으로 제3채무자에 통지·승낙을 하였기 때문에 채권증서의 점유 또는 상실이 당사자들간에 영향을 미치지 않으므로 채권증서의 교부는 실질적 의미가 없다. 따라서 동산질권에 관한 제332조(점유개정의 금지)는 채권질권에 준용할 만한 이유가 없고, 또한 증서를 반환 또는 상실하더라도 질권이 소멸하지 않는다.[59]

---

59) 곽윤직, 317면; 김상용, 655면; 김준호, 408면; 송덕수, 812면; 양형우, 741면.

(2) 지시채권

지시채권은 특정인이 권리자가 되지만 그 자가 타인을 권리자로 지시할 수 있는 채권을 말한다. 어음·수표 및 화물상환증이 그 예이다. 지시채권의 입질은 그 양도에 있어서와 같이 증서에 배서하여 질권자에게 교부하여야 효력이 생긴다(제350조·제508조 참조). 증권의 교부에 의하여 질권설정자로부터 처분의 권한을 박탈하는 것이고, 또한 증권의 교부는 질권의 성립을 공시하는 것이다.

(3) 무기명채권

무기명채권은 특정인을 권리자로 기재하지 않고 증권의 소지인이 권리자가 되는 채권이다(상품권·철도승차권 등). 무기명채권의 입질은 증서를 질권자에게 교부하여야 효력이 생긴다(제351조·제523조 참조). 주의할 것은 무기명정기예금채권은 무기명채권이 아니고 기명채권이므로 본 조의 적용을 받지 않는다.

(4) 저당권부채권

저당권에 의하여 담보되고 있는 채권 위에 권리질권을 설정하는 경우에는 담보물권의 부종성에 의하여 그 저당권도 권리질권의 목적으로 될 수밖에 없다. 그러나 민법은 저당권부채권을 입질하는 경우에는 그 저당권등기에 질권을 설정하였다는 부기등기를 하여야만 질권의 효력이 저당권에도 미치는 것으로 하고 있다(제348조).

이 규정은 공시의 원칙을 관철하기 위한 취지에서 둔 특칙이며, 이러한 부기등기가 없으면 질권자는 저당권의 담보가 없는 채권에 대해서만 질권을 취득한 것이 된다.[60]

---

60) 고상룡, 610면; 김형배·김규완·김명숙, 732면; 김상용, 657면; 김준호, 410면; 김용한, 529면; 송덕수, 813면; 이상태, 430면; 이영준, 844면; 양형우, 742면.

4) 채권질권의 목적인 채권이 양도할 수 있을 것

채권질권의 목적으로 될 수 있는 채권은 권리질권의 일반원칙에 의하여 양도할 수 있는 채권이다(제355조·제331조). 채권은 일반적으로 양도할 수 있으므로 원칙적으로 질권의 목적으로 할 수 있다.

그러나 법률의 규정에 의하여 그 양도가 금지되고 있는 채권(예컨대, 제979조의 부양청구권, 공무원연금법 제32조·군인연금법 제7조의 연금청구권, 근로기준법 제89조의 재해보상청구권 등)이나 채권자의 변경으로 급부의 내용이 전혀 달라지는 채권(예컨대, 특정인의 초상을 그리게 하는 채권), 또는 특정된 채권자와의 사이에서 결제되어야 할 특별한 사유가 있는 채권(예컨대, 상법 72조 이하의 상호계산에 개입된 채권) 등과 같이 성질상 양도가 허용되지 않는 채권은 질권의 목적이 될 수 없다(제449조 제1항 단서). 그리고 당사자 사이의 특약으로써 양도가 금지되고 있는 채권을 질권의 목적으로 할 수 없다(제449조 제2항 본문). 그러나 이러한 특약은 선의의 제3자에게 대항할 수 없으므로(제449조 제2항 단서) 질권자가 선의인 이상 질권은 유효하게 성립할 수 있다.

그 외에 질권자 자신에 대한 채권에 관해서도 권리질권은 성립할 수 있다. 은행이 정기예금 위에 질권을 취득함으로써 예금자에게 금전대여를 해주는 경우가 그 예이며 실제상 많이 이루어진다.

3. 채권질권의 효력

1) 효력의 범위

(1) 피담보채권의 범위

채권질권이 담보하는 채권의 범위는 동산질권의 경우와 다를 바 없으며(제355조·제334조), 불가분성이 있는 것도 동일하다(제355조, 제343조, 제321조).

(2) 효력이 미치는 목적의 범위

채권질권의 효력은 입질된 원본채권의 전부와 이에 따르는 이자채권, 그리고 인적·물적 담보의 모든 것에 미친다. 따라서 입질보증채권 또는 담보물권에 의하여 담보되어 있는 때에는 이들 종된 권리에도 채권의 수반성에 의하여 질권의 효력이 미치게 된다. 다만, 입질채권이 저당권부 채권인 경우에는 저당권등기에 질권의 부기등기를 하여야 질권의 효력이 저당권에도 미친다(제348조). 그밖에 물상대위의 규정은 채권질권에도 적용된다(제355조, 제342조).

☞ **채권질권의 효력범위**

질권의 목적이 된 채권이 금전채권인 때에는 질권자는 자기채권의 한도에서 질권의 목적이 된 채권을 직접 청구할 수 있고, 채권질권의 효력은 질권의 목적이 된 채권의 지연손해금 등과 같은 부대채권에도 미치므로 채권질권자는 질권의 목적이 된 채권과 그에 대한 지연손해금채권을 피담보채권의 범위에 속하는 자기채권액에 대한 부분에 한하여 직접 추심하여 자기채권의 변제에 충당할 수 있다(대판 2005. 2. 25, 2003다40668).

2) 유치적 효력

채권질권에 대하여도 동산질권의 유치적 효력이 유추적용됨으로(제355조, 제335조) 채권질권자는 채권증서를 점유하고 피담보채권의 전부를 변제받을 때까지 이를 유치할 수 있다. 그러나 채권은 채권증서가 있더라도 교환가치만 있을 뿐 그 사용가치는 거의 없으므로, 질권설정자를 심리적으로 압박하는 작용은 거의 없다고 할 수 있다.

채권질권자는 추심의 권능 기타의 환가권을 가지고 있으므로(제353조, 제354조), 질권설정자와 제3채무자는 이러한 권능을 해하는 행위를 하지 못한다. 즉, 질권설정자는 질권자의 동의 없이 질권의 목적인 권리를 소멸하게 하거나 질권자의 이익을 해하는 변경을 할 수 없다(제352조). 예컨대, 질권설정자는 채권의 추심·채무변제·상계 등의 행위를 할 수 없는데 이는 채권질권자의 추심권 기타의 환가권을 보호하기 위한 것이다. 그러나 질권의 목적인 채권의 양도행위는 제352조 소정의 질권자의 이익을 해하는 변경에 해당되지 않으므로, 질권자의 동의를 요하지 아니한다는 것이 판례이다(대판 2005. 12. 22, 2003다55059).

입질채권이 시효로 소멸할 염려가 있는 경우에 질권설정자는 입질채권을 보전하기 위하여 채권존재 확인의 소를 제기할 수 있는가? 이에 대해서 통설은 시효중단을 위하여 이행의 소는 제기할 수 없으나, 시효중단을 위한 확인의 소는 무방하다고 한다.[61)]

제3채무자에 대해서는 제352조와 같은 규정이 없으나, 학설은 일치하여 제3채무자는 대항요건이 갖추어진 후에는 질권설정자에게 입질채권을 변제할 수 없다고 한다.

☞ 민법 제352조의 취지

민법 제 352조가 질권설정자는 질권자의 동의 없이 질권의 목적된 권리를 소멸하게 하거나 질권자의 이익을 해하는 변경을 할 수 없다고 규정한 것은 질권자가 질권의 목적인 채권의 교환가치에 대하여 가지는 배타적 지배권능을 보호하기 위한 것이므로, 질권설정자와 제3채무자가 질권의 목적된 권리를 소멸하게 하는 행위를 하였다고 하더라도 이는 질권자에 대한 관계에 있어 무효일 뿐이어서 특별한 사정이 없는 한 질권자 아닌 제3자가 그 무효의 주장을 할 수는 없다(대판 1997. 11. 11, 97다35375).

3) 우선변제적 효력

질권자는 입질채권으로부터 법정과실인 이자를 수취하여 이를 우선변제에 충당할 수 있다(제355조, 제343조, 제323조). 그러나 우선변제의 주된 방법은 입

61) 곽윤직, 319면; 김상용, 659면; 이영준, 846면; 양형우, 743면.

질채권으로부터 변제를 받는 것이며, 민법에 이에 대한 구체적인 방법으로서 채권의 직접청구와 민사집행법에 의한 방법을 규정하고 있다.

(1) 채권의 직접청구

질권자는 질물의 목적이 된 채권을 직접 청구할 수 있다(제353조 제1항). 즉, 질권자는 자기의 이름으로 입질채권의 목적물을 자기에게 인도하라고 청구할 수 있는 것이다.

채권의 목적물이 금전인 경우, 질권자는 자기의 채권액에 해당하는 부분에 한하여 직접 청구함으로써 그것을 곧 피담보채권의 변제에 충당할 수 있다(제353조 제2항). 만약 입질채권의 변제기가 피담보채권의 변제기 이전에 도래하였다면 질권자는 제3채무자로 하여금 그 변제금액을 공탁시킬 수 있고, 이러한 경우에는 질권은 그 공탁금 위에 존속하는 것이 된다(제353조 제3항).

권리질권의 경우에도 물상보증인이 있을 수 있음은 물론인데, 판례는 타인의 채무를 담보하기 위하여 자신의 채권에 질권을 설정하여 준 물상보증인이 직접 채무자의 채무를 변제하거나, 질권의 실행으로 인하여 채권을 상실한 경우, 제355조에 의하여 준용되는 제341조에 의하여 채무자에 대하여 구상권을 갖게 된다고 한다(대판 2007. 5. 31, 2005다28686).

☞ 채권질권이 효력범위 및 그 실행방법

질권의 목적이 된 채권이 금전채권인 때에는 질권자는 자기 채권의 한도에서 질권의 목적이 된 채권을 직접 청구할 수 있고, 채권질권의 효력은 질권의 목적이 된 채권의 지연손해금 등과 같은 부대채권에도 미치므로 채권질권자는 질권의 목적이 된 채권과 그에 대한 지연손해금채권을 피담보채권의 범위에 속하는 자기 채권액에 대한 부분에 한하여 직접 추심하여 자기 채권의 변제에 충당할 수 있다(대판 2005. 2. 25, 2003다40668).

그리고 입질채권이 금전 이외의 유채물을 목적으로 한 경우, 예를 들면 채권이 동산인도청구권인 경우에는 추심한 물건으로써 직접 변제에 충당할 수 없으므로 질권자는 변제로서 받은 물건에 대하여 질권을 행사할 수 있다(제353조 제4항).

(2) 민사집행법이 정하는 집행방법

채권질권자는 입질채권의 직접청구 외에 민사집행법 제273조가 정하는 바에 따라서, 즉 채권의 추심·전부 및 환가 등의 집행방법에 의해서 질권을 실행할 수 있다. 어느 수단에 의하든 질권의 실행으로서 행하는 집행이므로 일반채권자와는 달리 판결 기타 채무명의를 필요로 하지 않는다. 다만 질권의 존재를 증명하는 서류만 제출하면 질권을 실행할 수 있다(민사집행법 제273조 제1항).

(3) 유질계약의 금지

채권질권의 경우에도 유질계약은 금지된다(제355조, 제339조). 그러나 금전채권이 질권의 객체가 된 경우에는, 질권자가 직접 청구하여 자신의 채권의 변제에 충당할 수 있으므로, 채권액의 한도에서는 객체인 금전채권을 변제에 갈음하여 질권자에게 귀속시키는 유질계약의 약정을 미리 하는 것도 허용된다고 해석된다.[62]

4) 전 질

채권질권자도 동산질권과 마찬가지로 전질권을 가진다(제355조, 제336조, 제337조).

---

62) 곽윤직, 321면; 김상용, 661면; 김형배·김규완·김명숙, 735면; 송덕수, 816면; 이영준, 848면; 양형우, 745면.

5) 채권질권의 침해

채권질권은 채권 자체에 대해서 뿐만 아니라 교부받은 채권증서에 대해서도 물권적 지배를 미치기 때문에 그 어느 것에 대해서나 침해가 있는 경우에는 물권적 청구권과 아울러 손해배상청구권을 행사할 수 있다.[63]

6) 채권질권자의 의무

채권질권자는 교부받은 채권증서를 선량한 관리자의 주의로써 보관하고 피담보채권이 소멸하는 경우에는 그것을 질권설정자에게 반환하여야 한다. 그리고 질권의 실행으로서 직접 청구를 하는 경우에도 선량한 관리자의 주의로써 하여야 한다.

Ⅲ. 기타의 권리질권

1. 주식 위의 질권

주식은 양도할 수 있는 재산권이므로 주식을 목적으로 질권을 설정할 수 있는데 주식은 오늘날의 경제거래에 있어서 가장 중요한 상품의 하나이며, 그 위의 질권은 권리질로서 채권질권보다 큰 기능을 하고 있다. 다만, 그에 대한 규율은 전적으로 상법에 맡겨져 있고 민법은 이에 관한 규정을 두고 있지 않다. 무기명주식은 무기명채권과 동일한 방식으로 행한다.

---

63) 김상용, 662면; 이영준, 848면; 송덕수, 816면(물권적 청구권은 행사하지 못하고 점유보호청구권을 행사할 수 있다고 한다).

2. 지식재산권 위의 질권

특허권·실용신안권·의장권·상표권·디자인권·저작권 중 저작재산권 등과 같은 지식재산권도 입질 할 수 있다. 이들 지식재산권은 각각의 법률에 따라서 등록하여야 등록하지 않으면 효력이 생기지 않는다. 다만 저작권의 입질에 있어서 등록은 대항요건에 지나지 않는다(저작권법 제54조).

지식재산권을 목적으로 하는 질권에도 유치권에 관한 민법 제323조와 제324조가 준용되므로(제355조, 제343조) 질권자는 설정자의 승낙 없이는 이들 권리를 행사해서 그 수익을 우선변제에 충당하지 못한다.

지식재산권 위의 질권의 실행방법으로서는 민사집행법이 규정하는 바에 따른 환가의 방법이 있을 뿐이다(제354조, 민사집행법 제273조 참조).

Chapter 04

저 당 권

제1절 저당권 일반

Ⅰ. 저당권의 의의

저당권은 채무자 또는 제3자(물상보증인)가 점유를 이전하지 아니하고 채무의 담보로 제공한 부동산 기타 목적물에 대하여 우선변제를 받을 권리를 가지는 담보물권이다. 저당권은 목적물의 점유·사용을 그 소유자에게 그대로 놓아둔 채 그 교환가치만을 파악하므로 목적물의 이용이 채무자에게 필요한 경우, 예컨대 채무자가 공장을 담보로 제공하지만 계속해서 공장을 가동하여야 그 변제가 가능한 경우에 유효한 담보제도로 이용될 수 있다. 다만 목적물을 계속 그 소유자가 점유하므로 저당권을 공시할 방법이 마련되어져야 한다. 그 결과 저당권의 객체가 될 수 있는 것은 점유 이외의 공시방법인 '등기'나 '등록'을 할 수 있는 것에 한정된다.

Ⅱ. 저당권의 법적 성질

저당권은 물권의 일종으로서 제한물권이며, 담보물권으로서는 약정담보물권에 속한다. 따라서 담보물권으로서의 부종성(제361조, 제369조)·수반성·불가분성(제370조, 제321조)·물상대위성(제370조, 제342조)을 가진다.

저당권도 우선변제를 받을 수 있다는 점에서 질권과 같으나, 저당권자는 목적물을 점유함이 없이 단지 목적물에 대한 교환가치만을 파악하는 점에서 유치적 효력을 가지는 질권과 다르다.

☞ 부 종 성

피담보채권이 소멸하면 저당권은 그 부종성에 의하여 당연히 소멸하게 되므로, 그 말소등기가 경료되기 전에 그 저당권부채권을 가압류하고 압류 및 전부명령을 받아 저당권 이전의 부기등기를 경료한 자라 할지라도, 그 가압류 이전에 그 저당권의 피담보채권이 소멸된 이상, 그 근저당권을 취득할 수 없고, 실체관계에 부합하지 않는 그 근저당권 설정등기를 말소할 의무를 부담한다(대판 2002. 9. 24, 2002다27910).

Ⅲ. 저당권의 사회적 기능

1. 채권자와 채무자의 상호만족

저당권에는 질권과 달리 유치적인 효력이 없으므로 채무자가 저당권의 목적물을 계속 이용할 수 있다는 장점이 있고, 채권자는 그 교환가치만을 확보하여 자금융통 중에는 이자를 받을 수 있고, 채무자의 채무불이행시에는 우선변제를 받을 수 있으므로 채권자·채무자 모두가 만족할 수 있게 된다.

2. 기업금융수단으로서의 기능

저당권은 특히 현대 기업의 금융수단으로서 적합한 특성을 보유하고 있다. 기업주는 기업설비를 담보로 하여 기업자금을 얻어 이를 다시 기업설비에 투자하여 그로부터 얻은 수익으로 기업채무를 변제해 나가면서 계속 기업활동을 할 수 있는 것이다.

3. 투자매개기능

저당권은 기업주나 부동산소유자가 금융을 얻는 수단이 되나, 이를 금융제공자의 입장에서 보면 이자의 형식으로 기업의 이윤분배에 참여하는 것이 되므로 결국 투자를 하는 것이 된다.

Ⅳ. 근대적 저당권의 특질

원래 저당권은 특정 피담보채권의 효력을 보장하는 것을 목적으로 하였지만, 오늘날은 '변제의 확보'라는 기능보다 '투자의 매개수단'으로서의 기능이 더 강조되고 있다. 이를 위하여 다음과 같은 특질이 요청된다. 첫째, 저당권의 목적물을 저당권설정자인 채무자가 계속적으로 점유하기 때문에 저당권의 존재를 제3자가 알 수 있도록 반드시 등기(또는 등록)에 의하여 공시되어야 한다는 공시의 원칙이다. 다만 예외적으로 법정저당권(제649조)·국세우선특권(국세기본법 제34조, 지방세법 제31조)이 인정되는데, 이는 공시의 원칙과 특정의 원칙에 대한 이외이다.

둘째, 저당권은 특정되고 현존하는 목적물 위에만 성립 수 있다는 특정의 원칙이다. 이는 담보물권의 물질적 기초를 확정함으로써 저당권에 의하여 파악되는 가치에 대해서 객관성을 부여하과 동시에 채무자의 전재산 위에 인정되는 일반저당권을 배척하기 위한 것이다. 이를 통해서 피담보채권액이나 저당목적물은 항상 특정되어 등기된다.

셋째, 동일한 목적물 위에 설정된 저당권은 각각 확정된 순위를 가지고 있으며 서로 침범하지 않는다는 순위확정의 원칙이다. 이 원칙은 다음의 두 가지 내용을 갖는다. 첫째, 저당권의 순위는 등기의 선후에 의하여 결정되고, 먼저 등기된 저당권은 후에 등기된 저당권에 의하여 그 순위가 내려가지 않는다(제370조, 제333조 참조). 둘째, 한번 주어진 저당권의 순위는 선순위의 저당권이 소멸하더라도 그 순위가 상승하지 않는다.

우리 민법은 위 원칙의 두 번째 내용은 채택하고 있지 않다. 따라서 1번 저당권이 소멸하면 2번 저당권은 그 순위가 자동적으로 올라가서 1번 저당권으로 된다.

넷째, 저당권을 특정채권의 담보라는 종된 지위에서 해방시켜 독립된 가치권으로서 금융거래의 객체가 될 수 있도록 해 주어야 한다는 독립의 원칙이다. 다시 말하면 저당권은 피담보채권으로부터 독립한 추상적 존재가 되어야 하며, 용익권·후순위저당권·채무자의 일반재산으로부터 독립하여야 한다는 원칙이다.

제370조, 제340조 제1항에 의하면 저당권자는 저당목적물에 의하여 변제받지 못한 부분의 채권에 한하여 채무자의 일반재산으로부터 변제를 받을 수 있으므로, '채무자의 일반재산으로부터의 독립'은 부분적으로 인정된다. 또한 저당권은 저당권보다 후에 설정된 이용관계로부터 아무런 영향을 받지 않으므로, 이러한 의미의 독립의 원칙은 우리 민법에서 지켜지고 있다. 그러나 민법은 저당권을 피담보채권과 분리하여 타인에게 양도하거나 다른 채권의 담보로 제공할 수 없도록 하고(제361조), 피담보채권의 소멸로 인하여 원칙적으로 저당권도 소멸하도록 규정하여(제357조), '피담보채권으로부터 독립'을 인정하지 않는다. 또한 민사집행법에 의하면 후순위저당권자의 담보권실행으로 인하여 선순위의 저당권도 소멸하게 되므로(동법 제91조 제2항), '후순위저당권으로부터 독립'도 인정되지 않는다.

다섯째, 저당권이 하나의 독립된 재산권으로서 금융시장에서 자유로이 유통될 수 있어야 한다는 즉, 저당권의 안전과 신속한 양도가 확보되지 않으면 안 된다는 유통의 원칙이다. 이를 위해서는 공신의 원칙과 저당권의 증권화가 필요하다. 그러나 우리 민법은 등기부에 공신력을 인정하지 않으며, 또한 증권화도 인정하지 않으므로 저당권의 유통성은 확보되어 있지 않다. 다만 최근 저당권에 의하여 담보되는 채권을 기초로 하여 증권을 발행하는 방법을 통하여, 그 채권을 유통화하는 제도가 자산유동화에 관한 법률·주택저당채권유동화회사법 등에 의하여 마련되었다.

위의 원칙들 중 공시의 원칙(제186조), 특정의 원칙은 우리 민법에서도 관철되고 있지만, 순위 확정의 원칙은 저당권의 순위가 등기의 선후에 의하여 결정된다는 측면에서는 인정되고 있지만, 선순위의 저당권이 소멸하는 경우에 순위승진의 원칙을 채택하고 있다는 점에서는 관철되고 있지 않다. 독립의 원칙과 유통의 원칙은 우리 민법에서는 인정되지 않는 측면이 강하다. 그러나 최근 자산유동화제도를 도입하는 등 이를 위한 노력은 계속되고 있다.

제2절 저당권의 성립

저당권은 약정담보물권이므로 저당권설정의 합의와 등기에 의하여 성립하는 것이 원칙이나(제186조), 예외적으로 법률의 규정에 의해 저당권이 성립하는 경우(제649조)와 법률규정에 의해 저당권설정청구권이 인정되는 경우가 있다(제666조).

Ⅰ. 저당권 설정 계약

1. 당 사 자

저당권설정계약의 당사자는 저당권을 취득하게 되는 '저당권자'와 목적부동산에 저당권을 설정하는 '저당권설정자'이다.

1) 저당권자

저당권자는 피담보채권의 채권자에 한한다. 단 채권자가 아닌 자가 저당권자가 되기도 하는데, 채권자·채무자·제3자 사이에 합의가 있으면 유효한 것으로 볼 수 있다.

☞ 저당권의 주체

채권과 그를 담보하는 저당권은 담보물권의 부수성에 의하여 원칙적으로 그 주체를 달리할 수 없으나, 채권담보를 위하여 저당권을 설정하는 경우 제3자 명의로 저당권등기를 하는 데 대하여 채권자와 채무자 및 제3자 사이에 합의가 있었고, 나아가 제3자에게 그 채권이 실질적으로 귀속되었다고 볼 수 있는 특 별한 사정이 있는 경우에는 제3자 명의의 저당권등기도 유효하다(대판 1995. 9. 26, 94다33583).

☞ 제3자 명의로 되어있는 근저당권의 효력

근저당권은 채권담보를 위한 것이므로 원칙적으로 채권자와 근저당권자는 동일인이 되어야 하고, 다만 제3자를 근저당권 명의인으로 하는 근저당권을 설정하는 경우 그 점에 대하여 채권자와 채무자 및 제3자 사이에 합의가 있고, 채권양도, 제3자를 위한 계약, 불가분적 채권관계의 형성 등 방법으로 채권이 그 제3자에게 실질적으로 귀속되었다고 볼 수 있는 특별한 사정이 있는 경우에는 제3자 명의의 근저당권설정등기도 유효하다고 보아야 할 것이다(대판 2007. 1. 11, 2006다50055; 대판 2001. 3. 15, 99다48948).

2) 저당권설정자

저당권설정자는 피담보채권의 채무자인 것이 보통이나 제3자라도 무방하다. 이러한 경우의 제3자를 물상보증인이라고 함은 질권에서 본 것과 같다. 물상보증인이 채무를 변제하거나 또는 저당권의 실행으로 인하여 목적물의 소유권을 잃은 때에는 보증인의 경우와 마찬가지로 채무자에 대하여 구상권을 행사할 수 있다(제370조·제341조). 또한 물상보증인이 채무자의 채무를 변제한 경우, 채무자에 대하여 구상권을 가짐과 동시에 제481조에 의한여 당연히 채권자를 대위한다.

저당권의 설정은 일종의 처분행위이므로 설정자는 목적물에 대한 처분할 권리(소유권)나 처분권한(대리권, 대표권 등)을 가지고 있어야 한다. 따라서 자기 소유가 아닌 물건에 저당권을 설정하지 못하며, 한편 소유자라 할지라도 법률상 그 처분권능을 제한당하고 있는 경우, 예컨대 파산선고를 받은 경우, 압류 또는 가압류를 당한 경우에는 저당권을 설정하지 못한다.

저당권설정계약상의 채무자 아닌 제3자를 채무자로 한 저당권설정등기는 저당권의 부종성에 비추어 무효이다(대판 1981. 9. 8, 80다1468). 그러나 이러한 경우에도 당사자 사이의 의사의 합치가 있으면 유효성을 인정할 수 있다.

☞ 매도인을 채무자로 한 근저당권의 효력

부동산을 매수한 자가 소유권이전등기를 마치지 아니한 상태에서 매도인인 소유자의 승낙 아래 매수 부동산을 타인에게 담보로 제공하면서 당사자 사이의 합의로 편의상 매수인 대신 등기부상 소유자인 매도인을 채무자로 하여 마친 근저당권설정등기는 실제 채무자인 매수인의 근저당권자에 대한 채무를 담보하는 것으로서 유효하다(대판 2001. 3. 15, 99다48948; 대판 1999. 6. 25, 98다47085)

2. 계약의 성질

저당권은 약정담보물권으로 당사자 사이의 저당권설정을 목적으로 하는 물권적 합의(저당권 설정계약)와 등기에 의하여 성립한다(제186조).

저당권설정계약은 당사자의 합의만으로 성립하는 낙성계약이고, 저당권을 설정하는 계약 자체는 물권계약이며 이행의 문제를 남기지 아니한다.[64] 저당

64) 고상룡, 638면; 이영준, 861면; 양형우, 751면. 다른 견해는 저당권설정계약은 저당권을 설정하는 채권계약으로서 특별한 사정이 없으면, 저당권설정 그 자체를 목적으로 하는 물권적 합의가 포함하여 이루어지므로 물권계약과 채권계약의 성질을 모두 가지고 있는 것이라고 한다(곽윤직, 328면; 송덕수, 820면).

권설정계약에는 보통 서면을 작성하지만 형식이 저당권설정계약의 성립요건에 해당하지는 않는 불요식계약이고, 또한 피담보채권 혹은 피담보채권을 생기게 한 법률관계를 전제로 성립하는 「종된 계약」이다. 따라서 피담보채권을 발생시키는 계약이 무효 또는 취소되는 경우, 저당권설정계약도 무효로 되거나 소급하여 효력을 잃게 된다. 그밖에 저당권설정계약에는 조건이나 기한을 붙일 수 있다.

Ⅱ. 저당권의 설정등기

1. 저당권의 성립요건으로서의 등기

저당권설정계약은 물권계약이므로 저당권설정의 합의 외에 그 등기를 하여야 비로소 저당권이 성립한다(제186조). 등기하여야 할 사항은 채권자·채무자 또는 물상보증인·채권액·변제기·이자 및 그 지급시기 등이며, 그 밖에 원본 또는 이자의 지급장소에 관한 약정이나(제358조 단서), 그 약정이 있는 때에 그 약정채권이 조건부인 때에는 그 조건의 내용을 기재한다(부동산등기법 제75조).

2. 저당권설정등기의 유용

채무변제로 저당권이 소멸되었으나 그 등기를 말소하지 않고 있던 중, 다시 같은 내용의 저당권설정계약을 체결한 경우에 종전의 말소되지 않은 저당권등기를 이용할 수 있는지가 저당권설정등기의 유용의 문제이다.

이에 대하여 과거에는 긍정설과 부정설 등으로 견해가 대립하였으나 현재는 학설[65]과 판례가 제한적 긍정설을 인정하는 쪽으로 일치된 의견을 보이는 것 같다. 제한적 긍정설에 의하면 단지 제한적으로 저당권등기의 유용을 인정

65) 김형배·김규완·김명숙, 722면; 김상용, 691면; 이은영, 770면; 양형우, 751면.

하여 저당권의 등기가 무효로 된 후에 그 부동산에 대하여 새로운 이해관계를 가지게 된 제3자가 등기부상 나타나지 않은 때에는「등기경제와 거래안전을 위하여 부종성원리를 완화하여」등기를 유용할 수 있고, 새로운 채권을 위하여 저당권등기를 유용할 때까지의 사이에 이해관계가 있는 제3자가 나타날 때에는 무효로 된다고 한다. 판례 또한 이러한 경우 등기의 유용은 등기가 무효가 된 후 당사자가 그 무효등기를 유용하기로 합의할 때까지의 기간 동안에 등기부상 이해관계 있는 제3자가 나타나지 않는 한 유효하다고 한다(대판 2009. 2. 26, 2006다72802; 대판 2002. 12. 6, 2001다2846).

이해관계 있는 제3자를 어떻게 정할 것인가에 대하여 권리보전의 등기 유무를 묻지 않고 무효인 저당권등기임을 알면서 거래한 선의의 자를 포함한다는 견해[66]와 구 채권의 소멸과 유용에 대한 합의 사이에 저당권의 소멸을 전제로 하여 물권을 취득한 자에 한정한다는 견해[67]가 있다. 판례는 등기가 무효로 된 후 당사자의 유용합의 이전에 이미 등기상 이해관계가 있는 제3자가 나타나 있어야 한다고 본다(대판 1994. 1. 28, 93다31702).

☞ 유용된 저당권등기의 효력

부동산의 소유자 겸 채무자가 채권자인 저당권자에게 당해 저당권설정등기에 의하여 담보되는 채무를 모두 변제함으로써 저당권이 소멸된 경우 그 저당권설정등기 또한 효력을 상실하여 말소되어야 할 것이다. 그러나 그 부동산의 소유자가 새로운 제3의 채권자로부터 금원을 차용함에 있어 그 제3자와 사이에 새로운 차용금 채무를 담보하기 위하여 위 잔존하는 종전 채권자 명의의 저당권설정등기를 이용하여 이에 터잡아 새로운 제3의 채권자에게 저당권 이전의 부기등기를 경료하기로 하는 내용의 저당권등기 유용의 합의를 하고 실제로 그 주기등기를 경료하였다면, 그 저당권이전등기를 경료받은 새로운 제3의 채권자로서는 언제든지 부동산의 소유자에 대하여 위 등기 유용의 합의를 주장하여 저당권설정등기의 말소청구에 대항할 수 있다고

66) 이재성, "무효인 부동산등기의 유용의 범위" 사법행정 제28권 5호, 사법행정학회, 1987, 68면.
67) 이은영, 770면.

할 것이다. 다만 그 저당권 이전의 부기등기 이전에 등기부상 이해관계를 가지게 된 자에 대하여는 위 등기 유용의 합의사실을 들어 위 저당권설정등기 및 그 저당권 이전의 부기등기의 유효를 주장할 수는 없다(대판 1998. 3. 24, 97다56242).

3. 저당권등기의 불법말소 또는 탈루된 경우의 효력

저당권설정등기가 유효하게 경료되었으나 불법으로 말소 또는 탈루된 경우에 저당권은 소멸하게 되는가, 아니면 저당권은 소멸하지 않고 저당권자가 말소된 등기의 회복등기를 청구할 수 있는가(이는 제3자가 그 저당권의 말소를 신뢰하고 이해관계를 가진 경우에 특히 논의의 실익이 있다)의 문제이다.

이에 대하여 학설은 등기는 물권변동의 효력발생요건인 동시에 존속요건이기 때문에 등기가 말소된 이상은 등기의 부존재가 되어 회복등기를 할 수 없다고 하는 회복부정설[68]과 저당권설정등기가 불법말소 된 후 그 부동산에 관하여 이해관계 있는 제3자가 존재하는가를 묻지 않고 말소회복등기를 인정할 수 있다고 보는 다수설인 회복긍정설[69]이 있다. 회복긍정설의 논거로 첫째 등기가 불법말소된 경우까지를 존속요건으로 보는 것은 부당하며, 이를 예외 없이 관철하게 되면 원래의 권리자에게 불측의 손해를 줄뿐만 아니라, 이러한 이론의 악용을 조장하여 물권법질서에 중대한 혼란을 초래할 위험이 있으며, 둘째 등기에 공신력이 인정되지 않으므로 불법으로 말소된 등기를 신뢰하고 이해관계를 가진 제3자의 불측의 손해는 인용할 수밖에 없다는 점을 들고 있다.

판례는 불법말소된 경우, 등기는 물권의 효력발생요건이고 효력존속요건이 아니므로, 물권에 관한 등기가 원인 없이 말소된 경우에 그 말소등기는 실제관계에 부합하지 않는 것 이어서 물권의 효력에 아무런 영향을 미치지 않고

---

68) 곽윤직, 85면.

69) 고상룡, 90면; 김상용, 693면; 김형배·김규완·김명숙, 446면; 송덕수, 568면; 이영준, 106면; 양형우, 752면.

(대판 1997. 9. 30, 95다39526), 따라서 저당권자는 저당권을 상실하지 않고 그 말소된 등기의 회복등기를 할 수 있다고 한다(대판 1968. 8. 30, 68다1187; 대판 1982. 9. 14, 81다카923). 다만, 다수설에 따라 등기가 불법말소되거나 탈루된 경우 저당권이 소멸하는 것은 아니라고 하더라도, 저당목적물이 경매로 매각된 경우에는 그 한도에서 저당권등기는 회복될 수 없다(대판 1998. 10. 2, 98다27197). 왜냐하면 저당권은 경매에 의한 매각으로 항상 소멸하기 때문이다(민사집행법 제92조 제2항, 제268조). 이 경우 판례는 저당권자에 "부동산이 경매절차에서 매각되면 그 부동산에 존재하였던 저당권은 당연히 소멸하므로 저당권등기가 회복될 수 없고, 저당권자는 경매절차에서 실제로 배당받은 후순위권리자에 대하여 부당이득반환청구로서 그 배당금의 한도 안에서 저당권설정등기가 말소되지 않았더라면 배당받았을 금액의 지급을 구할 수 있다."고 한다(대판 1998. 10. 2, 98다27197; 대판 2002. 10. 22, 2000다59678).

Ⅲ. 저당권의 객체

저당권은 목적물의 점유를 요건으로 하지 않으므로 그 객체는 등기나 등록의 공시방법이 마련되어 있는 것에 한한다.

1. 민법상 객체

민법이 인정하는 저당권의 객체는 부동산(제356조)과 지상권 및 전세권(제371조 제1항)이다. 지상권 또는 전세권을 목적으로 저당권을 설정한 자는 저당권자의 동의 없이 지상권 또는 전세권을 소멸하는 행위를 하지 못한다(제371조 제2항).

2. 저당권의 객체로서 문제가 되는 것들

1) 여러 필의 토지의 집합 또는 1필의 토지의 일부

1필의 토지가 1개의 저당권의 목적이 된다. 따라서 여러 필의 토지의 집합 위에 1개의 저당권을 설정할 수 없고, 1필의 토지의 일부 위에 저당권을 설정할 수 없다. 1필의 토지로서 등기되어 있는 토지의 일부에 저당권을 설정하기 위하여는 먼저 분필등기를 하여야 한다.

2) 1동의 건물의 일부

저당권은 1동의 건물에 설정할 수 있고, 1동의 건물의 일부에는 원칙적으로 저 당권을 설정할 수 없다. 다만, 1동의 건물의 일부라 하더라도 구분소유권의 목적이 되는 경우에는 저당권을 설정할 수 있다.

3) 부속건물

부속건물은 주된 건물과 함께 1개의 건물로 등기되므로, 분할등기를 먼저 하여야 부속건물에 대하여 독립하여 저당권을 설정할 수 있다.

4) 공유지분

공유자의 지분을 목적으로 하는 저당권도 가능하다. 다만 공유지분 위의 저당권이 실행되면 분할절차를 밟아야 한다. 그리고 甲과 乙의 공유인 부동산 중 甲의 지분위에 설정된 근저당권 등 담보물권은 특단의 합의가 없는 한 공유물 분할이 된 뒤에도 종전의 지분비율대로 공유물 전부의 위에 그대로 존속하고 근저당권설정자인 甲 앞으로 분할된 부분에 당연히 집중되는 것은 아니다(대판 1989. 8. 8, 88다카24868).

> ☞ 공유지분 위에 설정된 저당부동산의 분할방법
>
> 甲의 공유지분에 대하여 근저당권이 설정되어 있고 이 근저당권은 분할 후 乙의 단독소유가 될 토지에도 지분비율대로 존속하게 되어 甲은 乙에게 이로 인한 가액감손을 보상하여야 하므로 상호보상관계가 매우 복잡해진다는 집에서 가액보상의 방법에 의한 공유물분할도 부적당하여 대금분할함이 상당하다(대판 1993. 1. 19, 92다30603).

5) 건축 중의 건물

미완성의 건축 중의 건물은 독립한 부동산이라고 할 수 있는 상태에 달한 단계에서 비로소 저당권의 목적이 될 수 있다. 판례는 최소한의 기둥과 지붕 그리고 주벽이 이루어지면 독립된 부동산으로서의 건물이라고 본다(대판 2003. 5. 30, 2002다21592, 21608).

3. 특별법상 객체

민법 이외의 특별법에서 인정되는 저당권의 객체로는 등기된 선박(상법 제787조), 수목의 집단(입목법 제3조 제2항), 광업권(광업법 제11조), 어업권(수산업법 제16조), 공장재단·광업재단(공장 및 광업재단저당법), 승용자동차를 제외한 자동차·항공기·건설기계(자동차 등 특정동산 저당법) 등이 있다.

Ⅳ. 저당권의 피담보채권

1. 채권일반

저당권에 의하여 담보될 수 있는 채권, 즉 피담보채권의 목적에는 아무런 제한이 없다. 금전채권인 경우가 보통이겠지만, 금전 이외의 급부를 목적으로 하는 채권이라도 그 불이행으로 인하여 금전에 의한 손해배상채권으로 변하는 것이 원칙이기 때문에 역시 저당권의 피담보채권이 될 수 있다. 다만, 피담보채권이 금전채권이 아닌 경우에는 그 채권의 가격을 등기관은 기록하여야 한다(부동산등기법 제77조).

이 경우 채권의 실제가액이 등기된 가액을 초과하고 있는 경우라도 등기된 범위 내에서만 우선권을 주장할 수 있다(대결 1980. 9. 18, 80마75). 이것은 저당권의 목적부동산에 관하여 이해관계를 가진 자, 예컨대 후순위저당권자나 제3취득자 등에게 피담보채권액을 공시함으로써 이들을 보호하기 위한 것이다.

☞ 피담보채권 소멸 후의 근저당권의 효력

피담보채권이 소멸하면 저당권은 그 부종성에 의하여 당연히 소멸하게 되므로, 그 말소등기가 경료되기 전에 그 저당권부채권을 가압류하고 압류 및 전부명령을 받아 저당권 이전의 부기등기를 경료한 자라 할지라도, 그 가압류 이전에 그 저당권의 피담보채권이 소멸된 이상, 그 근저당권을 취득할 수 없고, 실체관계에 부합하지 않는 그 근저당권 설정등기를 말소할 의무를 부담한다(대판 2002. 9. 24, 2002다27910).

2. 장래에 성립하는 채권

저당권은 성립상의 부종성의 원칙에 의하여 피담보채권이 없이는 성립할 수 없다. 그러나 피담보채권은 저당권설정의 시점에 존재하고 있을 필요는 없고, 조건부채권·기한부채권과 같이 장래에 성립하는 것이라도 무방하다. 이에 대해 학설[70]은 저당권의 부종성을 완화하여 피담보채권은 저당권설정시에 존

70) 곽윤직, 331면; 김상용, 696면; 김형배·김규완·김명숙, 747면; 송덕수, 823면; 이영준, 866면.

재할 필요는 없고, 장래에 채권이 발생할 가능성이 있거나 적어도 저당권실행 시에 채권이 현존하고 확정되면 충분하다고 하여 장래의 채권을 담보하기 위하여 현재 저당권을 설정할 수 있다고 보는 견해에 이설이 없다. 예를 들어 보증인이 장래 주채무자로부터 취득할 수 있는 구상채권을 담보하기 위하여 저당권을 설정할 수 있다. 특히 장래의 증감변동하는 불특정다수의 채권에 대하여 그 최고액을 정하여 저당권을 설정할 수 있는데, 이를 근저당이라고 한다(제357조).

☞ 장래채권에 대한 저당권

공동으로 매수하고 공유자에게 명의신탁한 부동산이 공유자에 의하여 임의로 처분되거나 그의 채권자들에 의하여 강제집행되는 등의 사유로 공유자에 의하여 자기지분이 침해될 경우에 공유자에 대하여 가지게 되는 장래의 조건부 손해배상청구권 또는 부당이득반환청구권을 담보하기 위하여 근저당권설정등기를 경료하였다면 이는 공유자 사이의 합치된 진정한 의사표시에 기하여 경료된 것이지 강제집행을 면탈할 목적으로 통정하여 한 허위의 의사표시라고 볼 수 없으며 또 장래에 발생할 특정의 조건부 채권을 피담보채권으로 하고 있어서 피담보채권이 존재하지 않는다고도 볼 수 없다(대판 1993. 5. 25, 93다6326).

3. 여러 개의 채권 또는 채권의 일부

채무자가 수개의 채권을 합하여 하나의 피담보채권으로 저당권을 설정할 수 있다. 물상보증인은 채무자가 각각 다른 여러 개의 채권에 대하여 1개의 저당권을 설정할 수도 있다. 그리고 채권의 일부만을 저당권의 피담보채권으로 할 수도 있다.

채권자가 각각 다른 여러 개의 채권을 1개의 저당권으로 담보하는 경우 각 채권자들은 피담보채권의 비율로 저당권을 준공유 한다.

V. 저당권의 특수한 성립

저당권은 저당권설정계약에 의해 성립하는 것이 일반적이지만, 예외적으로 ① 법률의 규정에 의해 저당권이 성립하는 경우가 있고, ② 당사자 일방에게 저당권설정청구권이 주어지는 경우도 있다. 전자를 법정저당권이라고 하고 후자를 저당권설정청구권이라고 한다.

1. 법정저당권

제649조는 "토지임대인이 변제기를 경과한 최후 2년의 차임채권에 의하여 그 지상에 있는 임차인 소유의 건물을 압류한 때에는 저당권과 동일한 효력이 있다."고 규정하고 있다. 이를 법정저당권이라고 한다. 즉, 임차인이 임차지에 자기소유의 건물을 가지는 경우에 한하여 또한 연체된 차임 중 최후 2년분의 차임채권에 관해서만 토지임대인은 우선변제를 받을 수 있는 법정저당권을 취득한다.

법정저당권의 성립시기는 압류결정의 기입등기가 경료된 때 또는 압류결정이 임차인에게 송달된 때 중 앞선 시기이다(민사집행법 제83조 제4항). 법정저당권의 효력은 약정저당권의 효력과 다르지 않다.

2. 부동산공사수급인의 저당권설정청구권

부동산공사를 완료하면 도급인은 그 보수를 지급하여야 하고(제665조), 부동산공사수급인은 그 보수에 관한 채권을 담보하기 위하여 그 부동산을 목적으로 하는 저당권의 설정을 청구할 수 있다(제666조). 이 제도는 부동산공사수급인의 보수청구권을 보호하기 위하여 특별히 둔 제도이다. 부동산공사수급인의 저당권설정청구권에 의하여 성립하는 저당권은 약정저당권인가 혹은 법정저당권인가하는 문제가 있다. 다수설[71]은 부동산공사수급인이 보수채권을 담보하기 위하여 갖는 저당권설정청구권의 성질은 채권적 청구권이며 저당권설정청구권에 의하여 성립하는 저당권은 약정저당권이라고 본다. 다시 말하면 '저당권의 설정을 청구'할 수 있는 것이므로, 이 청구권의 행사로 당연히 저당권이 성립하는 것은 아니고, 도급인이 수급인의 청구에 응하여 저당권설정등기를 하여야 비로소 저당권이 성립한다.

제3절 저당권의 효력

Ⅰ. 저당권의 효력이 미치는 범위

1. 피담보채권의 범위

저당권은 피담보채권의 원본 이외에도 그 이자·위약금·채무불이행으로 인한 손해배상 및 저당권의 실행비용을 담보한다(제360조). 저당권에서는 목적물을 점유하지 않으므로 질권에서의 질물보존비용과 질물의 하자로 인한 손해배상채권 같은 것은 담보되지 않는다.

원본은 필수적등기사항이며(부동산등기법 제75조 제1항 1호), 저당권설정계약에 변제기, 지급장소에 관한 약정이 있는 때에는 이를 등기하여야 하며, 이자의 경우는 이자, 이자발생시기·지급시기·지급장소에 관한 약정이 있는 때에는 이를 등기하여야 한다(동법 제75조 제1항 3호 이하). 등기하지 않으면 이자를 가지고 제3자에게 대항할 수 없다.

다만 지연배상에 대하여는 원본의 이행기일을 경과한 후의 1 년분에 한하여 저당권을 행사할 수 있다(제360조 단서). 이처럼 지연배상의 범위를 제한하는 취지는 후순위저당권자 등과 같은 다른 채권자의 이익을 보호하기 위한 것이다. 예컨대 이행기일이 도래하여 저당권을 실행할 수 있음에도 불구하고 저당권자가 권리행사를 하지 않아 계속 지연이자가 늘어가는데, 이를 무제한으

71) 곽윤직, 331면; 김상용, 696면; 송덕수, 824면; 이상태, 467면; 양형우, 753면.

로 담보된다고 보면 다른 채권자의 이익을 해치는 결과가 되기 때문이다.

따라서 후순위저당권자 기타 채권자가 없는 때 또는 채무자가 임의로 변제를 하는 때에는 이 규정의 적용을 받지 않는다고 할 것이다. 판례도 민법 제360조 단서의 규정은 저당권자의 제3자에 대한 관계에서의 제한이며, 채무자나 저당권설정자가 저당권자에 대하여 대항할 수 있는 것이 아니라고 한다(대판 1992. 5. 12, 90다8855).

2. 목적물의 범위

저당권의 효력이 미치는 목적물의 범위는 목적물의 소유권이 미치는 범위와 원칙적으로 같다. 다만 당사자의 의사에 의하여 그 범위가 축소 또는 확대될 수 있다(제358조 단서).

1) 부 합 물

저당부동산에 부합된 물건에는 저당권의 효력이 미친다(제358조). 예컨대 건물에 저당권이 설정된 경우 그 건물에 부속된 창고에도 저당권의 효력이 미치는 것이다. 한편 이러한 부합물이 저당권설정 당시에 이미 부동산에 포함되어 있어야 하는 것은 아니고, 그 후에 부합되었더라도 역시 저당권의 효력이 미친다는 것이 통설과 판례의 태도이다. 판례는 기존건물에 대한 경매절차에서 경매목적물을 평가되지 않았더라도 매수인은 부합된 증축부분의 소유권을 취득한다고 한다(대판 2002. 10. 25, 2000다63110). 건물이 증축된 경우에 증축된 부분이 독립성을 가지면 저당권의 효력이 미치지 않는다. 즉, 증축된 건물이 기존건물과 별개의 것으로 인정되는 경우(대판 1988. 2. 23, 다카600), 또는 기존의 건물을 헐고 새로운 건물을 지은 경우(대판 1992. 3. 31, 91다39184)에는 저당권의 효력이 미치지 않는다.

그러나 저당부동산의 소유자 이외의 자가 그 권원에 의하여 부속시킨 때(제256조 단서) 예컨대 지상권자·전세권자 또는 부동산임차인이 식수한 식목 또는 축조한 건물 기타 공작물이나 부속시킨 물건 등은 이들의 소유에 속하고 부동산소유권에 흡수되지 않으므로 당연히 저당권의 효력이 미치지 않는다. 또한 법률에 특별한 규정이 있는 경우나 저당권설정행위에서 부합물에 저당권의 효력이 미치지 않는 것으로 약정한 경우에는 예외이다. 다만 당사자간의 약정은 등기를 하여야만 제3자에게 대항할 수 있다.

2) 종 물

저당권의 효력은 저당부동산의 종물에 미친다(제358조 본문). 그러나 법률에 다른 규정이 있다거나 저당권설정계약에서 다른 특약을 하고 이를 등기하였다면 저당권은 종물에 미치지 않는다(제358 단서). 예컨대 저당권은 저당물의 종물에도 효력을 미치므로 기존건물에 대한 경매절차에서 경매목적물로 평가되지 아니하였다고 할지라도 경락인은 종물에 대한 소유권을 취득한다(대판 1993. 8. 13, 92다43142; 대판 1995. 6. 29, 94다6345).

또한 부동산에 종된 권리도 종물에 준하여 취급된다. 예컨대 타인의 토지 위에 건물을 소유하고 있는 지상권자가 건물에 대하여 저당권을 설정한 경우에 그 저당권의 효력은 그 건물의 소유를 목적으로 한 지상권에도 미치며 그 건물의 양도에 따라 지상권도 함께 양도되는 것으로 해석하여야 한다(대판 1995. 8. 22, 94다12722; 대판 1996. 4. 26, 95다52864). 판례는 제358조 본문을 유추적용하여 건물의 저당권의 효력은 그 대지이용권인 지상권·전세권·임차권에 미친다고 한다.

☞ 저당권의 범위

건물의 증축 부분이 기존건물에 부하하여 기존건물과 분리하여서는 별개의 독립물로서의 효용을 갖지 못하는 이상 기존건물에 대한 근저당권은 민법 제358조에 의하여 부합된 증축 부분에도 효력이 미치는 것이므로 기존건물에 대한 경매절차에서 경매목적물로 평가되지 아니하였다고 할지라도 경락인은 부합된 증축 부분의 소유권을 취득한다(대판 2002. 10. 25, 2000다63110).

☞ 임차권에 미치는 저당권의 효력

임차인의 변경이 당사자의 개인적인 신뢰를 기초로 하는 계속적 법률관계인 임대차를 더 이상 지속시키기 어려울 정도로 당사자 사이의 신뢰관계를 파괴하는 임대인에 대한 배신행위가 아니라고 인정되는 특별한 사정이 있는 때에는 임대인은 자신의 동의 없이 임차권이 이전되었다는 것만을 이유로 제629조 2항에 따라서 임대차계약을 해지할 수 없고, 그와 같은 특별한 사정이 있는 때에 한하여 매수인은 임대인의 동의가 없더라도 임차권의 이전을 임대인에게 대항할 수 있다고 봄이 상당한 바, 위와 같은 특별한 사정이 있는 점은 매수인이 주장·증명하여야 한다(대판 1993. 4. 13, 92다24950).

☞ 집합건물의 대지사용권에 대한 효력

집합건물 구분소유자의 대지사용권은 전유부분과 분리처분이 가능하도록 규약으로 정하였다는 등의 특별한 사정이 없는 한 전유부분과 종속적 일체불가분성이 인정되므로, 구분건물의 전유부분에 대한 저당권 또는 경매개시결정과 압류의 효력은 당연히 종물 내지 종된 권리인 대지사용권에까지 미치고, 그에 터잡아 진행된 경매절차에서 전유부분을 매각받은 자는 그 대지사용권도 함께 취득 한다(대판 2008. 3. 13, 2005다15048).

3) 과　실

저당목적물의 사용·수익은 여전히 설정자에게 맡겨진 것이므로 그 천연과실에는 저당권의 효력이 미치지 않는 것이 원칙이다. 그러나 이를 제한없이 관철하게 되면 저당권설정자가 경매절차를 부당하게 지연시켜 과실을 취득하는 폐단이 발생할 수 있으므로 예외적으로 저당부동산에 대한 압류가 행해진 후에 저당권설정자가 그 부동산으로부터 수취한 과실 또는 수취할 수 있는 과실에 대해서는 저당권의 효력이 미친다(제359조). 다만, 그 부동산에 대한 소유권·지상권·전세권을 취득한 제3자에 대하여는 압류한 사실을 통지한 후가 아니면 이로써 대항하지 못한다(제359조 단서).

한편 민법 제359조의 과실에 법정과실이 포함되어 있는지에 관하여 법정과실에 대해서도 원칙적으로 저당권의 효력이 미치지 않지만, 제359조의 과실에 법정과실도 포함됨으로 저당부동산이 압류된 후에는 법정과실에 대하여도 저당권의 효력이 미친다고 하는 것이 통설이다.

4) 저당토지 위의 건물

저당토지 위의 건물에는 저당권의 효력이 미치지 않는다. 다만 토지를 목적으로 저당권을 설정한 후 그 설정자가 저당토지 위에 건물을 축조한 때에는 저당권자는 토지와 함계 그 건물에 대하여도 경매를 청구할 수 있다(제365조 본문). 이것은 저당권의 실행을 용이하게 하기 위한 것으로 일괄경매청구권이라 한다. 그러나 그 건물의 경매대가로부터는 우선변제를 받지 못한다(제365조 단서).

☞ 일괄경매청구권

민법 제365조가 토지를 목적으로 한 저당권을 설정한 후 그 저당권설정자가 그 토지에 건물을 축조한 때에는 저당권자가 토지와 건물을 일괄하여 경매를 청구할 수 있도록 규정한 취지는, 저당권은 담보물의 교환가치의 취득을 목적으로 할 뿐 담보물의 이용을 제한하지 아니하여 저당권설정자로서는 저당권설정 후에도 그 지상에 건물을 신축할 수 있는데, 후에 그 저당권의 실행으로 토지가 제3자에게 경락될 경우에 건물을 철거하여야 한다면 사회경제적으로 현저한 불이익이 생기게 되어 이를 방지할 필요가 있으므로 이러한 이해관계를 조절하고, 저당권자에게도 저당토지상의 건물의 존재로 인하여 생기게 되는 경매의 어려움을 해소하여 저당권의 실행을 쉽게 할 수 있도록 한데에 있다는 점에 비추어 볼 때, 저당지상의 건물에 대한 일괄경매청구권은 저당권설정자가 건물을 축조한 경우뿐만 아니라 저당권설정자로부터 저당토지에 대한용익권을 설정 받은 자가 그 토지에 건물을 축조한 경우라도 그 후저당권설정자가 그 건물의 소유권을 취득한 경우에는 저당권자는 토지와 함께 그 건물에 대하여 경매를 청구할 수 있다(대판 2003. 4. 11, 2003다3850).

☞ 일괄경매의 추가신청의 가부

민법 제365조에 기한 일괄경매청구권은 토지의 저당권자가 토지에 대하여 경매를 신청한 후에도 그 토지상의 건물에 대하여 토지에 관한 경매기일 공고시까지는 일괄경매의 추가신청을 할 수 있고, 이 경우에는 집행법원은 두 개의 경매사건을 병합하여 일괄경매절차를 진행함이 상당하다(대결 2001. 6. 13, 2001마1632).

5) 저당부동산으로부터 분리·반출된 부합물 또는 종물

저당부동산에 대한 이용권은 저당권설정자에게 있으므로 설정자가 자신의 정당한 권리행사에 의하여 부합물을 목적부동산으로부터 분리하였으면 분리된 물건에는 저당권의 효력이 미치지 않는다. 그러나 정당한 권리행사에 의하지 않고 분리된 부합물의 경우에는 어떠한지 문제된다. 예컨대 임야를 저당권의 목적으로 하였는데, 그 지상의 수목이 벌채되어 반출된 경우 그 수목에 저당권의 효력이 미치는가 하는 문제이다.

이에 관하여 분리된 물건에 대하여 물상대위의 규정을 유추적용하여 목적물을 압류하며 그 압류한 것에 대해 저당권의 효력이 미친다는 소수설(이른바 물상대위설)도 있으나,[72] 다수설(이른바 공시원칙설)은 분리된 물건은 저당부동산과 결합하여 공시의 작용이 미치는 한도 내에서만 저당권의 효력이 미친다고 해석한다.[73] 또 분리된 물건이 저당목적물과 아직도 사회관념상 일체성을 보

72) 이은영, 796면.
73) 곽윤직, 335면; 김상용, 702면; 김용한, 560면; 송덕수, 827면; 이상태, 470면; 지원림, 777면.

유하고 있으면 저당권의 불가분성에 의하여 저당권의 효력이 미친다고 설명하는 견해(이른바 사회관념상 일체설)도 있다.[74)]

생각건대 물상대위설에 의하면 분리물이 반출된 경우에도 저당권은 매각대금 위에 존속하게 된다고 하나 우리 민법은 매각대금을 객체로 하여서는 물상대위를 인정하지 않고 있는 것에 반한다(제342조). 그리고 사회관념상의 일체설에 대하여는 이미 저당목적물과 동일성을 상실한 후에도 일체성을 인정하는 것은 타당하지 못하다. 따라서 공시원칙설이 타당하다고 생각된다.

3. 물상대위

1) 물상대위의 개념

담보권의 목적물이 멸실·훼손·공용징수 등으로 그 목적물에 갈음하는 금전 기타의 물건(즉 교환가치의 대표물)이 담보물의 소유자에게 귀속된 경우에 담보권이 그 대표물에 존속하는 것을 물상대위라고 한다(제342조, 제370조). 물상대위는 목적물 자체가 아니라 그 교환 가치를 취득하는 것을 목적으로 하는 담보물권의 특성에 기초한 것으로 우선변제권이 인정되는 경우에만 인정되므로 유치권에는 인정되지 않는다.

2) 물상대위의 목적물

(1) 가치의 변형물

저당권자는 "담보물의 멸실·훼손 또는 공용정수로 인하여 담보권자가 받을 금전 기타의 물건"에 대하여도 저당권을 행사할 수 있다(제342조, 제370조). 물상대위의 객체는 보험금·손해배상금·토지수용보상금 등의 금전 기타의 물건 그 자체가 아니라 이들에 대한 목적물소유자의 청구권이다. 여기에서 '멸실·

---

74) 김형배·김규완·김명숙, 751면; 양형우, 758면.

훼손'이라 함은 반드시 물리적인 것에 한하지 않으며 법적 의미에서의 멸실·훼손도 포함된다. 이를테면 담보물이 부합·혼화·가공으로 인하여 법률상 멸실한 것으로 다루어지는 경우에 그 물건의 소유자가 받게 될 보상금청구권(제261조)에 대해서도 물상대위가 인정된다. 멸실·훼손의 원인은 사람의 행위인가 여부는 불문하나 담보권자의 과실에 기한 멸실·훼손에 대해서는 물상 대위가 인정되지 않는다.

(2) 추급효가 인정되는 경우의 문제

가령 저당물의 매각대금에 대하여 물상대위를 할 수 있을까? 저당권자에게 추급권이 인정된다는 것은 저당권이 그대로 존속한다는 것을 의미하는데, 이와 같은 경우에도 물상대위권을 인정할 필요가 있을까? 의용민법은 '목적물의 매각, 임대'의 경우에도 물상대위를 인정하였다(의용민법 제304조, 제350조, 제372조 참조). 그러나 현행민법은 물상대위에 관한 규정에서 이 부분을 삭제하였다.

물상대위는 사실상의 이유(예: 저당물의 멸실·훼손 등) 또는 법률상의 이유(예: 공용징수 등)로 인하여 저당권을 행사할 수 없게 된 경우에 이해의 공평을 기하기 위하여 인정되는 것으로 보아야 한다. 따라서 저당권자자가 담보물을 추급할 수 있다면 저당권을 행사 할 수 없게 된 경우로 볼 수 없어 물상대위권을 행사할 수 없다.

(3) 보험금청구권의 문제

가령 보험의 목적물에 관하여 저당권이 설정되어 있고 채무자가 자기를 위한 손해보험 계약을 체결한 경우에 보험사고로 목적물이 멸실·훼손되었다면 채무자, 즉 피보험자가 받을 보험청구권에 대하여 물상대위권을 행사할 수 있는가? 보험금은 보험계약에 따라 지급된 보험료에 의존하는 것이며 저당물의 멸실이 보험금지급과 연계된다고 볼 수 없다는 점에 비추어 일부 학설은 보험금청구권을 물상대위의 객체로 볼 수 없다고 한다. 그러나 판례는 이와 달리 "저당목적물이 소실되어 저당권설정자가 보험회사에 대하여 화재보험계약에 따른 보험금청구권을 취득한 경우 그 보험금청구권은 저당목적물이 가지는 가치의 변형물이라 할 것이므로 저당권자는 민법 제370조, 제342조에 의하여 저당권설정자의 보험회사에 대한 보험금청구권에 대하여 물상대위권을 행사할 수 있다."고 하여 보험금청구권을 물상대위의 객체로 인정한다(대판 2004. 12. 24, 2004다52798).

3) 물상대위의 행사요건

(1) 압 류

저당권자가 물상대위권을 행사하기 위해서는 대위목적물의 지급 또는 인도 전에 압류 하여야 한다(제342조 단서, 제370조). 물상대위권의 행사요건으로서 압류를 요구하는 취지에 대해 다수설은 물상대위의 객체에 대한 특정성을 보전하기 위한 것이라고 하며 압류는 누구에 의한 것이든 상관없다고 한다. 그러나 소수설은 제3자에게 불측의 손해를 주지 않기 위한 것이며 압류는 담보권자 자신에 의한 것이어야 한다고 한다.

이에 대해 대법원은 "물상대위의 목적인 채권의 특정성을 유지하여 그 효력을 보전하고 평등배당을 기대한 다른 일반 채권자의 신뢰를 보호하는 등 제3자에게 불측의 손해를 입히지 아니함과 동시에 집행절차의 안정과 신속을 꾀하고자 하는 것"이라고 하여(대판 1996. 7. 12, 96다21058; 대판 2003. 3. 28, 2002다13539), 특정성 유지와 제3자 보호를 들고 있다.

생각건대 압류를 필요로 하는 이유는 일반적으로 특정성의 유지와 제3자의 보호라고 할 수 있다.

대위목적물이 저당권설정자에게 지급 또는 인도된 후에는 그것은 설정자의 다른 재산에 혼합되어 특정성을 상실하게 되며, 이때에도 물상대위를 인정한다면 이는 채무자의 일반재산에 우선변제권을 인정하는 것으로서 저당권의 특정성에 반한다. 또한 법률관계의 분쟁을 초래하게 되고 채권자와 제3자의 이익을 해하게 되기 때문에 판례의 태도가 타당하고 생각된다.

☞ **제3자의 압류의 효력**

저당목적물의 변형물인 금전 기타 물건에 대하여 이미 제3자가 압류하여 그 금전 또는 물건이 특정된 이상 저당권자가 스스로 이를 압류하지 않고서도 물상대위권을 행사할 수 있다(대판 1996. 7. 12, 96다21058).

(2) 물상대위권의 행사

물상대위권은 다음 두 가지 방법으로 행사할 수 있다. 첫째는 담보권의 존재를 증명하는 서류를 집행법원에 제출하여 채권압류 및 전부명령을 신청하는 방법(민사집행법 제273조)이고, 두 번째는 다른 채권자에 의해서 개시된 집행절차에서 배당요구를 하는 방법(민사집행법 제247조 제1항)이다.

위와 같은 방법에 의하지 않고 단순히 저당권의 등기사실만으로는 물상대위에 의해 우선변제를 받을 수 없다(대판 1998. 9. 22, 98다12812; 대판 2002. 10. 11, 2002다33137). 그러므로 저당권자가 배당요구의 종기까지 집행법원에 물상대위권자로서 우선변제권을 행사한 바가 없다면 물상대위를 근거로 우선변제권을 주장할 수 없다. 또한 저당권자의 물상대위권의 행사하려는 의사를 스스로 법원에 명확하게 표시하여야 한다(대판 1999. 5. 14, 98다62688). 압류채권자로서 배당에 참가한 다른 채권자들은 자신들이 저당권자와 평등하게 배당받을 수 있을 것이라는 신뢰를 보호할 필요가 있기 때문이다(대판 2000. 5. 12, 2000다4272; 2003. 3. 28, 2002다13539).

☞ **물상대위권의 행사요건**

저당권자의 물상대위권 행사로서의 압류 및 전부는 그 명령이 제3채무자에게 송달됨으로써 효력이 생기며, 물상대위권의 행사를 제한하는 취지인 '특정성의 유지'나 '제3자의 보호'는 물상대위권자의 압류 및 전부명령이 효력을 발생함으로써 비로소 달성될 수 있는 것이므로, 배당요구의 종기가 지난 후에 물상대위에 기한 채권압류 및 전부명령이 제3채무자에게 송달되었을 경우에는, 물상대위권자는 배당절차에서 우선변제를 받을 수 없다(대판 2003. 3. 28, 2002다13539).

4) 물상대위권 행사의 효과

저당물의 멸실·훼손·공용징수의 경우에 요건을 갖추게 되면 저당권자는 물상대위권에 의하여 우선변제를 받을 수 있다. 즉, 다른 채권자가 해당 채권을 가압류·압류한다든가 전부명령을 받거나 혹은 그 채권이 제3자에게 양도된다 하더라도 대위청구권의 대상이 특정성을 유지하고 있는 한 저당권자는 물상대위권을 행사하여 가치대표물에 대하여 우선변제권을 가진다고 한다(대판 1998. 9. 22, 98다12812). 한편, 저당권자가 물상대위권의 행사에 나아가지 아니하여 우선 변제권을 상실하였다면 다른 채권자가 그 보상금 또는 이에 관한 변제공탁금으로부터 이득을 얻었다고 하더라도 저당권자는 이에 대하여 부당이득반환청구를 할 수 없다(대판 2002. 10. 11, 2002다33137). 이러한 물상대위권은 민사집행법 제247조 제1항에 의하여 배당 요구의 존기가지 하여야함으로 배당요구의 종기가 지난 후에 물상대위권에 기한 채권압류 및 제3채무자에게 송달되었을 경우에 물상대위권자는 배당절차에서 우선변제를 받을 수 없다(대판 2003. 3. 28, 2002다13539).

한편 저당권자가 물상대위권의 행사로 금전 또는 물건의 인도청구권을 압류하기 전에 저당목적물 소유자가 그 인도청구권에 기하여 금전 등을 수령한 경우, 저당목적물 소유자가 피담보채권액 상당의 부당이득을 반환할 의무를 부담한다(대판 2009. 5. 14, 2008다17656).

물상대위권의 추급력 대해서 물상대위권은 본래의 저당권의 객체의 변형에 불과하여 저당권과 동일성을 가지며, 저당권의 공시는 대위물에 대한 공시로서 작용하므로 물상대위권 역시 추급력을 가지고, 물상대위권이 특정성을 보유하는 한 가치대표물의 소재에 추급하여 권리를 행사할 수 있다고 한다.[75]

판례도 물상대위권자의 압류 전에 양도 또는 전부명령 등에 의하여 보상금 채권이 타인에게 이전된 경우라도 보상금이 직접 지급되거나 보상금지급청구권에 관한 강제집행절차에 있어서 배당요구의 종기에 이르기 전에는 여전히 그 청구권에 대한 추급이 가능하다고 한다(대판 2000. 6. 23, 98다31899).

Ⅱ. 우선변제적 효력

1. 우선변제권

1) 의 의

저당권자는 목적물로부터 우선변제를 받을 수 있다(제356조). 이것이 저당권의 본질적 효력이다. 저당권자가 우선변제권을 행사하기 위해서는 채무자가 채무를 이행하지 않아야 하며, 피담보채권이 금전 이외의 급부를 목적으로 하는 경우에는 손해배상채권 등 금전채권으로 된 후라야 하는 것은 질권의 경우와 같다.

2) 우선변제의 순위

(1) 일반채권자에 대한 관계

저당권은 일반채권자에 대해서는 언제나 우선한다. 다만 주택임대차보호법 및 상가건물임대차보호법에 의하여 저당권설정등기일보다 먼저 대항요건과 계약서상의 확정일자를 갖춘 임차인은 저당권자에 우선하여 그 보증금을 변제받을 수 있다(주택임대차보호법 제3조의 2). 또 소액보증금에 관해서는 주택 및 상가건물임차인은 주택 및 상가건물에 관한 경매신청의 등기 전에 대항요건을 갖추는 것을 전제로 하여 언제나 다른 담보권자에 우선한다(주택임대차보호

75) 지원림, 780면; 송덕수, 827면; 양형우, 762면.

법 제8조, 상가건물임대차보호법 제14조).

참고로 후순위저당권의 실행으로 목적부동산이 매각되면, 선순위저당권도 함께 소멸하므로 비록 후순위저당권자에 대하여는 대항할 수 있는 임차권이더라도 소멸된 선순위 저당권보다 뒤에 등기되었거나 대항력을 갖춘 임차권은 함께 소멸됨으로(대판 2000. 2. 11, 99다59306), 임차인은 매수인에 대하여 그 임차권의 효력을 주장할 수 없다.

(2) 다른 저당권자에 대한 관계

동일한 부동산 위에 수개의 다른 저당권이 경합할 때에 그 우선순위는 저당권설정등기의 선후에 의한다(제370조·제333조). 후순위저당권자가 경매를 신청한 경우에도 선순위저당권은 소멸하고, 후순위저당권자는 선순위자들이 배당받고 남은 잔액에 대해서 우선변제권을 행사하여야 한다.

(3) 전세권에 대한 관계

저당권과 전세권이 경합하는 경우에는 전세권을 저당권과 동일하게 보아 그 설정등기의 선후에 의하여 우선순위를 정한다. 그러나 전세권은 담보물권인 동시에 용익물권이므로 전세권이 저당권보다 먼저 설정된 경우에 전세권자의 용익권을 보호해 주어야 한다. 따라서 이 경우에 후순위인 저당권자가 경매를 신청한다면 전세권은 소멸하지 않는다. 즉, 전세권이 저당권에 대항할 수 없는 경우에는 경매로 소멸되고(민사집행법 제91조 제3항), 그 이외의 경우는 매수인이 전세권을 인수한다. 다만 전세권의 경우에 전세권자가 민사집행법 제88조에 따라 배당요구를 하면 전세권은 경매로 소멸된다(민사집행법 제91조 제4항).

(4) 유치권에 대한 관계

유치권에는 우선변제권이 없으므로 유치권과 저당권은 경합할 수 없다. 그러나 유치권은 사실상 저당권에 우선한다. 왜냐하면 경락인이 유치권자에게 변제를 하지 않으면 경매목적물을 수취할 수 없기 때문이다(민사집행법 제91조 제5항).

(5) 국세우선권에 대한 관계

종전에 국세채권은 담보물권보다 우선하는 것으로 인정되었으나(구국세기본법 제35조 제1항 3호 참조), 이러한 우선특권의 인정은 재산권인 담보물권 내지 사유재산제도의 본질적인 내용을 침해하고 과잉금지의 원칙에도 위배되어 위헌이라는 결정을 받았다(헌재결 1990. 9. 3, 89헌가95; 헌재결 1991. 11. 25, 91헌가6). 따라서 저당물의 소유자가 체납하고 있는 국세는 그 법정기일 전에 설정된 저당권에 우선해서 징수하지 못한다(국세기본법 제35조 제1항 3호). 다만 저당물에 부과된 국세(상속세, 증여세 등)와 가산금은 그 법정기일 전에 설정된 저당권에 대하여서도 언제나 우선한다(동법시행령 제18조 제1항 3호).

☞ 근저당권의 목적인 재산의 매각으로 인하여 생긴 금액에서 등록세를 징수하는 경우, 그 세금과 근저당권에 의하여 담보된 채권의 우선순위는 세금의 신고일과 근저당권설정 등기일을 비교하여 그 일자의 선후를 기준으로 판단하여야 한다(대판 2003. 3. 24, 2000다1457).

(6) 파산채권자에 대한 관계

저당물의 소유자가 파산한 경우에 저당권자는 별제권을 행사할 수 있다(채무자회생법 제411조).

(7) 임금 등의 우선권과의 관계

근로관계가 소멸하게 된 경우에 최종 3월분의 임금과 최종 3년간의 퇴직금 및 재해보상금의 채권은 사용자의 총재산에 대하여 질권, 저당권 또는 동산·채권 등의 담보 등에 관한 법률에 따른 담보권에 따라 담보된 채권, 조세, 공과금 및 다른 채권에 우선하여 변제되어야 한다(근로기준법 제38조 제2항, 근로자퇴직급여보장법 제12조 제2항). 그러나 최우선변제권이 인정되는 임금 등에 관한 지연손해금채권에 관해서는 우선변제권이 인정되지 않는다(대결 2000. 1. 28, 99마5143). 다만 이 규정들은 근로자의 최저생활을 보장하고자 하는 공익적 요청에서 담보물권의 효력을 일부 제한하고 임금채권의 우선변제권을 규정한 경우로서, 그 규정의 취지는 근로자가 최종 3월분의 임금과 최종 3년간의 퇴직금 및 재해보상금에 관한 채권을 저당권에 의하여 담보된 채권과 동시에 사용자의 동일재산으로부터 경합하여 변제받는 경우에 그 각 채권의 성립의 선후나 저당권의 설정 여부에 관계없이 그 임금, 퇴직금 등을 우선적으로 변제받을 수 있는 권리가 있음을 밝히고 있을 뿐 이며, 사용자가 재산을 특정승계취득하기 전에 설정된 담보권에 대하여까지 그 임금채권 등의 우선변제권을 인정하지는 아니한다(대판 2004. 5. 27, 2002다65905).

(8) 가압류채권자와의 관계

저당권이 설정된 후 가압류가 되었다면 저당권이 가압류채권보다 우선한다. 반대로 한편 일반채권에 기한 가압류등기가 있는 상태에서 저당권이 설정되었다면, 저당권자는 선순위의 가압류채권자와 안분비례에 따라 평등배당을 받는다(대결 1994. 11. 29, 94마417). 가압류를 먼저 하였더라도 가압류에 우선변제효력이 없기 때문이다. 이와 달리 부동산이 가압류가 된 후 소유자가 타인에게 양도한 경우, 양수인의 채권자나 양수인으로부터 저당권을 취득한 자가 있더라도 기존의 가압류권자는 그 부동산의 경매절차에서 가압류의 처분금지의 효력이 미치는 가압류채권액의 범위 내에서는 그 양수인의 채권자나 저당권자보다 우선변제를 받는다(대판 2006. 7. 28, 2006다19986). 압류는 채무자의 특정재산의 법률상 또는 사실상의 처분을 압류채권자와의 관계에 있어서 상대적으로 금지하는 효력이 있다. 따라서 압류 후 그 재산의 양도 또는 지상권 등의 법률상의 처분은 그 당사자 사이에는 유효하지만 압류채권자에게는 대항하지 못한다. 또한 부동산에 대한 선순위가압류등기 후 가압류목적물의 소유권이 제3자에게 이전되고 그 후 제3취득자의 채권자가 경매를 신청하여 매각된 경우, 가압류채권자는 그 매각 절차에서 당해 가압류목적물의 매각대금 중 가압류결정 당시의 청구금액을 한도로 배당을 받을 수 있다(대판 2007. 4. 13, 2005다8682).

3) 채무자의 일반재산으로부터의 변제

저당권자가 채무자의 일반재산에 대하여 집행할 수 있는가에 관해서는 질권의 경우와 같다. 즉, 저당물로부터 완제를 받지 못한 부분의 채권에 관하여 집행하는 경우에는 민사집행법의 규정에 따라서 채무명의를 얻어 강제집행을 할 수 있다. 만일 저당물보다 먼저 채무자의 다른 재산에 대한 배당을 실시하는 경우에는 저당권자는 그 배당에 참가할 수 있고, 한편 다른 채권자는 저당권자에 대하여 그 배당금액의 공탁을 청구할 수 있다.

2. 우선변제를 받는 방법

1) 저당권의 실행

(1) 의 의

저당권자가 저당물로부터 우선변제를 받기 위하여 저당물을 환가하여 그 대금으로부터 피담보채권을 변제받는 것을 저당권의 실행이라 한다. 민사집행법상의 경매에 의하여 저당권을 실행하는 것이 일반적인 방법이나 그에 의하지 않고 유저당이라는 방법에 의하기도 한다.

(2) 저당권실행의 요건

저당권을 실행하기 위해서는 유효한 피담보채권과 저당권이 존재하여야 하여야 하고, 피담보채권이 이행기에 있어야 한다. 즉, 채무자가 그 이행을 지체하고 있어야 한다. 따라서 피담보채권의 이행기가 도래하기 전에 한 경매신청은 부적법한 것으로 각하되어야 한다. 그러나 이 경우에 각하되지 않고 경매가 진행되고 매각허가결정의 확정이 있을 때까지의 사이에 변제기가 도래하면 경매절차의 하자가 치유되는 것으로 해석하여야 할 것이다.[76]

76) 김상용, 715면; 김형배·김규완·김명숙, 758면; 송덕수, 833면; 지원림, 784면; 이영준, 885면; 이은영, 801면.

(3) 경매절차

① 경매신청

저당권자는 일정한 사항을 기재한 서면을 목적부동산소재지의 지방법원에 제출함으로써 저당물의 경매를 신청할 수 있다(제363조 제1항, 민사집행법 제268조, 제78조, 제80조). 경매신청인은 당사자능력, 소송능력을 구비하고 있어야 한다. 담보권실행의 경우에는 강제집행에서의 집행력 있는 정본 대신에 담보권의 존재를 증명할 수 있는 서류를 제출하여야 한다(예; 저당권 등 담보권의 등기부등본, 저당권 등 담보권의 존재를 증명하는 확정판결 또는 그와 같은 효력이 있는 청구인낙·화해·조정조서의 등본 등). 또한 담보권을 승계한 경우에는 승계를 증명하는 서류를 제출해야 한다(민사집행법 제264조).

☞ 일괄경매청구권

민법 제 365조가 토지를 목적으로 한 저당권을 설정한 후 그 저당권설정자가 그 토지에 건물을 축조한 때에는 저당권자가 토지와 건물을 일괄하여 경매를 청구할 수 있도록 규정한 취지는, 저당권은 담보물의 교환가치의 취득을 목적으로 할 뿐 담보물의 이용을 제한하지 아니하여 저당권설정자로서는 저당권설정 후에도 그 지상에 건물을 신축할 수 있는데, 후에 그 저당권의 실행으로 토지가 제3자에게 경락될 경우에 건물을 철거하여야 한다면 사회경제적으로 현저한 불이익이 생기게 되어 이를 방지할 필요가 있으므로 이러한 이해관계를 조절하고, 저당권자에게도 저당토지상의 건물의 존재로 인하여 생기게 되는 경매의 어려움을 해소하여 저당권의 실행을 쉽게 할 수 있도록 한 데에 있다. 따라서 저당지상의 건물에 대한 일괄경매청구권은 저당권설정자가 건물을 축조한 경우뿐만 아니라 저당권설정자로부터 저당토지에 대한 용익권을 설정 받은 자가 그 토지에 건물을 축조한 경우라도 그 후 저당권설정자가 그 건물의 소유권을 취득한 경우에는 저당권자는 토지와 함께 그 건물에 대하여 경매를 청구할 수 있다(대판 2003. 4. 11, 2003다3850).

② 경매개시의 결정

법원은 경매신청이 적법하다고 인정되면 경매개시결정을 하고 그 부동산에 압류를 명해야 하며(민사집행법 제268조, 제83조), 직권으로써 경매개시결정이 있었음을 목적부동산의 등기부에 기입하도록 등기관에게 촉탁하여야 한다(동법 제268조, 제94조).

채무자에게 그 결정이 송달된 때 또는 개시결정이 등기된 때에 목적물에 대한 압류의 효력이 생긴다(동법 제83조 제4항, 제94조). 경매개시결정에 대하여 이해관계인은 이의신청을 할 수 있으며, 이의사유로서 저당권의 부존재 또는 소멸이 인정된다. 그리고 절차상의 위법사유를 이유로 이의신청을 할 수 있다(동법 제265조). 매각대금이 모두 지급될 때까지 법원에 경매개시결정에 대한 이의신청을 할 수 있다(동법 제268조, 제86조 제1항).

법원은 경매개시결정을 한 후 지체 없이 집행관에게 부동산의 현상, 점유관계, 차임 또는 보증금의 액수와 그 밖의 현황에 관하여 조사할 것을 명하여야 한다(동법 제268조, 제85조 제1항).

③ 경　매

법원은 감정인에게 부동산을 평가하게 하고 그 평가액을 참작하여 최저매각가격을 정하여야 한다(동법 제97조 제1항). 그리고 법원은 최저매각가격으로 압류채권자의 채권에 우선하는 부동산의 모든 부담과 절차비용을 변제하고도 남을 것이 있다고 인정되는 등의 사유가 있는 때에는 직권으로 매각기일과 매각결정기일을 정하여 공고하고, 이를 이해관계인에게 통지하여야 한다(동법 제104조 제1항, 제2항). 여기서 이해관계인이라 함은 민사집행법 제90조가 규정하는 i) 압류채권자와 집행력 있는 정본에 의하여 배당을 요구한 채권자, ii) 채무자 및 소유자, iii) 등기부에 기입된 부동산 위의 권리자, iv) 부동산 위의 권리자로서 그 권리를 증명한 자이다. 그밖에 법원은 매각물건명세서를 작성하여야 하며, 집행법원은 매각결정기일을 매각기일부터 1주 내에 정하여야 하며, 경락절차는 법원 내에서 하여야 한다(동법 제105조, 제109조). 경매절차의 진행 중 저당권의 부존재 또는 소멸을 증명하는 문서의 제출이 있거나, 기타 일정한 사유가 있는 때에는 경매법원은 경매절차를 정지 또는 취소하여야 한다(동법 제266조).

④ 매각허가의 결정

매각기일에 최고가경매인이 정해진 경우에는 법원은 매각결정기일을 열어서 참석한 이해관계인의 진술을 들은 후 이의 신청이 없으면 매각허가결정을 선고하여야 한다(민사집행법 제268조, 제120조, 제121조, 제126조, 제128조). 매각허가결정이 확정된 때에는 매수인은 법원이 정하는 기일에 대금을 법원에 완납하여야 하고(동법 제268조, 제142조), 대금을 완납한 때에 매각부동산의 소유권을 취득한다(동법 제135조의 2). 법원은 매각허가결정의 등본을 첨부하여 매수인이 취득한 권리의 등기를 관할등기소에 촉탁하여야 한다(동법 제268조, 제144조).

⑤ 매각대금의 배당

법원은 매수인이 매각대금을 납입하면 배당기일을 정하여 이해관계인과 배당을 요구한 채권자에게 통지하여야 하여야 하며(동법 제268조, 제146조), 이해관계인과 배당을 요구한 채권자를 소환·심문하여 배당표를 확정하고(동법 제268조, 제149조), 이의 신청이 없는 경우 배당표에 따라 배당을 실시한다(동법 제268조, 제159조). 매각대금이 완납되면, 법원은 배당절차를 밟아야 하며, 만일 매각대금으로 배당에 참가한 모든 채권자를 만족하게 할 수 없는 때에는 법원은 민법·상법 그 밖의 법률에 의한 우선순위에 따라 배당하여야 한다(동법 제268조, 제145조).

배당받을 채권자는 집행력 있는 정본을 가진 채권자, 경매개시결정이 등기된 뒤에 가압류를 한 채권자, 민법·상법, 그 밖의 법률에 의하여 우선변제청구권이 있는 채권자는 '배당요구의 종기'까지 배당요구를 한 경우에 한하여(동법 제268조, 제88조 1항) 비로소 배당을 받을 수 있다(동법 제148조 2호). 반면에 배당요구의 종기까지 경매신청을 한 압류채권자, 첫 경매개시결정등기 전에 등기된 가압류채권자, 저당권·전세권·그 밖의 우선변제청구권으로서 첫 경매개시결정등기 전에 등기되었고 매각으로 소멸하는 것을 가진 채권자는 배당요구를 하지 않더라도 배당을 받을 수 있다(동법 제268조, 제148조). 물론 배당받아야 할 채권자의 채권이 가압류채권자의 채권인 때에는 그 배당액을 공탁하여야 하며(동법 제268조, 제160조 제1항 2호), 가압류채권자의 피보전채권의 존재가 본안의 확정판결 등에 의하여 확정되면, 가압류채권자에게 공탁금을 지급하게 된다(동법 제268조, 제161조 제1항).

☞ 배당요구를 하지 않은 채권자의 배당여부

1) 부동산을 목적으로 하는 담보권의 실행을 위한 경매절차에서 그 개시 전의 근저당권자는 민사소송법 제728조에 의하여 준용되는 같은 법 제605조에 의한 배당요구를 하지 않았더라도 당연히 배당요구를 한 것과 동일하게 취급되므로, 그러한 근저당권자가 배당요구를 하지 아니하였다 하여도 배당에서 제외 하여서는 아니 된다(대판 1996. 5. 28, 95다34415).

2) 집행력 있는 정본을 가진 채권자, 경매개시결정이 등기된 뒤에 가압류를 한 채권자, 민법 · 상법, 그 밖의 법률에 의하여 우선변제청구권이 있는 채권자는 배당요구의 종기까지 배당요구를 한 경우에 한하여 비로소 배당을 받을 수 있고, 적법한 배당요구를 하지 아니한 경우에는 실체법상 우선변제청구권이 있는 채권자라 하더라도 매각대금으로부터 배당을 받을 수 없으며, 배당요구의 종기까지 배당요구한 채권자라 할지라도 채권의 일부 금액만을 배당요구한 경우 배당요구의 종기 이후에는 배당요구하지 아니한 채권을 추가하거나 확장할 수 없다(대판 2008. 12. 24, 2008다65242; 대판 2005. 8. 25, 2005다14595).

(4) 매각의 효과

① 매수인의 권리취득

매수인은 경매의 목적이었던 권리를 취득한다. 그 취득시기는 매각대금을 완납한 때이다(동법 제135조). 매수인이 취득하는 목적물의 범위는 저당권의 효력이 미치는 범위와 같다.

한편 임의경매는 담보권자의 담보권에 내재된 현금화하는 권능의 실행을 국가기관이 대행하는 것에 불과하므로, 담보권에 흠이 있으면 그것은 매각의 효력에 영향을 미친다.

피담보채권이나 저당권의 소멸·무효·부존재와 같은 경매의 기초가 되는 실체법상의 권리에 하자가 있다는 사실이 경매절차가 진행되는 도중에 발생하거나 발견되면 경매절차를 정지하거나 취소하여야 한다(동법 제266조). 다만 실체상 존재하는 저당권에 터잡아 경매개시 결정이 내려진 이상 그 뒤에 저당권이 소멸하거나 변제 등으로 소멸하게 되었더라도 경매절차가 취소 도는 정지도지 아니한 채 진행된 결과 매각허가결정이 확정 되어 매수인이 매각대금을 완납한 후에는 실체법상의 하자가 있더라도 채무자는 매수인의 소유권취득을 다툴 수 없다(동법 제267조; 대판 2001. 2. 27, 2000다44348).

경매절차상의 하자는 항고 또는 이의에 의하여 다툴 수 있다. 그러나 매각허가결정이 확정되면 절차상의 하자는 치유되어 더 이상 다툴 수 없게 되고, 매각의 효과는 확정된다. 예컨대 채권의 변제기 전에 저당권을 실행한 경우에도 매각허가결정이 확정되면 매각의 효과는 더 이상 움직일 수 없게 된다.

참고로 강제경매는 '집행력 있는 정본이 존재'히는 경우에 한하여 국가의 강제집행권의 실행으로서 실시되므로, 일단 '유효한 집행력 있는 정본'에 터잡아 경매절차가 완결된 때에는 집행권원에 표상된 실체상의 청구권이 부존재·무효이거나 경매절차 완결시까지 변제 등의 사유로 인하여 소멸한 경우에도 경매절차가 유효하는 한 매수인은 유효하게 목적물의 소유권을 취득한다는 점이다. 즉 강제경매에는 공신적 효과가 있다. 이와 같이 강제경매에는 공신적 효과가 있지만, 이는 집행력 있는 정본이 '유효하게 성립된 경우'를 전제로 하므로, 집행권원이 무효인 때에는 매수인이 대금을 납부하더라도 소유권을 취득할 수 없다.[77]

---

77) 양형우, 771면.

☞ 공정증서의 집행력 유무(무효인 공정증서에 기한 경매절차에서 부동산을 매수한자는 소유권을 취득할 수 없다)

1) 공정증서가 채무명의로서 집행력을 가질 수 있도록 하는 집행인낙의 표시는 공증인에 대한 소송행위이므로, 무권대리인의 촉탁에 의하여 공정증서가 작성된 때에는 채무명의로서의 효력이 없다(대판 2006. 3. 24, 2006다2803).

2) 무효인 공정증서에 기한 경매임을 이유로 경매절차가 무효라고 주장하여 그 경매목적물에 관한 소유권이전등기의 말소를 청구하는 경우에 그 말소 주장이 금반언의 원칙 및 신의칙에 위반되는 것이어서 허용될 수 없다고 하려면 무효인 공정증서상에 집행채무자로 표시된 자가 그 공정증서를 채무명의로 한 경매절차가 진행되고 있는 동안에 공정증서의 무효를 주장하여 경매절차를 저지할 수 있었음에도 불구하고 그러한 주장을 일체 하지 않고 이를 방치하였을 뿐만 아니라 오히려 공정증서가 유효임을 전제로 변제를 주장하여 경락허가결정 등에 대한 항고절차를 취하고 경락허가결정 확정 후에 경락대금까지 받았다든지 배당기일에 자신의 배당금을 이의 없이 수령하고 경락인으로부터 이사비용을 받고 부동산을 임의로 명도하였다든지 하여 경락인에 대하여 객관적으로 그 공정증서가 유효하다는 신뢰를 부여하는 경우라야 할 것이다(대판 2000. 2. 11, 99다31193).

② 경매목적물 위의 다른 권리

경매의 목적인 부동산 위에 존재하는 저당권은 매각대금의 완납으로 모두 소멸한다(동법 제91조 제2항).

경매목적물의 매각으로 저당목적물 위에 존재하던 용익권(예컨대 지상권·지역권·전세권 및 등기된 임차권)이 소멸하는가는 최선순위의 저당권과의 우선순위에 의하여 결정된다. 후순위의 용익권이 저당권·압류채권·가압류채권에 대항할 수 없는 경우에는 매각으로 소멸되고, 최선순위의 저당권보다 먼저 성립된 용익권은 매수인이 인수한다(동법 제268조, 제91조 제3항, 제4항). 다만 전세권이 선순위이더라도 전세권자가 배당요구를 하면 매각으로 소멸된다(동법 제91조 제4항 후문).

유치권은 매각이 있더라도 그대로 유효하여 매수인은 유치권자에게 그 유치권으로 담보하는 채권을 변제할 책임이 있다(동법 제268조, 제91조 제5항). 유치권자는 매수인에 대하여 채권의 변제가 있을 때까지 인도를 거절할 수 있으므로, 사실상의 우선변제권을 가진다.

가등기의 경우 담보가등기는 순서와 관계없이 모두 말소되지만 순위보전을 위한 가등기의 경우 최선순위인 경우에는 말소되지 않는다. 다만, 그 가등기 이전에 선순위의 담보권 또는 가압류가 있어 그것이 말소되면 순위보전을 위한 가등기도 말소된다.

☞ 순위보전의 가등기의 소멸

제1, 2순위의 근저당권설정등기 사이에 소유권이전등기청구권 보전의 가등기가 경료된 부동산에 대하여 위 제1순위 근저당권의 실행을 위한 경매절차에서 매각허가 결정이 확정되고 매각대금이 완납된 경우 위 가등기 및 그에 기한 본등기상의 권리는 모두 소멸하고, 위 각 등기는 민사집행법 제144조 제1항 제2호에 규정된 매수인이 인수하지 아니한 부동산의 부담에 관한 기입에 해당하여 말소촉탁의 대상이 되며, 이와 같은 매각허가결정의 확정으로 인한 물권변동의 효력은 그에 관한 등기에 관계없이 이루어지는 것이다(대판 2007. 12. 13, 2007다57459).

가압류의 경우 매수인에게 대항할 수 있는지의 여부와 상관없이 모두 말소되는 것이 원칙이다. 왜냐하면 압류효력발생 전의 가압류는 배당을 받으므로 존속시킬 필요가 없고, 압류 이후의 가압류는 매수인에게 대항할 수 없어 말소되기 때문이다. 다만, 전 소유자에 대한 가압류가 있는 상태에서 소유권이 이전되고 그 후 현 소유자에 대한 채권자가 경매를 신청한 경우 전 소유자에 대한 가압류 채권자는 배당에 참가할 수 없으므로 전 소유자에 대한 가압류는 말소되지 않고 매수인이 인수하게 된다.

가처분의 경우 압류의 효력발생 후에 등기된 것만 말소되고 그 이전에 등기된 것은 경락매수인에게 인수된다. 다만 압류의 효력발생 전에 등기된 가처분이라 할지라도 그보다 선순위로서 매각에 의하여 소멸되는 담보권 또는 가압류가 있는 경우에는 함께 소멸한다. 예외적으로 가처분등기의 피보전권리가 토지 소유자의 그 지상건물 소유자에 대한 건물철거 및 토지인도청구권인 건물에 관한 처분금지가처분인 경우 그 집행이 강제경매신청 기입등기 또는 저당권설정등기 이후에 이루어진 때에도 매각으로 스 효력이 소멸되지 않는다. 왜냐하면 후에 가처분권자가 건물철거 본안소송에서 승소하면 건물은 철거되기 때문이다.

등기원인의 무효 또는 취소로 인한 등기의 말소 또는 회복의 소가 제기되었다는 사실을 예고하는 예고등기는 말소의 대상이 되지 않는다. 왜냐하면 경락매수인이 소유권이전등기까지 마쳤다하더라도 예고등기 권리자가 본안소송에서 승소하면 경락매수인의 소유권이전등기도 말소되기 때문이다.

주택임대차보호법이나 상가건물임대차보호법의 적용대상인 주택이나 상가건물의 임차권은 말소기준권리와 비교하여 그 이전에 점유(상가는 인도)와 주민등록이전(상가는 사업자 등록)이라는 대항요건을 갖추지 못했다면 대항력이 없어 그 목적물에 경매가 행하여진 경우에는 그 임치목적물의 매각에 의하여 소멸된다. 그러나 말소기준권리 전에 대항요건을 갖추어 매수인에게 대항할 수 있는 임차권은 보증금의 전액 변제되지 않으면 그 임차주택(상가)의 매각에 의하여 소멸되지 않는다(주택임대차보호법 제3조의 5, 상가건물임대차보호법 제8조).

건물의 소유를 목적으로 하는 지상권 또는 토지임차권이 설정되어 있는 건물에 대해 저당권이 실행되면 건물소유를 위한 지상권 또는 토지임차권은 건물소유권과 함께 매수인에게 이전된다.

2) 사적실행(민사집행법에 의하지 않는 저당권 실행)

(1) 유저당계약

① 의 의

유저당계약은 저당권설정계약 혹은 피담보채권의 변제기가 도래하기 전의 특약으로 저당채무의 불이행이 있는 경우에 저당부동산의 소유권을 저당권자가 취득하게 하거나(소유권이전형 유저당) 경매가 아닌 즉, 법률이 정하지 않은 임의의 방법으로 저당목적물을 현금화하기로 하는 약정(임의현금화형 유저당)을 가리킨다.

민법은 유질계약을 금지하고 있으나(민법 제339조), 유저당계약을 금지하는 규정은 두지 않고 있다. 또한 민법 제370조는 저당권에 관하여 질권의 여러 규정을 준용하고 있으나, 유질계약에 대하여는 준용하지 않고 있다. 따라서 학설상으로는 유저당의 특약은 유효하다고 보는 견해가 통설이다. 통설은 저당권에서는 질권의 경우와 달리 채권자·채무자의 경제적 지위에 격차가 현저하지 않다는 점, 경매에 의한 저당권의 실행이 번거로울 뿐만 아니라 매각대금이 저당목적물의 시가에 미달하는 경우에 유저당계약을 인정하는 것이 오히려 저당권자와 저당권설정자 모두에게 유리할 수 있다는 점을 고려하여, 유저당계약의 효력을 인정하고 있다.[78)]

② 소유권이전형 유저당

저당권을 설정하면서 당사자 사이에 채무자가 변제기에 채무를 변제하지 않으면 그 채무에 갈음하여 목적물의 소유권을 이전하기로 하는 이른바 대물변제예약을 하는 경우이다. 저당목적물에 대한 당사자 사이의 대물변제의 예약은 가등기를 하는 경우와 단순히 합의만을 하고 가등기를 하지 않는 경우가 있다. 대물변제의 예약을 가등기 하면 가등기담보법에 의하여 저당권자는 다시 가등기담보권을 취득하여 동일목적물 위에 저당권과 가등기담보권이 병존적으로 설정된다. 이 경우 가등기담보법이 정하는 바에 따라 청산절차를 밟아야 소유권을 취득할 수 있다. 저당권자가 취득하는 가등기담보권은 독립한 담보물권으로 유저당계약으로 볼 수 없고, 가등기를 갖추지 않은 대물변제의 예약은 유저당계약으로 본다.

㉮ 민법 제607조·제608조와의 관계

채무자의 궁박을 이용한 폭리의 문제가 생기지 않는 한, 변제기 도래 이후

78) 곽윤직, 346면; 김상용, 720면; 이영준, 889면; 양형우, 774면; 지원림, 788면.

의 유저당계약은 문제되지 않는다. 문제가 되는 것은 저당권설정과 함께 유저당계약으로서 대물변제의 예약을 하여 그 효과로서 저당권자가 목적물의 소유권을 취득하게 되면 저당부동산의 가액이 피담보채권액과 그 이자를 초과하는 경우가 생길 수 있다. 그리고 만일 저당부동산의 가액이 피담보채권액과 그 이자의 합산액을 초과하는 경우에 저당권자가 피담보채권액 및 그 이자와 목적물의 가액과의 차액을 청산하지 않고 그대로 취득할 수 있다고 하면 저당권자는 큰 이득을 얻어 폭리를 하게 된다. 민법은 바로 대물변제의 예약에 따른 폭리를 금지할 목적으로 민법 제607조와 제608조를 두고 있다. 민법 제607조와 제608조에 의하면 대물변제의 예약 당시의 재산의 가액이 차용액 및 이에 붙인 이자의 합산액을 넘지 못하고, 민법 제607조에 위반한 당사자의 약정으로서 채무자에게 불리한 때에는 그 효력이 없다.

저당부동산에 관하여 유저당계약으로서 저당부동산의 가액이 피담보채권액과 이자의 합산액을 초과하여 대물변제의 예약을 한 경우에 그 효력은 어떻게 되는가에 대해서 학설과 판례는 다음과 같이 같다. 학설상으로는 일부무효설, 「약한 의미의 담보」설, 채권담보의사설이 대립한다. 판례는 대물변제계약으로는 무효이나, 약한 의미의 양도담보계약으로는 유효하다고 본다.

㈏ 학 설

일부무효설은 저당부동산에 대한 대물변제예약이 민법 제607조·제608조에 위반된다고 하더라도 그 계약을 구태여 전부무효로 할 필요는 없고, 단지 피담보채권 액과 그 이자를 초과하는 부분만을 무효로 하면 된다고 본다. 그러므로 일부무효설 에 의하면 민법 제607조에 위반하는 초과부분만을 채무자에게 청산 내지 정산하여 반환하여야 한다는 것이고, 청산의 방법은 저당권자가 저당부동산에 대한 소유권이전등기를 받는 동시에 청산금을 지급하는 이른바 「귀속청산」에 의하고, 저당권설정자는 청산청구권을 가지며 그 성질은 부당이득반환청구권이라고 한다. 이 청구권은 이전등기청구권과 동시이행의 관계에 있다고 한다.[79)]

---

79) 곽윤직, 346면; 김상용, 721면; 송덕수, 836면.

무효행위전환설에 의하면 저당권설정계약과 함께 체결된 대물변제의 예약은 제607조·제608조에 의하여 전부무효이지만, 무효가 된 대물변제의 예약은 무효행위전환이론에 의하여 '약한 의미의 양도담보'로 전환되어(제138조 참조) 그 효력으로서 청산의무가 발생하므로 그 저당목적물의 가액으로부터 피담보채권액을 공제한 잔액을 저당권설정자에게 반환하여야 한다.[80]

채권담보의사설은 대물변제의 예약은 무효이나 담보로서의 효력을 보유하여 대물변제예약 속에 포함되어 있거나 병존하고 있다고 해석되는 채권담보의 의사를 독립적으로 파악하여 채권담보계약을 기초로 청산을 청구할 수 있다고 본다. 이 견해에 의하면 가등기를 했거나 하지 않았거나 대물변제예약은 제607조·제608조에 의하여 무효이고, 가등기 없이 대물변제의 예약이 있는 경우에도 채무자(저당권설정자)가 채무를 이행하지 않으면 채권자는 소유권이전등기를 청구할 수 있으나, 채무자는 대물변제의 예약 속에 들어 있는 담보계약을 기초로 청산을 청구할 수 있다고 한다.[81]

판례에 따르면 제607조에 위반하는 대물변제예약은 제608조에 따라 무효이고, 이에 의한 소유권취득 역시 무효가 되지만, 대물변제예약에 포함되어 있는 채권담보계약은 약한 의미의 양도담보로서 유효하고, 그 효력으로서 저당권자는 청산의무를 부담한다고 한다(대판 1982. 7. 13, 81다254; 대판 1999. 2. 9, 98다51220).

③ 임의현금화의 약정

저당목적물에 대한 임의현금화의 약정도 유효하다는 견해에 이견이 없다.[82] 그러므로 저당부동산의 현금화를 담보권실행경매에 의하지 아니하고 임의방법, 예컨대 제3자에게 저당부동산을 매각하여 청산하기로 하는 특약으로서의 유저당계약이 체결될 수 있다. 만약 임의현금화형 유저당계약이 체결되면 저당권자는 미리 자기 앞으로 소유권이전등기를 하여 저당부동산을 인도받아

---

80) 고상룡, 674면; 이은영, 811면; 이영준, 894면; 양형우, 775면.
81) 김형배·김규완·김명숙, 762면; 이상태, 484면.
82) 곽윤직, 346면; 김민중, 349면; 김상용, 722면; 이영준, 895면

제3자에게 매각하고, 그 매각 대금에서 피보담채권액을 제외한 나머지를 저당권설정자에게 반환하여 청산하게 된다.

이 경우 피담보채권이 확정적으로 소멸하는 시기는 제3자 명의로 소유권이전등기를 한 때라고 하여야 할 것이다. 왜냐하면 저당권자가 환가를 위하여 저당목적물을 처분하여 제3자에게 이전등기를 경료할 때까지는 저당권설정자는 언제나 채무를 변제하고 저당목적물의 반환을 청구할 수 있다고 새기는 것이 타당하기 때문이다.

3. 저당권과 용익관계

저당권을 설정하기 이전에 이미 제3자가 목적물에 대하여 용익권을 가지고 있는 경우에는 저당권의 실행이 있을 때까지 목적물을 이용할 수 있다. 그리고 저당권이 실행된 때에도 용익권이 저당권의 설정시 이미 성립하고 있거나 대항요건을 추고 있는 경우(지상권, 전세권, 대항력을 갖춘 임차권)에는 용익권자는 그 용익권을 가지고 저당권자 혹은 매수인에게 대항할 수 있다.

저당권이 설정된 후 제3자가 용익권을 취득한 경우에는 저당권의 실행이 있을 때까지 목적물을 이용할 수 있지만, 저당권이 실행되면 용익권자는 매수인에 대하여 대항할 수 없고 목적물을 매수인에게 인도하여야 한다. 즉, 저당권에 대항할 수 없는 용익권은 매각으로 소멸하게 된다(민사집행법 제268조, 제91조 제3항). 그 이유는 용익권이 설정되지 않은 목적물의 교환가치를 확보한 저당권자를 우선적으로 보호해야 하기 때문이다.

용익권이 저당권의 실행에 의하여 소멸하는가 여부는 경매를 신청한 저당권자의 저당권과 용익권설정의 선후로 결정되지 아니하고, 그 부동산 위의 최고 순위의 저당권과 용익권설정의 선후에 의하여 결정된다. 따라서 1번 저당권이 설정되고 후에 임차권이 설정되고 그 후 2번 저당권이 설정되고, 2번 저당권의 신청으로 경매가 실시된 경우에 임차권은 소멸하고 임차권자는 매수인에게 대항할 수 없다(대판 1999. 4. 23, 98다32939).

> ☞ 대항력 있는 용익권의 소멸
>
> 경매목적 부동산이 경락된 경우에는 소멸된 선순위 저당권보다 뒤에 등기되었거나 대항력을 갖춘 임차권은 함께 소멸하는 것이고, 따라서 그 경락인은 주택임대차보호법 제3조에서 말하는 임차주택의 양수인 중에 포함된다고 할 수 없을 것이므로 경락인에 대하여 그 임차권의 효력을 주장할 수 없다(대판 2000. 2. 11, 99다59306).

1) 법정지상권

(1) 법장지상권의 의의 및 법적성질

법정지상권은 동일인에게 속한 토지와 그 지상건물이 어떤 사정으로 각각 소유자를 달리하게 된 경우에 건물소유자에게 그 건물소유를 위하여 법률상 당연히 설정되는 지상권이다. 민법상 저당물의 경매로 인하여 토지와 그 지상건물이 다른 소유자에 속하게 된 경우에는 건물소유자는 토지소유자에 대하여 그 토지 위에 법정지상권을 취득하고, 다만 지료는 당사자의 청구에 의하여 법원이 정한다(제366조).

법정지상권은 동일인이 소유하고 있던 토지와 건물 중 어느 하나가 다른 사람에게 귀속하게 되고, 그 당사자 사이에 그 대지사용권에 관하여 아무런 합의가 없을 때 건물소유자가 아무런 권리 없이 다른 사람의 토지를 사용하는 경우라고 하여 건물을 철거하도록 한다면 사회경제상의 불이익을 가져오게 할 경우가 많으므로, 그 불이익을 제거하기 위하여 건물소유자에게 그 대지를 적법하게 이용할 수 있도록 해줌으로써 건물이 철거되는 것을 막기 위하여 인정되는 제도이다(대판 1993. 12. 28, 93다26687).

법정지상권을 규율하는 민법 제366조는 가치권과 이용권의 조절이라는 공익상의 요청에 기한 강행규정에 해당한다는 것이 다수의 견해이고 판례의 입장이기도 하다.[83] 그러므로 당사자가 민법 제366조의 적용을 배제하는 특약을 하더라도 무효이고, 다만 건물소유자가 법정지상권을 취득한 후에 자의로 포기할 수는 있다. 이에 반해 제366조가 강행규정으로서 공익적인 성격을 갖지만, 법정지상권의 포기를 불허할 정도로 강력한 공익성을 갖는 것은 아니므로 당사자의 특약으로 법정지상권의 배제하는 특약도 가능하다는 견해가 있다.[84)]

> ☞ 저당목적물인 토지에 대하여 법정지상권을 배제하는 특약의 효력
>
> 민법 제366조는 가치권과 이용권의 조절을 위한 공익상의 이유로 지상권의 설정을 강제하는 규정이므로 저당권설정당사자간의 특약으로 저당목적물인 토지에 대하여 법정지상권을 배제하는 약정을 하더라도 그 특약은 효력이 없다(대판 1988. 10. 25, 87다카1564).

(2) 성립요건

① 저당권설정 당시 건물이 존재할 것

법정지상권은 저당권설정 당시부터 토지 위에 건물이 존재하는 경우에만 성립 한다. 건물이 없는 토지에 저당권을 설정한 후에 저당권설정자가 건물을 신축하는 경우에는 그 건물을 위하여 법정지상권이 성립하지 아니한다(대결 1995. 11. 21, 95마1262; 대판 1990. 7. 10, 90다6399). 왜냐하면 건물이 없는 토지에 저당권을 설정한 저당권자는 그 상태에서의 토지의 교환가치를 평가하여 담보를 취득할 것인데, 그 후에 세워진 건물에 대해서도 법정지상권이 인정된다면, 그 토지의 담보가치는 크게 떨어지게 될 것이고 이는 저당권자에게 피해를 주기 때문이다. 역시 건물이 없는 토지에 저당권을 설정한 후 저당권설정자가 저당권자로부터 법정지상권의 성립을 인정한다는 양해를 얻어 건물을 건축하여도 법정지상권이 인정되지 아니한다(대판 2003. 9. 5, 2003다26051). 그리고 건물은 최선순위의 저당권이 설정될 당시 존재하여야 한다.

---

83) 곽윤직, 349면; 김민중, 351면; 김형배·김규완·김명숙, 764면; 김상용, 726면; 김준호, 437면; 송덕수, 838면; 지원림, 790면; 양형우, 778면.

84) 이상태, 489면; 이영준, 898면.

☞ **지상건물이 없는 토지에 관하여 근저당권설정 당시 근저당권자가 건물의 건축에 동의한 경우에 법정지상권의 성립 여부**

민법 제366조의 법정지상권은 저당권설정 당시부터 저당권의 목적되는 토지 위에 건물이 존재한 경우에 한하여 인정되며, 토지에 관하여 저당권이 설정된 당시 그 지상에 토지소유자에 의한 건물의 건축이 개시되기 이전이었다면 건물이 없는 토지에 관하여 저당권이 설정될 당시 저당권자가 토지소유자에 의한 건물의 건축에 동의하였다고 하더라도 그러한 사정은 주관적 사항이고 공시할 수도 없는 것 이어서 토지를 낙찰받는 제3자로서는 알 수 없는 것이므로 그와 같은 사정을 들어 법정지상권의 성립을 인정한다면 토지소유권을 취득하려는 제3자의 법적 안정성을 해하는 등 법률관계가 매우 불명확하게 되므로 법정지상권이 성립되지 않는다(대판 2003. 9. 5, 2003다26051).

건물은 저당권설정 당시에 실제로 존재하고 있으면 되기 때문에, 비록 무허가건물로서 보존등기가 없더라도 법정지상권은 성립한다(대판 2004. 6. 11, 2004다13533). 또한 건축 중이던 건물에 대해서도 판례는 토지에 관한 저당권설정 당시 그 지상에 건물이 토지소유자에 의하여 건축 중에 있고, 아직 그 건물이 사회관념상 독립된 건물로 볼 수 있는 정도에 이르지 않은 경우라고 하더라도 그 건물의 규모·종류가 외형상 예상할 수 있는 정도까지 건축이 진전되어 있고, 그 후 경매절차에서 매수인이 매각대금을 다 낸 때까지 최소한의 기둥과 지붕 그리고 주벽이 이루어지는 등 독립된 부동산으로서 건물의 요건을 갖추면 법정지상권의 성립을 인정하고 있다(대판 2004. 2. 13, 2003다29043). 그리고 법정지상권은 저당권설정 당시에 건물이 존재하고 있어야 한다. 그런데 저당권의 설정 후 존재하던 건물이 철거된 후 재축·신축된 경우의 법정지상권의 성립과 관련하여 저당권 설정 당시의 건물을 그 후 개축·증축한 경우는 물론이고 그 건물이 멸실되거나 철거된 후 재건축·신축한 경우에도 법정지상권이 성립하며, 이 경우 신건물과 구건물 사이에 동일성이 있거나 소유자가 동일할 것을 요하는 것은 아니라 할 것이지만, 그 법정지상권의 내용인 존속기간·범위 등은 구건물을 기준으로 판단하여야 한다고 한다(대판 2001. 3. 13, 2000다48517, 48524, 48531; 대판 2002. 10. 25, 2000다63110). 다만, 동일인 소유의 토지와 그 지상건물에 관하여 공동저당권이 설정된 후 그 건물이 철거되고 다른 건물이 신축된 경우에는 저당물의 경매로 인하여 토지와 신축건물이 서로 다른 소유자에게 속하게 된 때에는 신축건물을 위한 법정지상권은 성립 하지 않는다고 본다(대판 2003. 12. 18, 98다43601; 대판 2005. 11. 25, 2004다36352; 대판 2010. 1. 14, 2009다66150).

☞ 토지와 건물에 공동저당권을 설정하고 후에 건물이 신축된 경우의 법정지상권

[다수의견] 동일인의 소유에 속하는 토지 및 그 지상 건물에 관하여 공동저당권이 설정된 후 그 지상 건물이 철거되고 새로 건물이 신축된 경우에는 그 신축건물의 소유자가 토지의 소유자와 동일하고 토지의 저당권자에게 신축건물에 관하여 토지의 저당권과 동일한 순위의 공동저당권을 설정해 주는 등 특별한 사정이 없는 한 저당물의 경매로 인하여 토지와 그 신축건물이 다른 소유자에 속하게 되더라도 그 신축건물을 위한 법정지상권은 성립하지 않는다고 해석하여야 하는바, 그 이유는 동일인의 소유에 속하는 토지 및 그 지상 건물에 관하여 공동저당권이 설정된 경우에는, 처음부터 지상 건물로 인하여 토지의 이용이 제한 받는 것을 용인하고 토지에 대하여만 저당권을 설정하여 법정지상권의 가치만큼 감소된 토지의 교환가치를 담보로 취득한 경우와는 달리, 공동저당권자는 토지 및 건물 각각의 교환가치 전부를 담보로 취득한 것으로서, 저당권의 목적이 된 건물이 그대로 존속하는 이상은 건물을 위한 법정지상권이 성립해도 그로 인하여 토지의 교환가치에서 제외된 법정지상권의 가액 상당 가치는 법정지상권이 성립하는 건물의 교환가치에서 되찾을 수 있어 궁극적으로 토지에 관하여 아무런 제한이 없는 나대지로서의 교환가치 전체를 실현시킬 수 있다고 기대하지만, 건물이 철거된 후 신축된 건물에 토지와 동순위의 공동저당권이 설정되지 아니 하였는데도 그 신축건물을 위한 법정지상권이 성립한다고 해석하게 되면, 공동저당권자가 법정지상권이 성립하는 신축건물의 교환가치를 취득할 수 없게 되는 결과 법정지상권의 가액 상당 가치를 되찾을 길이 막혀 위와 같이 당초 나대지로서의 토지의 교환가치 전체를 기대하여담보를 취득한 공동저당권자에게 불측의 손해를 입게 하기 때문이다.

[반대의견] 민법 제366조가 법정지상권제도를 규정하는 근본적 취지는 저당물의 경매로 인하여 토지와 그 지상건물이 다른 사람의 소유에 속하게 된 경우에 건물이 철거됨으로써 생길 수 있는 사회경제적 손실을 방지하려는 공익상 이유에 있는 것이지 당사자 어느 한편의 이익을 보호하려는 데 있는 것이 아니고, 법정지상권은 저당권설정 당사자의 의사와 관계없이 객관적 요건만으로써 그 성립이 인정되는 법정물권인바, 저당권자가 그 설정 당시 가졌던 '기대'가 어떤 것이었느냐에 의하여 법정지상권의 성립 여부를 달리 판단하는 다수의견은 법정지상권 성립요건의 객관성 및 강제성과 조화되기 어렵고, 토지와 건물 양자에 대하여 공동으로 저당권이 설정된 경우, 원칙적으로 그 공동저당권자가 토지에 관하여 파악하는 담보가치는 법정지상권의 가치가 제외된 토지의 가치일 뿐이고, 건물에 관하여 파악하는 담보가치는 건물 자체의 가치 외에 건물의 존속에 필요한 법정지상권의 가치가 포함된 것이며, 법정지상권은 그 성질상 건물에 부수하는 권리에 불과하므로 구건물이 멸실되거나 철거됨으로써 건물저당권 자체가 소멸하면, 공동저당권자는 건물 자체의 담보가치는 물론 건물저당권을 통하여 파악하였던 법정지상권의 담보가치도 잃게 되고, 이에 따라 토지 소유자는 건물저당권의 영향에서 벗어나게 된다고 보는 것이 논리적으로 합당하다. 그러므로 토지 소유자는 그 소유권에 기하여 토지 위에 신건물을 재축할 수 있고, 그 후 토지저당권이 실행되면 신건물을 위한 법정지상권이 성립하며, 다만 그 내용이 구건물을 기준으로 그 이용에 일반적으로 필요한 범위로 제한됨으로써 공동저당권자가 원래 토지에 관하여 파악하였던 담보가치, 즉 구건물을 위한 법정지상권 가치를 제외한 토지의 담보가치가 그대로 유지된다고 보아야 하고, 이것이 바로 가치권과 이용권의 적절한 조절의 모습이다(대판 2003. 12. 18, 98다43601).

② 저당권설정 당시에 토지와 건물이 소유자가 동일할 것

저당권설정 당시 토지와 건물이 동일한 소유자에게 속하여야 법정지상권이 성립한다. 그 이유는 저당권설정 당시 토지와 건물의 소유자가 다른 경우에 그 건물에 관하여 이미 토지소유자에게 대항할 수 있는 용익권이 설정되어 있을 것이므로, 그 건물을 위해 다시 법정지상권을 인정할 필요가 없기 때문이다. 따라서 저당권설정 당시 토지와 건물이 각각 다른 사람의 소유에 속해 있는 때에는 법정지상권이 성립하지 않는다. 다만, 저당권실행시까지 토지와 건

물이 동일인의 소유로 유지되어야 할 필요는 없다.[85] 예를 들어 저당권설정 당시에는 토지와 건물이 동일인에게 속한 후에 저당권실행경매가 되기 전에 토지와 건물의 소유자가 달라지더라도 후에 저당권실행경매가 되면 법정지상권이 성립한다. 왜냐하면 이 경우 토지와 건물의 소유자가 이용관계를 설정하더라도, 저당권 설정 후의 이용관계의 설정은 경매로 인하여 소멸하기 때문이다. 판례는 이 경우 저당권자 또는 저당권설정자 누구에게도 불측의 손해가 생기지 않으므로 법정지상권을 인정한다(대판 1999. 11. 23, 99다52602). 그리고 건물의 소유권이전등기를 경료하지 못한 사이에 토지저당권이 실행된 경우(1991. 5. 28, 91다6658), 토지가 구분소유적 공유관계에 있는 경우(대판 2004. 6. 11, 2004다13533) 등에는 법정지상권의 성립을 인정하고 있으나, 미등기건물과 대지를 매수하여 대지에만 소유권이전등기를 넘겨받은 경우(2002. 6. 20, 2002다9660 전원합의체)나 건물의 등기부상 소유명의를 명의신탁한 경우(대판 1995. 5. 23, 93다47318; 대판 2004. 2. 13, 2003다29043)에는 법정지상권의 성립이 인정되지 않는다.

☞ 법정지상권의 성립이 인정되는 경우

1) 토지에 저당권을 설정할 당시 토지의 지상에 건물이 존재하고 있었고 그 양자가 동일 소유자에게 속하였다가 그 후 저당권의 실행으로 토지가 낙찰되기 전에 건물이 제3자에게 양도된 경우, 민법 제366조 소정의 법정지상권을 인정하는 법의 취지가 저당물의 경매로 인하여 토지와 그 지상 건물이 각 다른 사람의 소유에 속하게 된 경우에 건물이 철거되는 것과 같은 사회경제적 손실을 방지하려는 공익상 이유에 근거하는 점, 저당권자로서는 저당권설정 당시에 법정지상권의 부담을 예상하였을 것이고 또 저당권설정자는 저당권설정 당시의 담보가치가 저당권이 실행될 때에도 최소한 그대로 유지되어 있으면 될 것이므로 위와 같은 경우 법정지상권을 인정하더라도 저당권자 또는 저당권설정자에게는 불측의 손해가 생기지 않는 반면, 법정지상권을 인정하지 않는다면 건물을 양수한 제3자는 건물을 철거하여야 하는 손해를 입게

85) 곽윤직, 351면; 김형배·김규완·김명숙, 767면; 김민중, 353면; 김상용, 728면; 김준호, 439면; 송덕수, 841면; 양형우, 780면.

되는 점 등에 비추어 위와 같은 경우 건물을 양수한 제3자는 민법 제366조 소정의 법정지상권을 취득한다(대판 1999. 11. 23, 99다52602).

2) 동일인의 소유에 속하던 토지와 지상건물 중 건물을 양수한 자가 미등기건물인 관계로 소유권이전등기를 경료하지 못하였다면 그 소유권은 여전히 양도인에게 남아있다고 할 것이고 그러는 사이에 토지 위에 설정된 저당권이 실행된 결과 토지와 건물의 소유자가 달라진 경우에는 양도인이 건물의 소유를 위한 법정지상권을 취득한다(1991. 5. 28, 91다6658).

3) 공유로 등기된 토지의 소유관계가 구분소유적 공유관계에 있는 경우에는 공유자 중 1인이 소유하고 있는 건물과 그 대지는 다른 공유자와의 내부관계에 있어서는 그 공유자의 단독소유로 되었다 할 것이므로 건물을 소유하고 있는 공유자가 그 건물 또는 토지지분에 대하여 저당권을 설정하였다가 그 후 저당권의 실행으로 소유자가 달라지게 되면 건물 소유자는 그 건물의 소유를 위한 법정지상권을 취득하게 되며, 이는 구분소유적 공유관계에 있는 토지의 공유자들이 그 토지 위에 각자 독자적으로 별개의 건물을 소유하면서 그 토지 전체에 대하여 저당권을 설정하였다가 그 저당권의 실행으로 토지와 건물의 소유자가 달라지게 된 경우에도 마찬가지라 할 것이다(대판 2004. 6. 11, 2004다13533).

☞ 법정지상권의 성립이 부정되는 경우

1) 민법 제366조의 법정지상권은 저당권 설정 당시에 동일인의 소유에 속하는 토지와 건물이 저당권의 실행에 의한 경매로 인하여 각기 다른 사람의 소유에 속하게 된 경우에 건물의 소유를 위하여 인정되는 것이므로, 미등기건물을 그 대지와 함께 매수한 사람이 그 대지에 관하여만 소유권이전등기를 넘겨받고 건물에 대하여는 그 등기를 이전 받지 못하고 있다가, 대지에 대하여 저당권을 설정하고 그 저당권의 실행으로 대지가 경매되어 다른 사람의 소유로 된 경우에는, 그 저당권의 설정 당시에 이미 대지와 건물이 각각 다른 사람의 소유에 속하고 있었으므로 법정지상권이 성립될 여지가 없다(2002. 6. 20, 2002다9660 전원합의체).

2) 건물의 등기부상 소유명의를 타인에게 신탁한 경우에 신탁자는 제3자에게 그 건물이 자기의 소유임을 주장할 수 없고, 따라서 그 건물과 부지인 토지가 동일인의 소유임을 전제로 한 법정지상권을 취득할 수 없다(대판 1995. 5. 23, 93다47318; 대판 2004. 2. 13, 2003다29043).

③ 토지나 건물에 저당권이 설정될 것

토지·건물의 일방 혹은 쌍방 위에 저당권이 설정되어야 한다. 토지·건물의 어느 일방에도 저당권이 설정되지 않은 경우나 어떤 원인으로 인하여 토지와 건물 소유자가 각각 다르게 된 경우에는 매매 기타의 원인으로 처분된 경우와 같이 관습법상의 법정지상권은 성립할 수 있지만, 민법 제366조의 법정지상권은 성립하지 아니한다.

④ 토지와 건물의 소유자가 달라질 것

경매의 결과로 토지와 건물의 소유자가 각각 다르게 되어야 한다. 경매 이외의 법률행위로 인하여 토지와 건물의 소유자가 달라진 경우에는 관습법상의 법정지상권이 인정 될 수 있을 뿐이다.

여기서의 경매가 담보권실행경매만을 의미하는가, 혹은 「통상의 강제경매」, 즉 저당권자가 다른 집행권원에 기하여 저당부동산을 강제경매하거나 저당권이 있는 부동산에 대하여 일반채권자가 강제경매를 한 경우까지도 포함하여 의미하는가 하는 문제가 있다. 학설은 저당권자가 집행권원에 기하여 저당부동산을 경매하는 경우나 저당권이 있는 부동산에 대하여 일반채권자가 강제집행을 한 경우에도 법정지상권이 성립한다고 보는 견해[86]와 민법 제366조에서 말하는 경매는 담보권실행경매만을 의미하고, 강제경매로 인하여 토지와 건물의 소유자가 분리된 경우에는 「관습법상의 법정지상권」을 인정하면 충분하여 강제경매를 민법 제366조에서 일컫는 경매에 포함시킬 필요가 없다고

86) 곽윤직, 351면; 김상용, 729면; 송덕수, 843면.

보는 견해[87]가 있다.

생각건대 민법 제366조가 저당권 실행에 의한 경매에 있어서 건물의 소유자를 보호하기 위한 것이라는 입법취지를 고려할 때 담보권실행을 위한 경매만을 의미한다고 할 것이다. 그 외의 경우에는 관습법상의 법정지상권의 성립을 인정하면 될 것이다.

(3) 성립시기

법정지상권의 성립시기는 토지나 건물의 경매에 의하여 그 소유권이 매수인에게 이전하는 때, 즉 매수인이 매각대금을 완납한 때이다(민사집행법 제268조, 제135조).

법정지상권은 민법 제366조의 규정에 의하여 성립하므로, 민법 제187조에서 말하는「법률의 규정」에 의한 물권변동에 해당한다. 그러므로 법정지상권은 그 취득에 등기를 필요로 하지 아니한다. 다만, 법정지상권을 제3자에게 처분하려면 민법 제187조 단서에 의하여 등기하여야 한다.

(4) 법정지상권의 내용

① 범 위

법정지상권이 미치는 토지의 범위는 건물을 이용하기 위하여 필요한 범위이다. 법정지상권이 미치는 범위는 반드시 그 건물의 대자에 한하지 않고, 지상건물이 창고인 경우에 그 본래의 용도인 창고로서 사용하기 위하여 일반적으로 필요한 그 둘레의 대지에 미친다(대판 1977. 7. 26, 77다921).

② 지 료

법정지상권의 지료는 당사자가 협의로 정하고, 당사자의 협의로 지료를 결정하지 못한 때에는 당사자의 청구로 법원이 지료를 결정한다(제366조 단서).

87) 김형배·김규완·김명숙, 769면; 이상태, 491면; 이영준, 903면; 양형우, 781면, 지원림, 795면.

법원이 지료를 결정할 때에는 법정지상권설정 당시의 제반사정을 참작하여야 하고 또한 당사자 쌍방의 이익을 조화하여 어느 한편에 부당하게 불이익 또는 이익을 주는 결과가 되어서는 안 되며, 그리고 법정지상권의 지료산정에서 법정지상권이 설정된 건물이 건립되어 있음으로 인하여 토지의 소유권이 제한을 받는 사정을 참작하여 평가하여서는 안된다(대판 1989. 8. 8, 88다18504; 대판 1995. 9. 15, 94다61144).

법정지상권도 2년분 이상의 지료를 지급하지 아니하면 민법 제287조에 따른 지상권소멸청구의 의사표시에 의하여 소멸한다(대판 1993. 3. 12, 92다44749; 대판 2005. 10. 13, 2005다37208). 다만, 법정지상권에 관한 지료가 아직 결정되지 않은 경우에는 법정지상권자가 2년 이상 지료지급을 지체하더라고 토지소유자는 지상권소멸청구를 할 수 없다(대판 1996. 4. 26, 95다52864; 대판 2001. 3. 13, 99다17142).

☞ 지료지급연체를 이유로 한 법정지상권의 소멸청구의 가능성

법정지상권이 성립되고 지료액수가 판결에 의하여 정해진 경우 지상권자가 판결확정 후 지료의 청구를 받고도 책임 있는 사유로 상당한 기간 동안 지료의 지급을 지체한 때에는 지체된 지료가 판결확정의 전후에 걸쳐 2년분 이상일 경우에도 토지소유자는 민법 제287조에 의하여 지상권의 소멸을 청구할 수 있고, 판결확정일로부터 2년 이상 지료의 지급을 지체하여야만 지상권의 소멸을 청구할 수 있는 것은 아니라고 할 것이므로 민법 제287조에 의하여 법정지상권의 소멸을 청구를 할 수 있다고 할 것이다(대판 2005. 10. 13, 2005다37208).

③ 존속기간

민법은 법정지상권의 존속기간에 관하여 명문규정을 두고 있지 않다. 학설[88]·판례(대판 1992. 6. 9, 92다4857)은 법정지상권의 존속기간을 민법 제281조

88) 김상용, 730면; 김용한, 577면; 송덕수, 846면; 이상태, 493면. 그러나 당사자의 청구에 의하여 법원이 정해야 한다는 견해도 있다(이영준, 905면).

에 의한 존속기간을 약정하지 아니한 지상권으로 보아 민법 제280조의 지상권의 최단존속기간을 존속기간으로 본다. 그러므로 법정지상권의 존속기간은 건물의 종류에 따라서 30년, 15년이 된다.

④ 법정지상권의 처분

건물의 소유자가 건물의 소유권과 분리하여 법정지상권만을 처분할 수 있는가 하는 문제가 있다. 판례를 보면 제366조의 법정지상권은 토지와 그 토지상의 건물이 같은 사람의 소유에 속하였다가 그 중의 하나가 경매 등으로 인하여 가른 사람의 소유에 속하게 된 경우에 그 건물의 유지 존립을 위하여 특별히 인정되는 권리이지만 그렇다고 하여 위 법정지상권이 건물의 소유에 부속되는 종속적인 권리가 아니고 하나의 독립된 법률상의 물권으로서의 성격을 지니고 있으므로 건물의 소유자가 건물과 법정지상권 중 어느 하나만을 처분하는 경우도 가능하다고 본다(대판 1980. 9. 9, 78다52; 대판 2001. 12. 27, 2000다1976). 그리고 법정지상권이 붙은 건물의 소유자가 건물을 제3자에게 처분한 경우에는 법정지상권에 관한 등기를 경료하지 아니한 자로서는 건물의 소유권을 취득한 사실만 가지고는 법정지상권을 취득한다고 할 수 없어 대지소유자에게 법정지상권을 주장할 수 없고, 그 법정지상권은 여전히 당초의 법정지상권자에게 유보되어 있다고 보아야 한다(대판 1995. 4. 11, 94다39925).

(5) 법정지상권의 소멸

법정지상권은 토지소유자의 소멸청구(제287조), 지상권자의 포기 및 당사자 사이의 계약에 의하여 소멸한다.

2) 저당토지 위의 건물에 대한 일괄경매청구권

(1) 의 의

토지 위에 저당권을 설정한 후 그 토지 위에 건물을 축조하면 경매로 토지

소유자와 건물소유자가 다르게 되더라도 건물소유자에게 법정지상권이 인정되지 않으므로, 토지의 매수인은 건물소유자에게 건물의 철거·수거를 요구할 수 있다. 건물의 철거·수거는 사회경제적으로 매우 불이익하게 된다. 만일 저당권자가 토지와 함께 그 건물도 경매할 수 있다면 건물이 존속하게 되어 이러한 불이익을 제거할 수 있을 뿐만 아니라 토지의 교환가치도 충분히 확보할 수 있고, 토지의 경매를 용이하게 할 수 있는 장점이 있다. 그러므로 민법은 토지를 목적으로 저당권을 설정한 후 저당권설정자가 토지에 건물을 축조한 때에는 저당권자는 토지와 함께 그 건물에 대하여도 경매를 청구할 수 있는 일괄경매청구권을 인정하고 있다(민법 제365조).

☞ 민법 제365조에 기한 일괄경매청구권의 의의

민법 제365조가 토지를 목적으로 한 저당권을 설정한 후 그 저당권설정자가 그 토지에 건물을 축조한 때에는 저당권자가 토지와 건물을 일괄하여 경매를 청구할 수 있도록 규정한 취지는 저당권은 담보물의 교환가치의 취득을 목적으로 할 뿐 담보물의 이용을 제한하지 아니하여 저당권설정자로서는 저당권설정 후에도 그 지상에 건물을 신축할 수 있는데, 후에 그 저당권의 실행으로 토지가 제3자에게 경락될 경우에 건물을 철거하여야 한다면 사회경제적으로 현저한 불이익이 생기게 되어 이를 방지할 필요가 있으므로 이러한 이해관계를 조절하고, 저당권자에게도 저당토지상의 건물의 존재로 인하여 생기게 되는 경매의 어려움을 해소하여 저당권의 실행을 쉽게 할 수 있도록 한 데에 있다고 풀이 된다(대결 1994. 12. 4, 93마1736).

(2) 요 건

① 저당권설정 당시에 토지에 건물이 없을 것

건물은 토지에 대한 저당권이 설정된 후에 신축된 것이어야 한다. 토지에 대한 저당권이 설정될 당시 이미 건물이 존재한 때에는 건물소유자에게 토지용익권이 존재하거나 또는 법정지상권(제366조)이 인정되어 일괄경매를 인정할 필요가 없다. 그리고 판례는 저당권설정 당시에 건물의 존재가 예측되고, 또한 당시 사회경제적 관점에서 그 가치의 유지를 도모할 정도로 건물의 축조가 진행되어 있는 경우에도 민법 제365조에 의한 일괄경매청구권이 인정되지 않는다고 한다(대판 1987. 4. 28, 86다카2856).

② 저당권설정자가 축조하고 소유하는 건물

건물을 저당권설정자가 축조하여 소유하고 있어야 한다. 저당권이 설정된 후에 저당권설정자 이외의 제3자가 건물을 축조하였지만 저당권설정자가 건물의 소유권을 취득하지 않은 경우 또는 저당권설정자가 축조하였으나 경매 당시 제3자가 소유하고 있는 경우에는 일괄경매권이 인정되지 않는다(대결 1999. 4. 20, 99마146). 그러므로 제365조의 취지에 비추어 저당지상의 건물에 대한 일괄경매청구권은 저당권설정자가 건물을 축조한 경우뿐만 아니라 저당권설정자로부터 저당토지에 대한 용익권을 설정 받은 자가 그 토지에 건물을 축조한 경우라도 그 후 저당권설정자가 그 건물의 '소유권을 취득'한 경우에는 저당권자는 토지와 함께 그 건물에 대하여 경매를 청구할 수 있다(대판 2003. 4. 11, 2003다3850). 그리고 판례는 토지에 대하여 경매를 신청한 후에도 그 토지상의 건물에 대하여 토지에 관한 경매기일 공고시까지는 일괄경매의 추가신청을 할 수 있다고 한다(대결 2001. 6. 13, 2001마1632).

저당권설정자가 아닌 자가 축조한 건물에 대하여는 언제나 일괄경매를 청구할 수 없는가 하는 문제가 있다. 저당권의 목적물이 아닌 저당권설정자 이외의 제3자의 소유에 속하는 건물을 그 의사를 묻지 않고 임의로 경매처분 한다면 부당하지만, 경우에 따라서는 토지와 함께 건물도 경매에 붙여 정당한 대가를 받는 편이 유리하다고 할 수 있다. 그러므로 비록 건물이 저당권설정자에 의하여 축조되지 않은 경우라고 하더라도 그 건물소유자의 동의가 있으면 토지와 함께 그 건물에 대하여도 함께 경매를 청구할 수 있다고 본다.[89)]

89) 김민중, 358면; 김준호, 443면

(3) 효 과

저당권이 설정된 토지와 건물의 일괄경매는 그 가액을 높이는 데 도움이 되므로, 대지와 지상건물을 같이 경매하는 경우에도 민사집행법 제124조의 과잉경매의 제한은 적용되지 아니한다(대결 1968. 9. 30, 68마890). 토지와 건물을 동일인에게 경락시켜 건물을 유지하려고 하는 것이 본조의 취지이므로, 토지와 건물은 동일인에게 매각되어야 한다.

민법 제365조는 저당권자에게 토지와 함께 그 건물에 대하여도 경매를 신청 할 수 있는 권능만을 인정할 뿐이고 그 의무를 정한 규정이 아니다. 그러므로 저당권자가 일괄경매청구권을 반드시 행사하여야 할 의무를 부담하지는 않는다.[90]

토지의 저당권자는 일괄경매를 하더라도 건물의 경매대가에 대하여는 우선 변제를 받을 권리가 없다(제365조 단서). 따라서 토지와 건물을 일괄경매에 의하여 매각하더라도 건물과 토지의 매각대금은 별개로 결정할 필요가 있다.

3) 제3취득자의 지위

(1) 제3취득자의 의의

저당권설정 후에도 저당권설정자는 저당부동산의 사용·수익권 혹은 처분권을 가지므로 저당부동산 위에 지상권·전세권과 같은 용익물권을 설정할 수도 있고, 또한 저당권이 설정되었다고 하여 저당권설정자의 처분권이 제한되는 것은 아니므로 제3자에게 양도 할 수도 있다. 저당권설정자로부터 저당부동산의 소유권·지상권·전세권을 취득한 제3자(양수인·지상권자·전세권자)를 제3취득자라고 한다.

제3취득자는 저당권이 실행되기 전에는 아무런 제한 없이 자기의 권리(소유권·지상권·전세권)를 행사할 수 있지만, 채무자의 채무불이행으로 저당권이 실

90) 김민중, 358면.

행된 경우에는 권리를 잃을 수 있는 불안한 상태에 놓이게 된다. 이와 같이 제3취득자의 지위는 채무자의 채무변제 여하에 따라 그 존속에 영향을 받게 되어 매우 불안정하다.

이러한 불안한 상태에 있는 제3자의 지위를 보호하기 위하여 민법은 저당물의 소유권을 취득한 제3자도 경매인이 될 수 있도록 하고 있으며(제363조 제2항), 또한 제3취득자는 저당권자에게 그 부동산으로 담보된 채권을 변제하고 저당권의 소멸을 청구할 수 있고(제364조), 저당물의 경매 대가에서 저당물의 보존·개량을 위해 지출한 비용을 우선상환 받을 수 있도록 하고 있다(제367조).

(2) 매수인의 자격

물상보증인이나 저당부동산의 제3취득자는 채무자와 달리 물적 책임을 부담할 뿐이므로, 제3취득자는 경매절차에 참가하여 매수인이 되어 저당목적물을 매각 받을 수 있다(제363조 제2항). 본 규정은 소유권자만을 정하고 있으나, 이에 국한하지 않고 지상권·전세권을 취득한 자도 경매인이 될 수 있다고 해야 한다. 저당권자는 저당부동산으로부터 피담보채권의 만족을 받으면 본래의 목적을 달성하게 될 것이므로, 실제 누가 매수인이 되는가는 그에게 아무런 상관이 없기 때문이다. 따라서 본 규정은 임의적 규정이라고 할 수 있다.[91] 그러나 자신의 소유인 부동산에 저당권을 설정한 채무자는 경매인이 될 수 없다(민사집행규칙 제59조).

(3) 제3취득자의 변제

① 이해관계 있는 제3자로서의 변제

채무의 변제는 원칙적으로 제3자도 할 수 있으며(제469조 제1항), 이해관계 있는 제3자는 채무자의 의사에 반해서도 변제할 수 있다(제469조 제2항). 따라서 저당부동산의 제3취득자는 이해관계 있는 제3자로서 채무자의 의사에 반해서도 변제할 수 있고 이를 통하여 저당권을 소멸시킬 수 있다.

---

91) 김준호, 445면; 송덕수, 850면; 지원림, 798면; 양형우, 785면.

② 제3취득자로서의 변제

저당부동산의 제3취득자, 즉 저당부동산에 대하여 소유권, 지상권 또는 전세권을 취득한 제3자는 저당권자에게 그 부동산으로 담보된 채권을 변제하고 저당권의 소멸을 청구할 수 있다(제364조).

민법이 대위변제로서 제3자의 변제(제469조) 이외에 제3취득자의 변제(제364조)를 규정한 이유는 단순한 제3자의 변제인 경우에 제3취득자는 저당채무자가 부담하는 모든 채무를 변제하여야 하지만, 제364조에 의하면 제3취득자는 저당권자에게 '그 부동산으로 담보된 채권' 즉, 제360조의 피담보채권의 범위까지만 변제하면 되고, 지연이자는 원본의 이행기일을 경과한 후 1년분만 변제하면 된다는데 있다.[92] 따라서 제364조는 제469조의 특칙이라고 할 것이다.

㉮ 제3취득자의 범위

민법 제364조의 규정에 의하여 저당권의 소멸을 청구할 수 있는 제3취득자는 경매신청 전 또는 경매개시결정 전에 소유권, 지상권 또는 전세권을 취득한 자에 한하지 않으며, 경매개시 후에 소유권 등을 취득한 자도 포함한다(대결 1974. 10. 26, 74마440). 근저당부동산의 제3취득자는 피담보채무가 확정된 이후에 채권최고액의 범위 내에서 그 확정된 피담보채무를 변제하고 근저당권의 소멸을 청구할 수 있다. 그러나 근저당부동산에 대하여 후순위저당권을 취득한 자는 여기의 제3취득자에 해당하지 않는다(대판 2006. 1. 26, 2005다17341). 또한 저당부동산의 제3취득자가 피담보채무를 인수한 경우에는 그 때부터는 제3취득자는 채권자에 대한 관계에서 채무자의 지위로 변경되므로 민법 제364조의 규정은 적용될 여지가 없다(대판 2002. 5. 24, 2002다7176).

92) 김상용, 734면; 김준호, 446면; 김형배·김규완·김명숙, 773면; 양형우, 785면.

☞ 제364조의 저당권소멸청구권을 행사할 수 있는 제3취득자의 범위

민법 제364조는 "저당부동산에 대하여 소유권, 지상권 또는 전세권을 취득한 제3자는 저당권자에게 그 부동산으로 담보된 채권을 변제하고 저당권의 소멸을 청구할 수 있다."고 규정하고 있다. 그러므로 근저당부동산에 대하여 민법 제364조의 규정에 의한 권리를 취득한 제3자는 피담보채무가 확정된 이후에 채권최고액의 범위 내에서 그 확정된 피담보채무를 변제하고 근저당권의 소멸을 청구할 수 있으나, 근저당부동산에 대하여 후순위근저당권을 취득한 자는 민법 제364조에서 정한 권리를 행사할 수 있는 제3취득자에 해당하지 아니하므로 이러한 후순위근저당권자가 선순위근저당권의 피담보채무가 확정된 이후에 그 확정된 피담보채무를 변제한 것은 민법 제469조의 규정에 의한 이해관계 있는 제3자의 변제로서 유효한 것인지 따져볼 수는 있을지언정 민법 제364조의 규정에 따라 선순위근저당권의 소멸을 청구할 수 있는 사유로는 삼을 수 없다(대판 2006. 1. 26, 2005다17341).

㉣ 제3취득자의 변제시기

제3취득자가 채권의 변제기에 상관없이 피담보채권을 변제하고 저당권을 소멸시킬 수 있는가에 대하여 학설은 부정설과 긍정설이 대립한다.

다수설인 부정설[93]과 판례(대판 1979. 8. 21, 79다783)는 변제기 전의 변제를 허용하면, 저당권의 투자수단으로서의 기능을 무시하는 결과를 가져오고, 또한 제3취득자만이 변제기 전에 변제 하고 저당권을 소멸시키게 할 특별한 이유가 없기 때문에 제3취득자의 변제는 피담보채권의 변제기가 도래한 후에만 할 수 있다고 본다. 그러나 소수설[94]로서 민법 제364조의 제3취득자의 변제는 채무자로서가 아닌「변제할 권리가 있는 자로서의 변제」에 해당하여 채권의 변제기에 구애를 받지 않고 그 이전이더라도 얼마든지 민법 제468조의 제한을 받지 않고 변제할 수 있다고 보는 긍정설도 있다.

93) 고상룡, 693면; 곽윤직, 354면; 김상용, 734면; 김준호, 446면.

94) 이영준, 909면

> ☞ 채무변제의 시기
>
> 근저당부동산의 제3취득자는 민법 제364조에 의하여 결산기에 이르러 확정되는 피담보채무를 변제하고 근저당권설정등기의 말소등기를 구할 수 있으나, 근저당권설정계약의 종료 전에 근저당권설정계약을 해지하고 그 당시까지의 채권액만을 변제하는 조건으로 그 말소를 구할 수 없다(대판 1979. 8. 21, 79다783).

㉰ 효 과

제3취득자와 저당권자 사이에서는 일반적으로 제3취득자의 변제에 의하여 피담보채권이 소멸하므로, 저당권의 부종성에 의하여 저당권도 당연히 소멸하며, 민법 제187조에 의한「법률의 규정」에 따른 물권변동이므로 등기를 요하지 아니한다고 본다.[95] 따라서 규정에는 "저당권의 소멸을 청구할 수 있다." 하고 있으나 피담보채권의 변제가 있으면 저당권은 당연히 소멸하므로 이 규정은 무의미하다고 할 수 있다.[96]

그리고 제3취득자와 저당채무자 사이에는 제3취득자는 변제하는데 정당한 이익을 가지는 자이므로 변제를 하면 당연히 채권자를 대위하게 된다(제481조). 즉, 제3취득자가 변제한 경우에 저당권은 제3취득자에게 이전한다(제482조 제1항). 또한 제3취득자가 변제를 하면(저당권의 실행으로 소유권을 상실할 때에도 마찬가지다) 채무자에 대해 구상권을 가진다(대판 1997. 5. 30, 97다1556; 대판 1997. 7. 25, 97다8403).

제3취득자인 양수인이 양도인과 양도계약시 피담보채무를 인수하기로 한 경우(이 경우에는 제364조가 적용되지 않는다), 이는 면책적 채무인수이므로 채권자의 승낙을 받지 않는 한 채무인수효과가 발생하지 않는다(제454조). 따라서

95) 김민중, 360면; 김상용, 734면; 김형배·김규완·김명숙, 774면; 송덕수, 850면; 이영준, 910면; 양형우, 786면.

96) 이에 대해서 제3취득자의 소멸청구에 의하여 저당권말소등기가 경료된 때에 비로소 저당권이 소멸한다는 견해도 있다(지원림, 800면).

매수인은 제3취득자로서 채무를 변제하여 저당권을 소멸시킬 수 없다(대판 2002. 5. 24, 2002다7176).

☞ 피담보채무를 인수한 제3취득자의 지위

저당부동산의 제3취득자가 피담보채무를 인수한 경우에는 그 때부터는 제3취득자는 채권자에 대한 관계에서 채무자의 지위로 변경되므로 민법 제364조의 규정은 적용될 여지가 없을 것이다. 다만 민법 제364조를 둔 취지가, 저당권설정자가 제3취득자로부터 매매목적물의 대가 전액을 받고서도 저당권자에 대한 피담보채무를 변제하지 않는 경우에 저당권의 실행으로 말미암아 제3취득자의 권리가 상실될 위험이 있으므로, 제3취득자로 하여금 대가 전액을 저당권설정자에 대하여 지급하고 다시 저당권설정자가 그 피담보채무를 변제하게 할 것이 아니라 저당권자에게 직접 담보된 채권을 변제하도록 하게 함으로써 제3취득자의 보호를 도모하고자 한 것이라는 점을 감안해 볼 때, 저당부동산에 관한 매매계약을 체결하는 당사자 사이에 매매대금에서 피담보채무 또는 채권최고액을 공제한 잔액만을 현실로 수수하였다는 사정마을 가지고 언제나 매수인이 매도인의 저당패권자에 대한 피담보채무를 인수한 것으로 보아 제3취득자는 채권자에 대한 관계에서 제3취득자가 아니라 채무자와 동일한 지위에 놓이게 됨으로써 저당부동산의 제3취득자가 원래 행사할 수 있었던 저당권소멸청구권을 상실한다고 볼 수는 없고, 오히려 이러한 매매대금 지급방법상의 약정은 다른 특별한 사정이 없는 한 매매당사자 사이에서는 매수인이 피담보채무 또는 채권최고액에 해당하는 매매대금 부분을 매도인에게 지급하는 것이 아니라 채권자에게 직접 지급하기로 하여 그 매매목적 부동산에 관한 저당권의 말소를 보다 확실하게 보장하겠다고 하는 취지로 그런 약정을 하게 된 것이라고 볼 것이다(대판 2002. 5. 24, 2002다7176).

(4) 제3취득자의 비용상환청구권

저당물의 제3취득자가 그 부동산의 보존·개량을 위하여 필요비 또는 유익비를 지출한 때는 점유자의 비용상환청구권에 관한 규정(제203조 제1항·제2항)에 의하여 저당물의 매각대금에서 우선상환을 받을 수 있다(제367조).

☞ 제3취득자의 비용상환청구권의 취지

1) 민법 제367조가 저당물의 제3취득자가 그 부동산에 관한 필요비 또는 유익비를 지출한 때에는 저당물의 경매대가에서 우선상환을 받을 수 있다고 규정한 취지는 저당권설정자가 아닌 제3취득자가 저당물에 관한 필요비 또는 유익비를 지출하여 저당물의 가치가 유지·증가된 경우, 매각대금 중 그로 인한 부분은 일종의 공익비용과 같이 보아 제3취득자가 경매대가에서 우선상환을 받을 수 있도록 한 것이므로 저당물에 관한 지상권, 전세권을 취득한 자만이 아니고 소유권을 취득한 자도 민법 제367조 소정의 제3취득자에 해당한다(대판 2004. 10. 15, 2004다36604).

2) 건물의 증축비용을 투자한 대가로 건물에 대한 지분이전등기를 경료 받았으나 저당권의 실행으로 그 권리를 상실한 자는 건물에 관한 제3취득자로서 필요비 또는 유익비를 지출한 것이 아니므로, 저당물의 경매대가에서 우선상환을 받을 수 없다(대판 2004. 10. 15, 2004다36604).

4) 저당권침해에 대한 구제

(1) 저당권침해의 유형과 특수성(의의)

저당권의 침해란 저당권자의 담보를 위태롭게 하는 것인데, 저당권이 원래 목적물에 대한 교환가치를 파악하는 물권이므로 그 교환가치를 감소케 하는 행위가 저당권에 대한 침해가 된다. 저당물을 멸실시키거나, 통상의 용도를 넘는 건물의 개조 및 토지의 현상 변경, 부합물이나 종물의 부당한 분리 등의 경우에 저당권의 침해가 성립된다. 그러나 물권으로서의 저당권은 질권처럼 목적물의 점유·이용을 설정자로부터 빼앗는 것이 아니므로, 목적물을 그 경제적 용도에 따라 사용·수익하는 것 또는 목적물의 정당한 이용의 범위 내에서 부합물이나 종물을 분리하는 것 등은 저당권의 침해라 할 수 없다. 또한 저당목적물을 침해하여 그 교환가치가 감소하더라도 목적물의 가치가 아직 피담보채권액을 넘고 있는 때에는 저당권자에게 손해가 생겼다고는 할 수 없다.

☞ 저당부동산의 점유가 저당권을 침해하는 경우

저당권은 경매절차에 있어서 실현되는 저당부동산의 교환가치로부터 다른 채권자에 우선하여 피담보채권의 변제를 받는 것을 내용으로 하는 물권으로, 부동산의 점유를 저당권자에게 이전하지 않고 설정되고, 저당권자는 원칙적으로, 저당부동산의 소유자가 행하는 저당부동산의 사용 또는 수익에 관하여 간섭할 수 없고, 다만 저당부동산에 대한 점유가 저당부동산의 본래의 용법에 따른 사용·수익의 범위를 초과하여 그 교환가치를 감소시키거나, 점유자에게 저당권의 실현을 방해하기 위하여 점유를 개시하였다는 점이 인정되는 등, 그 점유로 인하여 정상적인 점유가 있는 경우의 경락가격과 비교하여 그 가격이 하락하거나 경매절차가 진해오디지 않는 등 저당권의 실현이 곤란하게 될 사정이 있는 경우에는 저당권의 침해가 인정될 수 있다(대판 2005. 4. 29, 2005다3243).

(2) 침해에 대한 구제방법

① 물권적 청구권

㉮ 방해제거·예방청구권

저당권의 침해가 있는 때에는 방해제거나 방해예방을 청구할 수 있다(제370조·제214조). 즉, 저당권자는 저당권 설정 이후 환가에 이르기까지 저당목적물의 멸실·훼손으로 저당부동산의 교환가치가 하락하여 저당권자의 우선변제청구권의 행사가 방해되는 결과가 발생한다면 저당권자는 저당권에 기한 방해배제청구권을 행사 하여 방해행위의 제거를 청구할 수 있는 것이다(대판 2006. 1. 27, 2003다58454). 이 물권적 청구권은 저당권의 침해가 있으면 즉시 발생하는 것이며, 그 침해로 목적물의 교환가치가 피담보채권을 만족시킬 수 있는 경우에도 발생한다고 새기는 것이 통설의 견해이다. 왜냐하면 저당권의 불가분성(제370조, 제321조)에 의하여 저당권자는 피담보채권을 전부 변제받을 때까지 저당목적물 전부에 대하여 그 권리를 행사할 수 있기 때문이다.

반면에 저당권은 저당권자가 채무 담보로 제공된 부동산에 대하여 점유를 이전받지 않고 다른 채권자보다 자기 채권의 우선변제를 받는 것을 본질적 내용으로 하는 담보물권이므로(제356조), 담보로 제공된 부동산 소유자로부터 점유권원을 설정 받은 제3자가 통상의 용법에 따라 부동산을 사용·수익하는 한 저당권을 침해한다고 볼 수 없다. 그러나 점유권원을 설정 받은 제3자의 점유가 저당권의 실현을 방해하기 위한 것이고, 그 점유에 의해서 저당권자의 교환가치의 실현 또는 우선변제청구권의 행사와 같은 저당권의 실현을 방해하는 특별한 사정이 있는 경우에는 저당권의 침해로 인정될 수 있을 것이다(대판 2005. 4. 29, 2005다3243; 대판 2006. 1. 27, 2003다58454; 대판 2007. 10. 25, 2007다47896). 다만, 저당권은 목적물을 점유하는 것을 내용으로 하지 않기 때문에 반환청구권은 인정되지 않는다. 저당목적물은 종물 등과 함께 일체를 이루어 채권을 담보하므로 우선변제권이 없는 일반채권자가 저당목적물에 대하여 강제집행을 하는 경우 저당권자는 민사집행법 제48조에 의하여 제3자 이의의 소를 제기할 수 있다.[97]

☞ 저당권자의 방해배제청구권

저당권자는 물권에 기하여 그 침해가 있는 때에는 그 제거나 예방을 청구할 수 있다고 할 것인바, 공장저당권의 목적 동산이 저당권자의 동의를 얻지 아니하고 설치된 공장으로부터 반출된 경우에는 저당권자는 점유권이 없기 때문에 설정자로부터 일탈한 저당목적물을 저당권자 자신에게 반환할 것을 청구할 수는 없지만, 저당목적물이 제3자에게 선의취득 되지 아니하는 한 원래의 설치장소에 원상회복할 것을 청구함은 저당권의 성질에 반하지 아니함은 물론 저당권자가 가지는 방해배제권의 당연한 행사에 해당한다(대판 1996. 3. 22, 95다55184).

97) 곽윤직, 356면; 김상용, 736면; 김형배·김규완·김명숙, 776면; 이영준, 915면; 양형우, 789면.

㈏ 유해등기의 말소청구

실체적 권리에 부합하지 아니하는 무효의 등기가 존재하는 경우에, 즉 피담보채권의 변제에 의하여 저당권이 소멸하였으나 말소등기가 되어 있지 않은 경우 그 등기는 법률상 무효인 등기로서 사실상 그로 인해 저당권의 실행 또는 양도에 장애를 받게 되므로 그 등기의 말소를 청구할 수 있다.

② 손해배상청구권

저당목적물에 대한 침해가 불법행위의 요건을 갖춘 때에는 저당권자는 침해자에 대하여 손해배상을 청구할 수 있다(제750조). 즉, 저당권자 이외의 자의 귀책사유로 인하여 저당권의 실행이 방해 받게 되고 이로 인하여 목적물의 가액이 하락하여 피담보채권의 완전한 변제가 방해를 받을 때 청구할 수 있다.

저당권등기가 불법말소되더라도 그 자체만 가지고 저당권이 소멸하지는 아니하고, 저당권자는 부동산등기법의 절차에 따라서 불법말소 된 저당권등기의 회복등기를 할 수 있다. 등기는 물권의 효력 발생 요건이고 존속 요건은 아니어서 등기가 원인 없이 말소된 경우에는 그 물권의 효력에 아무런 영향이 없고, 그 회복등기가 마쳐지기 전이라도 말소된 등기의 등기명의인은 적법한 권리자로 추정 받는다(대판 1997. 9. 30, 95다39526; 대판 2010. 2. 11, 2009다68408). 그러므로 원칙적으로 저당권등기가 불법말소된 경우에는 저당권자에게 특별히 손해배상청구권을 인정하여야 할 필요가 없다.

채무자 또는 그 이행보조자가 저당권등기를 불법말소 한 경우에는 제388조 제1항에 의해서 채무자는 바로 기한의 이익을 상실하므로 저당권자는 회복등기에 의하여 회복된 저당권을 즉시 실행할 수 있으므로 저당권자에게 별도의 손해배상청구권을 인정할 실익이 없다.

제3자 또는 물상보증인이 저당권등기를 불법말소한 경우에 저당권자는 일응 제3자 또는 물상보증인에 대하여 손해배상을 청구할 수 있지만, 만약 말소된 저당권등기의 회복이 된다고 하면 저당권등기의 회복에 소요된 비용 이외에는 손해를 인정하기가 곤란하다. 다만 불법말소된 저당권등기가 회복되기 전에 저당목적물에 대한 경매가 행하여져 매수인이 대금을 완납한 때에는 더 이상 저당권등기의 회복 등기가 불가능하므로(민사집행법 제91조), 저당권자는 저당권등기를 불법말소한 제3자 또는 물상보증인에 대하여 손해배상청구를 할 수 있다.

저당권침해로 인하여 손해배상청구를 하는 경우에 저당권의 실행을 기다려 비로소 손해배상청구를 하여야 하는가 혹은 저당권의 실행 전이라도 바로 손해배상 청구를 할 수 있는가 하는 문제가 있다. 학설은 일반적으로 저당권침해로 인한 손해배상청구권의 행사는 저당권의 실행을 기다려 하여야 할 필요는 없고, 그 전이라도 손해액의 산정이 불가능하지 않으므로 저당권자에게 손해발생의 사실이 분명하다면 손해배상청구권을 행사할 수 있다고 본다.[98] 역시 판례도 저당목적물을 권한 없이 멸실·훼손하거나 담보가치를 감소시키는 행위에 대하여 불법행위에 따른 손해배상청구를 하는 경우에 그 손해배상청구권은 피담보채무의 변제기가 도래하여 그 담보권을 실행할 때 비로소 발생한다고 볼 수는 없다(대판 1998. 11. 10, 98다34126)고 하여 불법행위 후 곧 손해배상을 청구할 수 있다고 본다.

타인의 불법행위로 인하여 근저당권이 소멸되는 경우에 근저당권자로서는 근저당권이 소멸하지 아니한 경우라고 하면 그 실행으로 피담보채무의 변제를 받을 수 있는 데도 불구하고 저당권의 소멸로 말미암아 그 변제를 받게 되는 권능을 상실하게 되므로, 그 근저당권의 소멸로 인하여 근저당권자가 입게 되는 손해는 근저당권이 소멸하지 않고 실행되었더라면 만족을 얻었을 금액 즉, 근저당목적물인 부동산의 가액범위 내에서 채권최고액을 한도로 하는 피담보채권액이라고 보아야 한다(대판 1997. 11. 25, 97다35771).

---

98) 곽윤직, 356면; 김준호, 454면; 김상용, 736면; 김형배·김규완·김명숙, 777면; 이에 대해서 가령 제3자의 불법행위에 의하여 저당목적물이 멸실·훼손된 경우에 소유자와 저당권자 사이의 법률관계에 적지 않은 문제가 발생함으로 재검토가 필요하다는 견해도 있다(지원림, 804면).

☞ 손해배상액의 범위

1) 타인의 불법행위로 인하여 근저당권이 소멸되는 경우에 있어 근저당권자로서는 근저당권이 소멸하지 아니하였더라면 그 실행으로 피담보채무의 변제를 받았을 것임에도 불구하고 근저당권의 소멸로 말미암아 이러한 변제를 받게 되는 권능을 상실하게 되는 것이므로, 그 근저당권의 소멸로 인한 근저당권자가 입게 되는 손해는 근저당 목적물인 부동산의 가액 범위 내에서 채권최고액을 한도로 하는 피담보채권액이다(대판 1997. 11. 25, 97다35771).

2) 타인의 불법행위로 인하여 근저당권이 소멸되는 경우에 있어 근저당권자로서는 근저당권이 소멸하지 아니하였더라면 그 실행으로 피담보채무의 변제를 받았을 것임에도 불구하고 근저당권의 소멸로 말미암아 이러한 변제를 받게 되는 권능을 상실하게 되는 것이므로, 그 근저당권의 소멸로 인한 근저당권자가 입게 되는 손해는 특별한 사정이 없는 한 위 부동산의 가액 범위 내에서 채권최고액을 한도로 하는 피담보채권액이라 할 것이나(대판 1997. 11. 25, 97다35771 등 참조), 근저당 목적물인 부동산의 시가에서 위 소멸된 근저당권에 우선하는 선순위담보권 등의 피담보채권액을 공제한 잔액, 즉 잔존 담보가치 상당액이 채권최고액 또는 피담보채권액보다 적은 경우에는 그 잔존 담보가치 상당액을 손해로 보아야 할 것이다(대판 2010. 7. 29, 2008다18284, 18294).

3) 불법행위로 인한 재산상 손해가 있다고 하려면 위법한 가해행위로 인하여 발생한 재산상 불이익, 즉 그 위법행위가 없었더라면 존재하였을 재산상태와 그 위법행위가 가해진 현재의 재산상태에 차이가 있어야 한다. 그런데 등기는 물권의 효력 발생 요건이고 존속 요건은 아니어서 등기가 원인 없이 말소된 경우에는 그 물권의 효력에 아무런 영향이 없고, 그 회복등기가 마쳐지기 전이라도 말소된 등기의 등기명의인은 적법한 권리자로 추정되며, 그 회복등기 신청절차에 의하여 말소된 등기를 회복할 수 있으므로(부동산등기법 제75조), 근저당권설정등기가 불법행위로 인하여 원인 없이 말소되었다 하더라도 말소된 근저당권설정등기의 등기명의인이 곧바로 근저당권 상실의 손해를 입게 된다고 할 수는 없다(대판 2010. 2. 11, 2009다68408).

③ 채무자에 대한 특별효과

㉮ 담보물보충청구권

저당권설정자의 책임 있는 사유로 인하여 저당물의 가액이 현저히 감소된 때에는, 저당권자는 저당권설정자에 대하여 그 원상회복 또는 상당한 담보제공을 청구할 수 있다(제362조). 현저히 감소된 때란 교환가치의 감소로 피담보채권을 완제하지 못할 염려가 있는 때를 말한다는 견해[99]와 저당물의 가액이 현저하게 감소되면 잔존물을 가지고 피담보채권을 완제할 수 있어도 저당물보충청구권을 행사할 수 있다는 견해가 있다.[100] 생각건대 저당권에는 불가분성이 있고, 훼손된 저당물은 경매에서 적절한 가격을 받을 수 있고, 시가보다 낮은 가격에 매각될 수 있다는 점 등을 고려할 때 후설이 타당하다고 생각된다. 이 청구권을 행사하여 저당권의 보충이 있는 경우에는 손해배상청구권이나 기한이익의 상실에 의한 즉시변제청구권은 행사하지 못한다는 것이 통설이다.

㉯ 기한이익의 상실

채무자가 담보를 손상·감소 또는 멸실하게 한 때에는 채무자는 기한의 이익을 주장하지 못한다(제388조). 따라서 저당권자는 즉시 변제를 청구할 수 있고 채권자는 저당권을 실행할 수 있다. 즉시변제청구권을 행사하면서 동시에 손해배상청구권을 행사할 수 있지만, 담보물보충청구권을 행사할 수 없다는 것이 통설이다.

---

99) 김상용, 737면; 김용한, 583면; 김준호, 454면.
100) 이상태, 503면; 이영준, 916면; 송덕수, 854면; 지원림, 806면.

제4절 저당권의 처분과 소멸

Ⅰ. 저당권의 처분

1. 처분의 제한

저당권자는 피담보채권의 변제기가 도래한 때에 비로소 채권을 변제받거나 저당권을 실행하여 자금을 회수할 수 있고, 피담보채권의 변제기 전에 자금을 회수하려면 저당권을 처분하는 방법 밖에 없다. 그러나 민법은 "저당권은 그 담보한 채권과 분리하여 타인에게 양도하거나 다른 채권의 담보로 하지 못한다."(제361조)고 규정하여 저당권의 부종성을 엄격하게 지키고 있다. 따라서 저당권자가 자금을 회수하려면 피담보채권과 함께 저당권을 양도하거나 입질하는 수밖에 없다.

2. 저당권부채권의 양도

저당권에 의하여 담보되어 있는 채권을 저당권과 함께 양도하는 것이다. 저당권만의 분리·양도가 불가능하므로 저당권부채권의 양도는 언제나 채권의 양도와 물권의 양도가 결합된 것이고, 따라서 이에 대하여는 채권양도의 규정(제449조~제452조)과 물권변동의 규정(제186조)이 함께 적용된다. 그러므로 채권양도는 당사자 사이의 의사표시만으로 효력이 발생하지만, 대항력을 갖기 위해서는 채권의 양도의 사실을 양도인이 채무자에게 통지하거나 채무자가 승낙하여야 채무자 기타의 제3자에게 대항할 수 있고(제450조), 양도인이 채권양도의 통지를 한 때에는 채무자는 그 통지를 받을 때까지 양도인에 대하여 생긴 사유로 양수인에게 대항할 수 있다(제451조 제2항). 그리고 채무자가 승낙하는 경우 이의를 유보하는 경우와 그렇지 않는 경우가 있을 수 있다. 전자의 경우 채무자는 양도인에게 대항할 수 있는 사유로 양수인에게 대항할 수 있지만, 후자의 경우는 양수인에게 대항할 수 없다(제451조 제1항).

저당권의 양도는 그 이전등기를 하여야 그 효력이 생긴다. 그러나 피담보채권이 법률의 규정에 의하여 양도된 경우에는 수반성에 의하여 저당권도 이전함으로 저당권이전의 등기가 필요없다(제187조).

피담보채권의 일부가 양도 또는 이전되는 경우에는 저당권은 불가분성을 가지기 때문에 양 채권자는 그 채권액의 비율로 저당권을 준공유한다고 보아야 한다.[101]

피담보채권을 저당권과 함께 양수한 자는 저당권이전의 부기등기를 마치고 저당권실행의 요건을 갖추고 있는 한 채권양도의 대항요건을 갖추고 있지 아니하더라도 경매신청을 할 수 있다(대판 2005. 6. 23, 2004다29279). 물론 이 경우 채무자는 이해관계인으로서 경매개시결정에 대한 이의를 제기할 수 있다.

☞ 근저당권 명의인의 지위

피담보채권과 근저당권을 함께 양도하는 경우에는 채권양도는 당사자 사이의 의사표시만으로 양도의 효력이 발생하지만 근저당권이전은 이전등기를 하여야 하므로 채권양도와 근저당권이전등기 사이에 어느 정도 시차가 불가피한 이상 피담보채권이 먼저 양도되어 일시적으로 피담보채권과 근저당권의 귀속이 달라진다고 하여 근저당권이 무효로 된다고 볼 수는 없으나, 위 근저당권은 그 피담보채권의 양수인에게 이전되어야 할 것에 불과하고, 근저당권의 명의인은 피담보채권을 양도하여 결국 피담보채권을 상실한 셈이므로 집행채무자로부터 변제를 받기 위하여 배당표에 자신에게 배당하는 것으로 배당표의 경정을 구할 수 있는 지위에 있다고 볼 수 없다(대판 2003. 10. 10, 2001다77888).

---

101) 곽윤직, 358면; 김상용, 740면; 김준호, 457면; 김형배·김규완·김명숙, 779면; 송덕수, 857면; 이영준, 922면; 양형우, 792면.

☞ 대항요건을 갖추지 못한 양수인의 지위

피담보채권을 저당권과 함께 양수한 자는 저당권이전의 부기등기를 마치고 저당권 실행의 요건을 갖추고 있는 한 채권양도의 대항요건을 갖추고 있지 아니하더라도 경매신청을 할 수 있으며, 채무자는 경매절차의 이해관계인으로서 채권양도의 대항요건을 갖추지 못하였다는 사유를 들어 경매개시결정에 대한 이의나 즉시항고절차에서 다툴 수 있고, 이 경우는 신청채권자가 대항요건을 갖추었다는 사실을 증명하여야 할 것이나, 이러한 절차를 통하여 채권 및 근저당권의 양수인의 신청에 의하여 개시된 경매절차가 실효되지 아니한 이상 그 경매절차는 적법한 것이고, 또한 그 경매신청인은 양수채권의 변제를 받을 수도 있다(대판 2005. 6. 23, 2004다29279).

☞ 저당권의 양도

저당권은 피담보채권과 분리하여 양도하지 못하는 것이어서 저당권부 채권의 양도는 언제나 저당권의 양도와 채권양도가 결합되어 행해지므로 저당권부 채권의 양도는 민법 제180조의 부동산물권변동에 관한 규정과 민법 제449조 내지 제452조의 채권양도에 관한 규정에 의해 규율되므로 저당권의 양도에 있어서도 물권변동의 일반원칙에 따라 저당권을 이전할 것을 목적으로 하는 물권적 합의와 등기가 있어야 저당권이 이전된다고 하 것이나, 이때의 물권적 합의는 저당권의 양도·양수받는 당사자 사이에 있으면 족하고, 그 외에 그 채무자나 물상보증인 사이에까지 있어야 하는 것은 아니라 할 것이고, 단지 채무자에게 채권양도의 통지나 이에 대한 채무자의 승낙이 있으면 채권양도를 가지고 채무자에게 대항할 수 있게 되는 것이다(대판 2005. 6. 10, 2002다15412, 15429).

3. 저당권부채권의 입질

저당권은 피담보채권과 분리하여 채권의 담보로 할 수 없다(제361조). 그러므로 피담보채권 일체로서만 입질할 수 있다. 피담보채권이 입질되는 경우에는 저당권도 그 피담보채권과 함께 질권의 목적이 된다. 따라서 채권의 입질과 저당권의 입질에 관하여는 권리질권에 관한 규정이 적용된다(제346조). 그리고 채권의 입질에 관하여는 지명채권에 대한 질권의 대항요건을 정한 제450조의 규정이 적용된다(제349조). 또한 그 저당권등기에 질권의 부기등기를 하여야만 질권의 효력이 저당권에 미친다(제348조).

질권자는 입질된 채권의 추심권을 가지며(제353조), 질권자의 피담보채권과 입질채권이 변제기에 있으면 저당권을 실행할 수 있다. 한편 질권설정자(즉, 저당권자)는 저당권의 채권액이 질권의 채권액을 초과하더라도 그 차액에 대하여 입질채권을 추심할 수 없다. 왜냐하면 질권자는 질권의 불가분성에 의하여 입질채권 전액을 구속할 수 있기 때문이다(제355조, 제343조, 제321조).

Ⅱ. 저당권의 소멸

저당권은 물권일반에 공통된 소멸원인(예: 목적물의 멸실, 공용징수 등) 및 담보물권에 공통된 소멸원인(예: 피담보채권의 소멸)에 의하여 소멸하며, 또한 경매·제3취득자의 변제(제364조) 등에 의해서도 소멸한다. 저당권은 독립하여 소멸시효에 걸리지 않지만, 피담보채권이 시효완성으로 소멸하면 부종성에 의하여 저당권도 소멸한다(제369조). 그 밖에 제3자가 저당목적물을 시효 취득하는 경우, 취득시효에 의한 소유권의 취득은 원시취득으로서 부담이 없는 소유권을 취득하는 것이기 때문에 저당권은 소멸한다는 것이 통설이다. 그러나 채무자와 저당권설정자는 저당권의 존재를 용인하는 자이므로, 이들이 취득시효로 인하여 저당목적물에 대한 소유권을 취득하더라도 저당권은 소멸하지 않는다.[102]

저당권자는 타인의 권리를 해하지 않는 한 저당권을 포기할 수 있지만, 포기는 물권적 단독행위이므로 말소등기를 하여야 저당권소멸의 효력이 발생한다(제186조). 또한 지상권이나 전세권을 목적으로 저당권을 설정한 자는 저당권자의 동의 없이 지상권 또는 전세권을 소멸하게 하는 행위를 하지 못한

102) 김상용, 741면; 이영준, 924면; 양형우, 793면.

다(제371조 제2항). 그 이유는 지상권 또는 전세권이 소멸하면 그것을 목적으로 하는 저당권도 소멸하게 되어 저당권자에게 손해가 발생하기 때문이다.

☞ **피담보채권의 소멸에 의한 저당권의 소멸**

1) 근저당권이 설정된 후에 그 부동산의 소유권이 제3자에게 이전된 경우에는 현재의 소유자가 자산의 소유권에 기하여 피담보채무의 소멸을 원인으로 그 근저당권설정등기의 말소를 청구할 수 있음은 물론이지만, 근저당권설정자인 종전의 소유자도 근저당권설정계약의 당사자로서 근저당권소멸에 따른 원상회복으로 근저당권자에게 근저당권설정등기의 말소를 구할 수 있는 계약상 권리가 있으므로 이러한 계약상 권리에 터잡아 근저당권자에게 피담보채무의 소멸을 이유로 하여 그 근저당권설정등기의 말소를 청구할 수 있다고 봄이 상당하고, 목적물의 소유권을 상실하였다는 이유만으로 그러한 권리를 행사할 수 없다고 볼 것은 아니다(대판 1994. 1. 25, 93다16338).

2) 피담보채권이 소멸하면 저당권은 그 부종성에 의하여 당연히 소멸하게 되므로, 그 말소등기가 경료되기 전에 그 저당권부채권을 가압류하고 압류 및 전부명령을 받아 저당권 이전의 부기등기를 경료한 자라 할지라도, 그 가압류 이전에 그 저당권의 피담보채권이 소멸된 이상, 그 근저당권을 취득할 수 없고, 실체관계에 부합하지 않는 그 근저당권 설정등기를 말소할 의무를 부담한다(대판 2002. 9. 24, 2002다27910).

제5절 특수저당권

Ⅰ. 공동저당

1. 의 의

공동저당이란 동일한 채권을 담보하기 위하여 여러 개의 부동산 위에 설정된 저당권을 말하며, 총괄저당이라고도 한다. 예컨대 甲이 乙에 대하여 가지고 있는 6,000만원의 금전채권을 담보하기 위하여 乙소유의 토지(시가 5,000만원)와 건물(시가 3,000원)에 대해 저당권을 설정하는 것이다. 공동저당은 채무자의 입장에서는 낮은 가격의 부동산이나 이미 담보권이 설정되어 있는 부동산을 한데 모아서 저당권을 설정할 수 있다는 점에서, 그리고 채권자의 입장에서는 저당권불가분의 원칙(제370조, 제321조)에 따라 수개의 저당목적물 중 어느 것으로부터 자유로이 우선변제를 받을 수 있을 뿐만 아니라 저당목적물의 멸실·훼손·경제사정의 변동 등으로 인한 담보가치의 하락이라는 위험을 분산시킬 수 있다는 점에서 많이 활용되고 있다.[103] 공동저당에 관하여 민법은 제368조 하나의 규정만을 두고 있으나 우리 법제에서 토지와 건물이 별개의 부동산으로 취급되고 있기 때문에 토지나 건물 어느 하나만으로 담보가치가 부족한 경우에 공동저당이 많이 이용되고 있다.

공동저당은 여러 개의 부동산 위에 하나의 저당권이 설정되는 것이 아니라 저당목적물의 수만큼 저당권이 성립한다. 그러나 그러한 수개의 저당권은 동일 채권의 담보라는 단일목적 하에 불가분적으로 결합하고 있는 것으로서 각 부동산이 등기된 채권의 전액에 대하여 책임을 지며, 채권자가 어느 저당권에 의하여 채권 전부의 변제를 받은 때에는 다른 저당권은 목적의 도달로 소멸한다.

2. 공동저당의 성립

1) 설정계약

당사자 사이에 동일한 채권을 담보하기 위하여 여러 개의 부동산 위에 저당권을 설정하기로 하는 합의가 있어야 한다. 각 저당권이 동시에 설정되어야 하는 것은 아니고 추가담보로서 시간을 달리하여 설정하는 것도 가능하며, 수개의 목적물의 소유자 내지 수개의 저당권의 순위를 달리하여도 무방하며, 저당권의 종류가 달라도 상관없다.

103) 송덕수, 859면; 지원림, 809면; 양형우, 794면.

2) 등 기

저당권의 목적물이 되는 각 부동산에 대하여 각각의 저당권설정등기를 하여야 한다. 이때에 각 부동산의 등기기록에 그 부동산에 관한 권리가 다른 부동산에 관한 권리와 함께 저당권의 목적으로 제공된 뜻을 기록하여야 한다(부동산등기법 제78조 제1항). 이는 수개의 부동산이 공동저당관계에 있음을 공시하기 위한 것이다. 그리고 공동저당목적물이 5개 이상인 때에는 절차의 번거로움을 피하고, 수개의 저당권이 피담보채권을 같이한다는 것을 명확히 하기 위해서 등기신청시에 '공동담보목록'을 작성하도록 하고 있고 이를 등기기록으로 간주한다(동법 제78조 제2항, 제3항). 그러나 공동저당관계의 등기가 공동저당권의 성립요건이나 대항요건이 되는 것은 아니다(대판 2010. 12. 23, 2008다57746). 한편 현행법상 공동저당은 동일 채권을 담보하기 위한 수개의 부동산에 대해서만 성립한다(제368조 제1항). 따라서 공동저당의 목적이 될 수 있는 것은 토지나 건물과 같은 부동산과 1개의 부동산으로 보게 되는 공장재단·광업재단이다. 선박 등은 저당권의 목적물은 될 수 있어도, 공동저당의 객체는 될 수가 없다. 왜냐하면 부동산과 선박과 같은 동산은 저당목적물의 종류의 차이로 인하여 공시절차나 매각절차가 달라지기 때문이다. 즉, 매각 대금을 동시배당할 수 없고, 선박의 경우 공동저당임을 공시할 수 없기 때문이다. 따라서 공동저당의 목적으로 공장재단이나 광업재단도 가능하지만 선박 등은 경매절차 등이 다르기 때문에 동시배당이 어려워 공동저당의 객체는 될 수 없다(대판 2002. 7. 12, 2001다53264).

☞ **공동저당의 객체**

동일한 채권의 담보로 부동산과 선박에 대하여 저당권이 설정된 경우에는 민법 제368조 제2항 후문의 규정이 적용 또는 유추적용되지 아니하므로 동일한 채권을 담보하기 위하여 부동산과 선박에 선순위 저당권이 설정된 후 선박에 대하여서만 후순위 저당권이 설정된 경우 먼저 선박에 대하여 담보권 실행절차가 진행되어 선순위 저당권자가 선박에 대한 경매대가에서 피담보채권 전액을 배당받음으로써 선박에 대한 후순위 저당권자가 부동산과 선박에 대한 담보권 실행절차가 함께 진행되어 동시에 배당을 하였더라면 받을 수 있었던 금액보다 적은 금액만을 배당받게 되었다고 하더라도 선박에 대한 후순위 저당권자는 민법 제368조 제2항 후문의 규정에 따라 부동산에 대한 선순위 저당권자의 저당권을 대위할 수 없다(대판 2002. 7. 12, 2001다53264).

3. 후순위저당권자와의 관계

1) 민법 제368조의 입법취지

공동저당에 있어서 공동저당물의 전부를 동시에 집행할 것인지 또는 순차로 집행할 것인지, 순차로 집행한다면 어느 목적물을 집행할 것인가 하는 것은 공동저당권자의 자유선택에 맡겨져 있다. 그 결과 저당권이 실행되지 않은 목적물의 후순위저당권자가 저당권이 실행된 목적물의 후순위저당권자보다 이유 없이 이익을 얻게 되어 후순위저당권자 사이에 불공평한 결과를 가져온다. 따라서 공동저당권자에게 집행의 자유를 인정하되 후순위저당권자 사이의 이해관계를 조절하는 규정을 둘 필요가 있고, 민법은 이러한 취지에서 민법 제368조를 규정하고 있다.

2) 동시배당(同時配當)의 경우

공동저당권의 목적물 전부를 경매하여 그 경매대가를 동시에 배당하는 때에는 각 부동산의 경매대가에 비례하여 그 채권의 분담을 정한다(제368조 제1항). 이 규정은 부동산에 관하여 후순위저당권자가 존재하지 않는 경우에도 그 적용이 있다고 볼 것이다. 다른 담보물권자·채무명의를 갖는 배당요구자·가압류채권자 등과 같이 저당권자 이외의 자도 부동산 경매대가에 대하여 가압류채권자 등과 같이 저당권자 이외의 자도 저당목적물의 경매대가에 대하여 배당참가를 할 수 있는데, 이들도 공동저당권자를 해치지 않는 범위 내에서 보호하는 것이 타당하기 때문이다.104)

예를 들어 甲의 乙에 대한 3,000만원의 채권을 위하여 乙소유의 A토지(시가 3,000만원)와 B토지(시가 2,000만원)에 저당권을 설정하고, A토지에 대하여 후순위저당권자 丙(채권액 2,000만원), B토지에 대하여 후순위저당권자 丁(채권액 1,000만원)이 있는 경우에 甲의 2개의 저당권이 동시에 실행되면 甲의 피담보채권액 3,000만원은 A·B의 양부동산에 3:2의 비율로 분담되고, A토지로부터 1,800만원, B토지로부터 1,200만원이 우선변제되며 丙는 A토지로부터 나머지 1,200만원의 배당을 받고, 丁는 B토지로부터 나머지 800만원의 배당을 받을 수 있다.

한편 주택임차인이 소액보증금에 대하여 대지와 건물 모두로부터 배당을 받는 경우 공동저당에 관한 제368조 제1항이 유추적용되는지에 관하여, 판례는 유추적용을 인정하고 있다.

☞ **민법 제368조 제1항의 적용 여부**

1) 민법 제368조 제1항은 동일한 채권의 담보로 수 개의 부동산에 저당권을 설정한 경우에 그 부동산의 경매대가를 동시에 배당하는 때에는 각 부동산의 경매대가에 비례하여 채권의 분담을 정하도록 규정하고 있는바, 위 조항은 저당목적물이 수 개의 부동산인 경우만이 아니라 공장저당법에 의한 저당권의 목적물인 토지와 건물 및 준용되고, 이러한 법리는 선순위 근저당권자가 토지에 대한 단독 근저당권을 취득한 시점과 그 단독 근저당권을 공장저당법에 의하여 공장에 속하는 동일한 토지와 그 지상의 건물 및 기계·기구에 대한 공동근저당권으로 변경하여 취득한 시점과의 사이에 후순위 근저당권자가 토지에 대한 근저당권을 취득한 경우에도 마찬가지로 적용 및 준용된다(대판 1998. 4. 24, 97다51650).

104) 김상용, 745면; 김형배·김규완·김명숙, 782면; 김준호, 473면; 송덕수, 862면; 지원림, 811면; 이영준, 929면; 양형우, 797면.

2) 주택임대차보호법 제8조에 규정된 소액보증금반환청구권은 임차목적 주택에 대하여 저당권에 의하여 담보된 채권, 조세 등에 우선하여 변제받을 수 있는 이른바 법정담보물권으로서, 주택임차인이 대지와 건물 모두로부터 배당을 받는 경우에는 마치 그 대지와 건물 전부에 대한 공동저당권자와 유사한 지위에 서게 되므로 대지와 건물이 동시에 매각되어 주택임차인에게 그 경매대가를 동시에 배당하는 때에는 민법 제368조 제1항을 유추적용하여 대지와 건물의 경매대가에 비례하여 그 채권의 분담을 정하여야 한다(대판 2003. 9. 5, 2001다66291).

☞ 공동저당권자의 일부배당과 저당권 포기여부

공동저당권자는 공동저당의 목적인 수개의 부동산 중 어느 것이라도 먼저 저당권을 실행하여 피담보채권의 전부나 일부를 자유롭게 우선변제 받을 수 있는 것이므로, 공동저당권자가 위 수개의 부동산 중 먼저 실행된 부동산에 관한 경매절차에서 피담보채권액 중 일부만을 청구하여 이를 배당받았다고 하더라도, 이로써 나머지 피담보채권액 전부 또는 민법 제368조 제1항의 규정에 따른 그 부동산의 책임분담액과 배당액의 차액에 해당하는 채권액에 대하여 아직 경매가 실행되지 아니한 다른 부동산에 관한 저당권을 포기한 것으로 볼 수 없다(대판 1997. 12. 23, 97다39780)

3) 이시배당(異時配當)의 경우

(1) 후순위저당권자의 대위

공동저당권의 목적물 중 어느 한 부동산만이 경매되어 그 대가를 먼저 배당하는 경우에 공동저당권자는 그 대가로부터 채권 전액의 변제를 받을 수 있다(제368조 제2항 전문). 이 경우 그 경매된 부동산의 후순위저당권자는 선순위저당권자가 동시에 배당하였더라면 다른 부동산의 경매대가에서 변제를 받을 수 있는 금액의 한도에서 선순위자를 대위하여 저당권을 행사할 수 있다(제

368조 제2항 후문). 이와 같이 이시배당에서 대위를 인정하는 것은 공동저당권자의 우선변제권을 보호하고, 우연한 저당권의 실행에 의하여 후순위저당권자의 지위가 불안해 짐으로서 발생하는 후순위저당권자의 불이익 또는 불공평을 시정하고 잉여담보가치의 활용을 조절하기 위한 것이다.105) 여기서 대위라 함은 공동저당권자가 가지고 있던 저당권이 미실행의 저당권이 후순위저당권자에게 이전하는 것을 말한다.

위의 예에서 甲이 A토지의 저당권만을 실행하는 경우에 甲은 그 대가로부터 채권 전액에 대한 우선변제를 받고, 丙는 배당을 받을 수 없게 되는데 이 경우 丙은 甲의 B토지에 대한 분담액(1,200만원)의 범위 내에서 甲의 B토지 위의 1번저당권을 대위할 수 있다. 따라서 B토지의 저당권이 실행되면 2,000만원 중 1,200만원에 대하여 丙이 받고, 丁는 잔액에서 800만원의 배당을 받을 수 있다. 다른 한편 甲이 B토지의 저당권만을 실행하는 경우에는 甲은 그 대가(2,000만원)로부터 채권 전액의 우선변제를 받을 수 있지만, B토지의 전가치를 취득하여도 피담보채권이 만족되지 아니한다. 그러므로 A토지의 저당권의 실행과 달리 B토지의 저당권의 실행에 의하여는 甲의 A토지에 대한 피담보채권 혹은 저당권이 소멸하지 않고, A토지의 저당권이 실행되어 대가 3,000만원에서 甲이 채권 잔액 1,000만원을 변제받으면 甲의 저당권은 완전히 소멸한다. 그리고 丁은 A토지에 대하여 甲을 대위하여 저당권을 행사할 수 있는 지위가 부여된다.

(2) 대위의 발생요건

공동저당권자가 일부 부동산으로부터 채권의 전부를 변제받은 경우뿐만 아니라 일부만을 변제받은 경우도 대위권이 발생한다는 것이 통설이다.106) 이를 인정하지 않는다면 선순위의 공동저당권자가 어떤 부동산의 경매대금의 전액으로 그의 채권의 일부를 변제 받은 경우 경매가 실행된 부동산의 후순위저당

105) 김상용, 745면; 지원림, 811면; 양형우, 798면.

106) 곽윤직, 362면; 김상용, 745면; 김준호, 474면; 김형배·김규완·김명숙, 783면; 송덕수, 863면; 이영진, 930면; 양형우, 800면.

권자는 담보권을 상실하게 되는데 반해 다른 부동산의 후순위저당권자는 담보가치의 상승으로 인하여 유리한 배당을 받을 수 있기 때문이다. 그리고 공동저당권자가 어느 하나의 부동산의 대가전액으로부터 그 부동산의 책임분담액을 초과하여 배당받아야 하며, 이로 인하여 그 부동산 위의 후순위저당권자가 동시배당에 비하여 불이익을 받아야 한다.

(3) 대위권의 발생시기

대위권은 공동저당권자의 채권이 완전히 변제된 때에 발생한다. 따라서 공동저당권자가 어느 부동산의 매각대금만으로 피담보채권의 전부를 변제받은 경우에 대위권은 '변제시'에 발생한다. 그러나 공동저당권자가 경매대가의 전액으로 자신의 피담보채권의 일부만을 변제받은 경우, 공동저당권자는 그 잔액 채권에 관하여 다른 부동산 위에 여전히 저당권을 가지므로(불가분성), 다른 부동산의 대가로부터 채권의 전액을 변제받거나 공동저당권자의 저당권이 소멸한 때에 비로소 대위할 수 있다.[107] 후순위저당권자의 대위권은 공동저당권자가 잔액의 변제를 받는 때에 발생하지만 그 이전에도 잔액의 변제가 있을 때에는 대위할 수 있다는 일종의 기대권을 갖으며, 이 기대권은 권리이므로 공동저당권자는 후순위저당권자의 기대권을 침해하여서는 아니 된다. 따라서 공동저당권자가 저당권을 포기함으로써 후순위 저당권자의 대위가능성을 해치는 것은 기대권의 침해가 되며, 공동저당권자가 후순위저당권자가 있는 저당목적물에 관하여 소유권을 취득하더라도 혼동으로 인하여 저당권이 소멸하지 않는데, 이는 후순위권자의 기대권을 보호해주기 위해서이다(제191조 제1항 단서).[108]

한편 공동저당의 목적인 여러 부동산이 동시에 경매된 경우, 차순위저당권자의 대위권의 발생시기에 대하여, 판례는 대위권은 배당이의소송의 확정 등 그 배당표가 확정되는 것을 기다려 그때에 비로소 발생하는 것이 아니라, 배

107) 김상용, 746면; 송덕수, 864면; 지원림, 813면; 이영준, 930면; 이은영, 825면; 양형우, 800면.

108) 김상용, 746면; 김형배·김규완·김명숙, 783면; 이영준, 930면; 양형우, 800면.

당기일에 그 배당표에 따라 배당이 실시되어 배당기일이 종료되었을 때, 다시 말해서 선순위저당권자가 배당에서 실질적으로 채권을 완제받은 때에 발생한다(대판 2006. 5. 26, 2003다18401).

(4) 대위의 효과

후순위저당권자에 의한 대위는 공동저당권자의 저당권이 당사자의 의사와 상관없이 법률상 당연히 이전하는 것이므로 이 경우의 저당권의 이전은 법률의 규정에 의한 이전이므로 등기 없이 효력이 생긴다(제187조). 후순위저당권자는 대위의 부기등기 없이도 대위를 주장할 수 있다.[109)]

공동저당권자의 저당권설정등기가 말소된 후 제3자를 위한 새로운 저당권설절등기가 되어 있는 경우에도 대위의 부기등기 없이 신저당권자에 대하여 후순위저당권자는 대위를 주장할 수 있는가 하는 문제가 있다. 예컨대 甲의 채권을 담보하기 위하여 A토지와 B토지에 공동저당권을 설정하고 A토지에 대한 甲의 1번저당권이 말소되고 乙이 후순위저당권자로 대위하는 때에 丙이가 그 후 저당권을 취득하는 경우이다.

학설은 등기필요설과 등기불요설 및 대위가 불가능하다는 견해로 나뉘고 있다. 등기필요설[110)]은 대위될 저당권설정등기가 말소되어 그 후에 제3자를 위한 저당권이 설정된 경우에 대위의 부기등기 없이 대위를 주장할 수 있다면, 거래의 안전을 해하므로 대위의 부기등기를 필요로 한다고 한다. 그러나 등기불요설[111)]은 새로이 저당권을 설정하려는 자는 등기부를 열람함으로써 공동저당권이 말소된 사실과 후순위저당권이 존재한다는 사실을 알 수 있고, 따라서 대위를 예상할 수 있으므로 특별히 보호할 필요가 없고, 대위될 저당권등기가 말소된 경우와 말소되지 않은 경우를 구별하여 취급을 달리할 근거

---

109) 곽유직, 363면; 김민중, 370면; 김상용, 746면; 이영준, 931면; 양형우, 800면. 이에 대해서 대위에 의하여 저당권의 이전이 일어나지 않고 다만, 공동저당권자의 권리를 부분적으로 대위 행사하는 것뿐이라는 견해도 있다(이은영, 828면).

110) 고상룡, 699면; 곽윤직, 363면; 김상용, 746면; 김형배·김규완·김명숙, 783면;

111) 송덕수, 864면; 이상태, 442면; 이영준, 931면.

가 없다고 본다. 즉, 채무자·저당권설정자·피대위자의 후순위저당권자뿐만 아니라 신저당권자에 대하여도 부기등기 없이 대위를 주장할 수 있다고 한다. 이에 대해서 공동저당권등기가 말소된 경우에는 그 공동저당권도 소멸하므로 후순위자가 대위할 공동저당권이 존재하지 않게 되어 대위가 불가능하다는 견해도 있다.[112]

민법 제187조의 일반원칙에 의하면 채무자나 저당권설정자는 공동저당권자의 저당권이 부동산의 후순위자에 의하여 대위행사가 될 것을 예상할 수 있으므로 후순위저당권자들에 의한 대위는 부기등기 없이 주장이 가능하다. 그러나 대위될 저당권설정등기가 말소되고 그 후에 제3자를 위한 저당권이 설정된 경우에 대위의 부기등기 없이 제3자에게 대위를 주장할 수 있다면 거래의 안전을 해하게 될 것이므로 대위의 부기등기를 필요로 한다고 보아야 할 것이다.

4. 선순위저당권자와의 관계

공동저당의 목적물 중 어느 부동산 위에 선순위저당권자가 존재하는 경우에 공동저당권자는 모든 부동산을 일괄 경매할 수 없고, 선순위저당권이 존재하는 부동산만 따로 경매하여야 한다는 것이 통설이다. 이러한 경우에 일괄경매를 허용한다면 선순위저당권자가 불이익을 받을 염려가 있기 때문이다.

5. 물상보증인 또는 제3취득자와의 관계

1) 민법 제481조와 민법 제368조 제2항의 충돌

공동저당의 목적물이 채무자 이외의 자, 즉 물상보증인이나 제3취득자의 소유인 경우에 그 물건에 대하여 경매가 행해진 때에는 물상보증인이나 제3취득자는 변제자대위의 규정(제481조, 제482조)에 의하여 다른 목적물 위의 공동

---

112) 이은영, 827면.

저당권에 대위한다.

그런데 경매되는 부동산 또는 제3자에 의하여 대위되는 부동산에 후순위저당권자가 있는 경우에 물상보증인의 대위권과 후순위저당권자의 대위권의 관계가 문제된다. 즉 민법 제481조에 의한 변제자대위와 민법 제368조 제2항에 의한 후순위저당권자의 대위 사이의 충돌이 일어난다.

예를 들어 甲의 乙에 대한 3,000만원의 채권을 담보하기 위하여 乙소유의 A부동산(시가 3,000만원)과 물상보증인 丙소유인 B부동산(시가 3,000만원) 위에 1번저당권을 설정한 경우에 A부동산 위에 丁의 채권(1,500만원)을 위한 2번저당권이 설정된 때에는 그 후 甲이 B부동산으로부터 변제를 받아 丙이 민법 제481조에 의하여 3,000만원에 관하여 A부동산에 대위하면 丁은 배당을 받지 못하게 되고, 만일 丙의 대위권을 민법 제368조 제2항에 의하여 1,500만원으로 제한하면 丁은 보호되지만 丙의 구상권이 보호될 수 없게 된다. 물상보증인의 변제자대위와 후순위저당권자의 대위권이 충돌하는 문제가 발생한다.

2) 학 설

(1) 물상보증인대위우선설

물상보증인은 채무자소유의 부동산이 공동담보로 되어 있어 채무자 소유물의 담보력을 신뢰하여 자기 재산에 담보권을 설정하였으므로 제481조는 이러한 신뢰를 보호하려는 것이며, 후순위저당권자를 우선시킨다면 채무자 소유의 부동산이 먼저 강매된 경우에 후순위저당권자는 물상보증인의 부동산으로부터 만족을 얻을 수 있게 되어 물상보증인은 자기와 아무런 관계가 없는 후순위저당권자의 채권을 자신의 부동산으로 담보하는 부당한 결과가 생긴다고 본다.[113]

113) 고상룡, 701면; 곽윤직, 364면; 송덕수, 867면; 이은영, 826면; 지원림, 815면.

(2) 후순위저당권자대위우선설

물상보증인과 후순위저당권자를 공평하게 보호하는 동시에, 공동저당목적 부동산의 담보가치를 충분히 이용한다는 목적에 비추어 볼 때 후순위저당권자를 우선시켜야 한다고 보는 견해이다. 후순위저당권자대위우선설은 그 근거로서 민법 제368조 제2항의 후순위저당권자의 대위가 소유자를 달리하는 부동산 사이에는 적용되지 아니한다고 해석하면 공동저당의 목적물의 일부가 타인에게 양도된다는 우연한 사정으로 후순위저당권자가 갑자기 불리한 지위에 놓이게 되는 것은 불합리하고, 물상보증인이라도 공동저당의 목적물을 제공한 이상 그 부동산의 가격에 비례한 피담보채권의 안분액만큼은 부담할 각오가 되어 있다고 보아야 하고, 그 한도에서는 후순위저당권자에게 우선한다고 보는 것이 타당하다고 본다.[114)]

(3) 선등기우선설

물상보증인의 저당권설정등기나 제3취득자의 소유권이전등기와 후순위저당권자의 저당권등기 가운데 어느 것이 먼저 행하여졌는가에 따라서 선등기자의 대위를 우선해야한다는 견해이다.[115)]

3) 판 례

판례는 기본적으로 물상보증인대위우선설을 취하고 있는 것으로 평가된다. 판례는 "공동저당의 목적인 채무자 소유 부동산과 물상보증인 소유 부동산에 각각 채권자를 달리하는 후순위저당권이 설정되어 있는 경우, 물상보증인 소

114) 김상용, 748면; 김준호, 476면; 김용한, 595면; 이상태, 513면; 이영준, 933면; 양형우, 803면.

115) 김증한·김학동, 562면; 물상보증인대위우선설을 따르면서 예외적으로 채무자소유의 부동산 중 일부가 후순위저당권이 설정된 후 제3자에게 이전된 경우에도 이런한 법리를 관철시키면 당사자들 사이의 구상관계가 왜곡될 수 있는 이유로 예외적으로 선등기우선설을 따라야 한다는 견해도 있다(지원림, 815면).

유 부동산에 먼저 경매가 이루어져 경매대금의 교부에 의하여 1번저당권자가 변제를 받은 때에는 물상보증인은 채무자에 대하여 구상권을 취득함과 동시에 민법 제481조, 제482조의 규정에 의한 변제자대위에 의하여 채무자 소유 부동산에 대한 1번저당권을 취득하고, 이러한 경우 물상보증인 소유 부동산에 대한 후순위저당권자는 물상보증인에게 이전한 1번저당권으로부터 우선하여 변제를 받을 수 있으며, 자기 소유 부동산이 먼저 경매되어 1번저당권자에게 대위변제를 한 물상보증인은 1번저당권을 대위취득하고, 물상보증인 소유 부동산의 후순위저당권자는 1번저당권에 대하여 물상대위를 할 수 있다."고 한다(대판 1996. 3. 8, 95다36596; 대판 2001. 6. 1, 2001다21854; 대판 2011. 8. 18, 2011다30666, 30673).

Ⅱ. 근 저 당

1. 의의 및 성질

1) 의 의

근저당은 계속적 거래관계로부터 생기는 다수의 불특정 채무를 장래의 결산기에 있어서 일정한 한도액까지 담보하는 저당권이다(제357조). 계속적 거래관계에 있는 당사자 사이에서는 채권이 수시로 발생하고 변동되는데 그 때마다 저당권을 설정·말소한다면 매우 불편하고 번잡하므로, 하나의 저당권으로 다수의 불특정채권을 일괄하여 담보하는 것이 요구되고 이러한 요구에 따라 이용되고 법제화된 것이 근저당제도이다.

A전자제품 대리점은 B전자 주식회사로부터 제품을 계속적으로 납품받아 판매하기로 하면서 물품대금은 매월말마다 일괄하여 지급하기로 하였다. 그리고 이러한 금전채무를 담보하기 위하여 대리점의 건물에 저당권을 설정하기로 하는 경우, 보통 저당권에서는 그 목적을 달성하기 위하여 대금채무가

발생할 때마다 저당권을 설정하고 이 대금채무가 변제되면 부종성에 의하여 저당권은 소멸하기 때문에 새로운 매매대금채무에 대해서는 다시 저당권을 설정하여야 한다. 이처럼 보통 저당권은 계속적 거래에는 매우 불편하기 때문에 발생한 제도가 근저당권이다.

2) 성 질

(1) 부종성의 완화

근저당권은 장래의 증감·변동하는 불특정의 채권을 담보하므로 피담보채권이 일시 소멸하더라도 근저당권은 소멸하지 않으며, 이는 저당권의 소멸상의 부종성에 대한 예외에 해당한다. 즉, 근저당권의 피담보채권이 확정전이라면 채무가 일시적으로 전부 변제되었더라도 근저당권은 소멸하지 않고, 채권이 다시 발생하면 근저당권은 동일성을 유지하면서 그 채권을 담보하게 된다. 또한 개개의 채권이 이전하여도 근저당권은 이전하지 않는다.

(2) 피담보채권의 불특정성

근저당권은 장래의 증감·변동하는 채권을 담보하는 것으로서 채권자와 채무자 사이의 기본관계가 종료할 때까지 피담보채권은 불확정인 상태로 있게 된다. 따라서 원본이 확정될 때까지 어느 채권이 담보되는가는 특정되지 않는다. 즉, 근저당권은 최고액의 한도 내에서 불특정의 채권을 담보하는 저당권이고, 피담보채권의 불특정성이 보통 저당권과 구별되는 특색이다.

2. 근저당권의 성립

1) 설정계약

근저당권설정계약에는 근저당권을 특정 하는데 필요한 채권최고액, 피담보채권의 범위를 결정하는 기준으로서의 일정한 종류의 계속적 거래, 근저당권의 존속기간 내지 결산기를 약정하여야 한다. 그러나 존속기간에 대해서는 설정계약에서 약정할 수 있지만 약정하지 않아도 상관없다. 근저당설정계약은 당좌대월계약이나 어음할인대부계약과 같은 계속적 거래계약인 기본계약과 함께 이루어지는 것이 보통이다. 즉, 근저당권은 채권의 최고액만을 정하고 장래의 결산기에 일정한 한도액의 범위 내에서 구체적인 피담보채권액을 담보로 하는 저당권으로서 근저당권설정행위와는 별도로 근저당권의 피담보채권을 성립시키는 기본계약이 있어야 한다. 근저당권자는 피담보채권의 채권자이나, 근저당권설정자는 채무자일수도 채무자가 아닌 물상보증인이 설정자가 될 수도 있다.

☞ 근저당설정의 기본계약

근저당권은 그 담보할 채무의 최고액만을 정하고, 채무의 확정을 장래에 보류하여 설정하는 저당권으로서(민법 제357조 제1항), 계속적인 거래관계로부터 발생하는 다수의 불특정채권을 장래의 결산기에서 일정한 한도까지 담보하기 위한 목적으로 설정되는 담보권이므로, 근저당권설정행위와는 별도로 근저당권의 피담보채권을 성립시키는 법률행위가 있어야 한다(대판 2004. 5. 28, 2003다70041; 대판 2009. 12. 24, 2009다72070).

☞ 채권자 아닌 제3자명의의 근저당권실정등기의 효력

근저당권은 채권담보를 위한 것이므로 원칙적으로 채권자와 근저당권자는 동일인이 되어야 하고, 다만 제3자를 근저당권 명의인으로 하는 근저당권을 설정하는 경우 그 점에 관하여 채권자와 채무자 및 제3자 사이에 합의가 있고, 채권양도, 제3자를 위한 계약, 불가분적 채권관계의 형성 등 방법으로 채권이 그 제 3자에게 실질적으로 귀속되었다고 볼 수 있는 특별한 사정이 있는 경우에 한하여 제3자명의의 근저당권설정등기도 유효하다(대판 2007. 1. 11, 2006다50055).

2) 등 기

근저당권설정등기에는 근저당이라는 뜻을 등기하고 피담보채권의 최고액을 명시하여야 한다(부동산등기법 제75조 제2항). 근저당권임을 기재한다는 것은 등기원인으로 기본계약 즉, 근저당설정계약이라는 것을 기재하는 것을 의미한다. 이를 기재하지 않으면 근저당이 아닌 단순한 장래의 특정채권의 저당권으로서 효력을 가지는 데 불과하므로, 한번 변제하면 그 범위에서 저당권은 소멸하게 된다. 또한 담보할 채권의 최고액은 반드시 등기하여야 한다. 이를 등기하지 않으면 제3자에게 불측의 손해를 입힐 수 있기 때문이다. 그리고 최고액으로서 등기되는 것은 채권원본의 한도액이 아니라, 이자를 포함하는 원리금의 한도액이므로(제357조 제2항), 이자의 등기를 별도로 할 필요는 없다. 그러나 근저당권의 존속기간 내지 결산기는 필요적 등기사항이 아니므로 이러한 약정이 있으며 등기할 수 있고, 약정을 등기하지 않아도 저당군의 성립에는 지장이 없다. 그러나 일단 등기된 경우에는 그 이후에 생긴 채권을 가지고 후순위채권자에게 대항하지 못하며, 당사자의 합의로 그 기간을 연장하더라도 후순위저당권자에게 대항하지 못한다(대판 1961. 12. 14, 4293민상893). 이는 후순위저당권자를 보호해야 하기 때문이다.

3. 근저당의 효력

1) 피담보채권의 범위

(1) 최 고 액

근저당권에서의 채권최고액이란 담보목적물로부터 우선변제를 받을 수 있는 최고액의 한도를 의미한다. 따라서 근저당권의 효력은 설정계약에서 정한 최고액의 범위 내에서 현존하는 채권액의 전부에 미친다. 그러므로 계속적 거래관계에서 발생한 채권이 최고액을 초과하면 최고액만을, 최고액에 미달하면 그 확정액만을 우선변제 받을 수 있다.

문제는 결산기에 확정된 채권액이 최고액을 넘는 경우에 채무자가 최고액만을 변제하고 근저당권등기의 말소를 청구할 수 있는가이다. 판례는 "근저당권은 원본, 이자, 위약금, 채무불이행으로 인한 손해배상 및 근저당권의 실행비용을 담보하는 것이며, 이것이 근저당에 있어서의 채권최고액을 초과하는 경우에 근저당권자로서는 그 채무자 겸 근저당권설정자와의 관계에 있어서는 위 채권 전액의 변제가 있을 때까지 근저당권의 효력은 채권최고액과는 관계없이 잔존채무에 여전히 미치며, 채무자 겸 근저당권설정자는 그 채무의 일부인 채권최고액과 지연손해금 및 집행비용만을 받고 근저당권을 말소시켜야 할 이유는 없을 뿐 아니라, 채무금 전액에 미달하는 금액의 변제가 있는 경우에 이로써 우선 채권최고액 범위의 채권에 변제충당한 것으로 보아야 한다는 이유도 없으니 채권 전액의 변제가 있을 때까지 근저당의 효력은 잔존채무에 여전히 미친다고 할 것이다."라고 한다(대판 1981. 11. 10, 80다2712; 대판 2001. 10. 12, 2000다59081; 대판 2010. 5. 13, 2010다3681). 그러나 근저당권의 물상보증인이나 근저당부동산의 제3취득자는 피담보채무가 확정된 이후에 그 확정된 피담보채무를 채권최고액의 범위 내에서 변제하고 근저당권의 소멸을 청구할 수 있다(대판 1974. 12. 10, 74다998; 대판 2002. 5. 24, 2002다7176).

한편 근저당권의 목적이 된 부동산의 제3취득자는 근저당권의 피담보채무에 대하여 채권최고액을 한도로 당해 부동산에 의한 담보적 책임을 부담하므로, 제3취득자로서는 채무자 또는 제3자의 변제 등으로 피담보채권이 일부 소멸하였더라도 잔존 피담보채권이 채권최고액을 초과하는 한 담보부동산에 의한 자신의 책임이 그 변제 등으로 인하여 감축되었다고 주장할 수 없다(대판 2007. 4. 26, 2005다38300).

(2) 최고액과 제360조

근저당권의 효력이 미치는 피담보채권의 범위는 우선 설정계약에 의해서 결정되고, 설정계약에 의한 약정이 없는 경우에 민법 제360조·제357조 제2항이 적용된다. 따라서 설정계약에서 정함이 없는 경우에 원본·이자·위약금·채무불이행으로 이한 손해배상·저당권 실행비용이 채권최고액의 범위 내에서 근저당권에 의하여 담보된다.

특히 민법 제357조 2항은 「채무의 이자는 최고액 중에 산입한 것으로 본다」고 규정하고 있는데 여기에 제360조 단서에도 적용되는가가 문제된다. 이에 학설은 긍정설과 부정설로 나뉘고 있다. 긍정설은 개별 피담보채권의 지연배상은 1년분에 한하지 않으나, 근저당권이 확정된 이후의 지연배상은 1년분에 한한다고 한다.[116] 반면에 판례(대판 2009. 12. 10, 2008다72318; 대판 2007. 4. 26, 2005다38300)와 부정설은 제360조 단서는 근저당권의 경우에는 적용되지 않으며, 따라서 1년분에 한정되지 않는다고 한다.[117] 그리고 근저당권의 실행비용이 최고액에 포함되는가에 관하여는 최고액에 포함된다는 긍정설[118]은 민법 제357조가 「최고액」이라고 하고 있는 이상 일반저당권에 비하여 축소해석하여야 할 특별한 이유가 없다고 하여 근저당권의 실행비용도 최고액에 포함된다고 보고 있으나, 부정설[119]은 근저당권에서 말하는 최고액은 당사자 사이의 계속적 거래관계에서 생긴 채권 중 담보할 한도액을 가리키고, 근저당권의 실행비용은 그 속에 포함되지 아니한다고 견해가 대립하고 있으나, 판례는 부정설에 의한다(대판 1971. 4. 6, 71다26; 대결 1971. 5. 15, 71마251).

생각건대 실무상으로는 매각대금에서 우선적으로 경매비용을 공제하고 나머지를 근저당권자에게 최고액의 한도까지 배당하고 있기 때문에 경매실행비용을 채권 최고액 속에 포함시킬 특별한 이유는 없다.

116) 김상용, 755면; 이은영, 841면.

117) 고상룡, 707면; 곽윤직, 369면; 김용한, 586면; 김증한·김학동, 566면; 김준호, 463면; 이영준, 942면; 지원림, 822면; 송덕수, 872면; 양형우, 807면.

118) 김용한, 586면; 송덕수, 872면.

119) 고상룡, 707면; 곽윤직, 369면; 김상용, 755면; 이상태, 516면; 이영준, 942면; 이은영, 842면; 양형우, 807면.

> ☞ **채권 최고액의 범위**
>
> 근저당권의 피담보채권 중 지연이자는 근저당권의 채권최고액의 한도 내에서 그 전액이 담보되는 것이므로, 공동근저당의 목적 부동산 중 일부에 대해 경매가 실행되어 그 경매 대가로 피담보채권의 일부가 변제되었다 하여도 잔존 원본에 대한 지연이자가 다시 발생하였다면 그 이후에 실행된 다른 목적 부동산의 경매 대가에 의해 채권최고액의 범위 안에서 그 지연이자도 원본에 앞서 변제되어야 할 것이므로, 공동근저당 목적 부동산이 일부씩 나누어 순차로 경매 실행됨으로써 근저당권자가 배당받은 원본 및 지연이자의 합산액이 결과적으로 채권최고액으로 되어 있는 금액을 초과하였더라도 그것만으로 책임한도 범위 내의 피담보채권이 모두 소멸하였다고 볼 수는 없다(대판 2009. 12. 10, 2008다72318).

(3) 담보되는 채권의 확정

근저당권을 실행하여 피담보채권의 우선변제를 받기 위해서는 불확정한 피담보채권이 확정되어야 한다. 근저당권에 의하여 담보되는 피담보채권은 근저당권의 설정계약·기본계약이 규정하고 있는 결산기가 도래하거나, 근저당권의 존속기간이 있는 경우에 그 존속기간이 만료되거나, 근저당권의 설정계약이나 기본계약이 해지·해제되는 때이며, 이 경우에는 근저당 부동산의 제3취득자도 설정계약을 해지할 수 있고, 존속기간이나 결산기가 정하여져 있다고 하더라도 근저당권에 의하여 담보되는 채권이 모두 소멸하고 채무자가 거래를 계속할 의사가 없는 경우에는 근저당설정자는 계약을 해지함으로서 채권이 확정된다(대판 2002. 2. 26, 2000다48265; 대판 2002. 5. 24, 2002다7176; 대판 2006. 4. 28, 2005다74108). 또한 근저당권설정자(채무자 또는 물상보증인)가 파산선고 또는 회생절차개시결정을 받은 때에 즉, '선고시·개시결정시'를 기준으로 피담보채권이 확정되며(대판 2001. 6. 1, 99다66649), 근저당권자가 경매를 신청한 때에 즉, 근저당권자가 피담보채무의 불이행을 이유로 경매신청을 한 경우에는 경매신청시에 근저당권의 피담보채무액이 확정된다(대판 1997. 12. 9, 97다

25521; 대판 2002. 11. 26, 2001다73022). 여기서 주의할 것은 "근저당권자가 피담보채무의 불이행을 이유로 경매신청을 하여 경매개시결정이 있은 후에 경매신청이 취하되었더라도 채무확정의 효과가 번복되는 것은 아니다."는 점이다(대판 2002. 11. 26, 2001다73022). 이와 같이 원칙적으로 피담보채권이 일단 확정되면 그 후에 발생하는 새로운 거래관계로 인한 채권은 그 근저당권에 의하여 담보되지 못한다(대판 2001. 6. 1, 99다66649). 그 이후로부터 근저당권은 부종성을 가지게 되어 보통의 저당권과 같은 취급을 받는다.

☞ 피담보채권의 확정

1) 근저당권에 의하여 담보되는 피담보채무는 근저당권설정계약에서 근저당권의 존속기간을 정하거나 근저당권으로 담보되는 기본적인 거래계약에서 결산기를 정한 경우에는 원칙적으로 존속기간이나 결산기가 도래한 때에 확정되지만, 이 경우에도 근저당권에 의하여 담보되는 채권이 전부 소멸하고 채무자가 채권자로부터 새로이 금원을 차용하는 등 거래를 계속할 의사가 없는 경우에는, 그 존속기간 또는 결산기가 경과하기 전이라 하더라도 근저당권설정자는 계약을 해제하고 근저당권설정등기의 말소를 구할 수 있고, 존속기간이나 결산기의 정함이 없는 때에는 근저당권설정자가 근저당권자를 상대로 언제든지 해지의 의사표시를 함으로써 피담보채무를 확정시킬 수 있으며, 이러한 계약의 해제 또는 해지에 관한 권한은 근저당부동산의 소유권을 취득한 제3자도 원용할 수 있다고 할 것이다(대판 2006. 4. 28, 2005다74108).

2) 근저당권이 설정된 뒤 채무자 또는 근저당권설정자에 대하여 회사정리절차개시결정이 내려진 경우, 그 근저당권의 피담보채무는 회사정리절차개시결정시점을 기준으로 확정되는 것으로 보아야 한다(대판 2001. 6. 1, 99다66649).

3) 근저당권자가 피담보채무의 불이행을 이유로 경매신청을 한 경우에는 경매신청시에 근저당 채무액이 확정되고, 그 이후부터 근저당권은 부종성을 가지게 되어 보통의 저당권과 같은 취급을 받게 되는바, 위와 같이 경매신청을 하여 경매개시결정이 있은 후에 경매신청이 취하되었다고 하더라도 채무확정의 효과가 번복되는 것은 아니다(대판 2002. 11. 26, 2001다73022).

2) 근저당권의 실행

피담보채권이 확정되고 확정된 피담보채권의 변제기가 도래하면 근저당권을 실행하여 최고액까지 피담보채권의 확정액을 우선변제 받을 수 있다. 근저당의 피담보채권이 확정되면 일반저당권으로 전환되므로 그 실행은 일반저당권의 실행절차와 같다.

4. 근저당권의 변경

1) 최고액·존속기간의 변경

당사자는 계약에 의하여 근저당권설정계약으로 정한 최고액 및 존속기간을 변경할 수 있다. 근저당권에 있어서는 처음부터 피담보채권이 특정되어 있지 않기 때문에 채권 최고액의 변경에 의하여 피담보채권 자체가 변경되는 것은 아니다. 그러나 최고액 및 존속기간의 변경은 당해 근저당권 자체의 변경이므로 그 효력이 발생되기 위해서는 변경등기를 하여야 하며, 변경등기 전 이해관계를 가지는 제3자가 있는 경우에는 그의 승낙을 얻어야 한다(부동산등기법 제52조).

2) 기본계약의 추가·변경

어떤 기본계약(예컨대 당좌대월계약)으로부터 발생하는 채권을 담보하기 위하여 근저당권을 설정한 후에 당사자가 기본계약을 변경하거나(예컨대 당좌대월계약을 어음할인계약으로 변경) 다른 기본계약을 추가하는 방법(예컨대 당좌대월계약을 어음할인계약을 추가)에 의한 기본계약의 추가·변경도 가능하다. 기본계약의 추가·변경은 최고액의 범위내에서 하는 것으로 후순위저당권자에게 불이익을 주는 것이 아니므로 승낙이 필요 없고, 피담보채권의 확정 전의 변경으로 근저당권의 동일성에 영향을 미치지 않는다.

3) 채권자·채무자의 변경

채권자나 채무자의 지위는 계약에 의하여 타인에게 이전될 수 있다. 이는 계약인수에 의하여 이루어지기 때문에, 기본계약의 당사자와 인수인의 3면계약에 의하여야 한다. 그리고 채권자의 변경이 있으면 근저당권의 이전등기에 의하여 새로운 채권자에게 이전된다.[120)]

근저당권은 당사자 사이의 계속적인 거래관계로부터 발생하는 불특정채권을 어느 시기에 계산하여 잔존하는 채무를 일정한 한도액 범위 내에서 담보하는 저당권이므로, 피담보채무가 확정되기 이전에 채무의 범위 또는 채무자를 변경할 수 있다. 채무의 범위나 채무자가 변경된 경우에는 당연히 변경 후의 범위에 속하는 채권이나 채무자에 대한 채권만이 근저당권에 의하여 담보되고 변경 전의 범위에 속하는 채권이나 채무자에 대한 채권은 그 근저당권에 의하여 담보되는 채무의 범위에서 제외된다(대판 1999. 5. 14, 97다15777, 15784).

기본계약상의 지위의 승계는 채권자나 채무자가 사망하거나 법인이 합병되면 근저당권은 확정의 전후를 불문하고 법률상 당연히 기본계약의 지위와 함께 상속인 또는 합병 후의 법인에 이전되며, 이 경우에는 근저당권의 이전등기가 필요 없다.[121)]

☞ 채무인수와 담보의 범위

1) 물상보증인이 근저당권의 채무자의 계약상의 지위를 인수한 것이 아니라, 다만 그 채무만을 면책적으로 인수하고 이를 원인으로 하여 근저당권 변경의 부기등기가 경료된 경우, 특별한 사정이 없는 한 그 변경등기는 당초 채무자가 근저당권자에 대하여 부담하고 있던 것으로서 물상보증인이 인수한 채무만을 그 대상으로 하는

120) 곽윤직, 371면; 김상용, 757면; 김형배·김규완·김명숙, 789면; 송덕수, 874면; 지원림, 827면; 이영준, 946면; 양형우, 809면.

121) 고상룡, 710면; 김준호, 463면; 김형배·김규완·김명숙, 789면; 송덕수, 874면; 지원림, 826면; 이상태, 518면; 이영준, 947면; 양형우, 809면.

것이지, 그 후 채무를 인수한 물상보증인이 다른 원인으로 근저당권자에 대하여 부담하게 된 새로운 채무까지 담보하는 것으로 볼 수는 없다(대판 2002. 11. 26, 2001다73022).

2) 물상보증인이 설정한 근저당권의 채무자가 합병으로 소멸하는 경우 합병 후의 존속회사 또는 신설회사는 합병의 효과로서 채무자의 기본계약상 지위를 승계하지만 물상보증인이 존속회사 또는 신설회사를 위하여 근저당권설정계약을 존속시키는 데 동의한 경우에 한하여 합병 후에도 기본계약에 기한 근저당거래를 계속할 수 있고, 합병 후 상당한 기간이 지나도록 그러한 동의가 없는 때에는 합병 당시를 기준으로 근저당권의 피담보채무가 확정된다. 따라서 위와 같이 근저당권의 피담보채무가 확정되면, 근저당권은 그 확정된 피담보채무로서 존속회사 또는 신설회사에 승계된 채무만을 담보하게 되므로, 합병 후 기본계약에 의하여 발생한 존속회사 또는 신설회사의 채무는 근저당권에 의하여 더 이상 담보되지 아니한다. 그리고 이러한 법리는 채무자의 합병 전에 물상보증인으로부터 저당목적물의 소유권을 취득한 제3자가 있는 경우에도 마찬가지로 적용된다(대판 2010. 1. 28, 2008다12057).

4) 근저당권의 양도

근저당권은 피담보채권과 분리하여 이를 양도할 수 없다(제361조). 즉, 피담보채권이 양도되면 수반성에 의하여 근저당권도 이전한다. 따라서 피담보채권과 분리하여 근저당권만의 양도는 허용되지 않으며, 피담보채권 없는 근저당권의 양도는 무효이다(대판 1968. 2. 20, 67다2543). 이에 대하여 피담보채권의 처분에 근저당권이 항상 따르게 되는가에 대해서 피담보채권의 확정 전후를 기준으로 근저당권의 이전을 살펴보아야 한다.

피담보채권이 확정된 경우에 근저당권은 채권최고액을 한도로 확정채권액을 담보하므로, 보통의 저당권처럼 채권 전부 또는 일부가 양도되거나 대위변제된 경우에 근저당권은 수반성에 의하여 양도되며, 일부변제의 경우에는 준공유등기를 하면 채권자들은 근저당권을 채권액의 비율에 따라 준공유하게 된다.[122]

판례도 이런 경우 근저당권의 이전을 긍정한다(대판 2002. 7. 26, 2001다53929).

그러나 피담보채권이 확정되기 전에 이미 발생한 채권이 양도 또는 대위변제로 타인에게 이전 된 경우에 이에 수반하여 근저당권도 이전되는지에 관하여 근저당권은 이전되지 않고 양도된 채권은 무담보로 된다는 부정설[123]과 근저당권의 일부가 이전하여 채권의 양도인과 양수인이 준공유한다는 긍정설[124]이 있다. 판례는 변제대위와 관련하여 이를 부정하나(대판 2000. 12. 26, 2000다54451), 그 후 근저당권이 확정되면 근저당권의 이전을 긍정한다(대판 2002. 7. 26, 2001다53929). 이것은 채권자가 대위변제자에 대하여 우선변제권을 가지며, 그 우선변제권은 피담보채권액을 한도로 특별한 사정이 없는 한 채권자는 잔존채권의 우선변제를 받게되고, 변제할 정당한 이익이 있는 자가 채무자를 위하여 근저당권의 피담보채무의 일부를 대위변제한 경우(제483조) 대위변제자는 채권자가 우선변제 받고 남은 범위 내에서 저당권을 이전받는다는 취지이다.

☞ 근저당권의 양도

1) 근저당권이라고 함은 계속적인 거래관계로부터 발생하고 소멸하는 불특정다수의 장래채권을 결산기에 계산하여 잔존하는 채무를 일정한 한도액의 범위 내에서 담보하는 저당권이어서, 거래가 종료하기까지 채권은 계속적으로 증감변동하는 것이므로, 근저당 거래관계가 계속중인 경우 즉, 근저당권의 피담보채권이 확정되기 전에 그 채권의 일부를 양도하거나 대위변제한 경우 근저당권이 양수인이나 대위변제자에게 이전할 여지는 없다 할 것이나(대판 1996. 6. 14, 95다53812, 대판 2000. 12. 26, 2000다54451 등 참조), 그 근저당권에 의하여 담보되는 피담보채권이 확정되게 되면, 그 피담보채권액이 그 근저당권의 채권최고액을 초과하지 않는 한 그 근저당권 내지 그 실행으로 인한 경락대금에 대한 권리 중 그 피담보채권액을 담보하고 남는 부분은 저당권의 일부 이전의 부기등기의 경료 여부와 관계없이 대위변제자에게 법률상 당연히 이전된다 할 것이다(대판 2002. 7. 26, 2001다53929).

---

122) 이영준, 948면; 송덕수, 875면; 지원림, 827면; 양형우, 811면.
123) 고상룡, 710면; 곽윤직, 370면; 김상용, 757면; 송덕수, 875면; 지원림, 828면.
124) 이상태, 518면; 이영준, 984면.

2) 근저당권은 계속적인 거래관계로부터 발생 · 소멸하는 불특정다수의 채권 중 그 결산기에 잔존하는 채권을 일정한 한도액의 범위 내에서 담보하는 것으로서 그 거래가 종료하기까지 그 피담보채권은 계속적으로 증감 · 변동하는 것이므로, 근저당 거래관계가 계속되는 관계로 근저당권의 피담보채권이 확정되지 아니하는 동안에는 그 채권의 일부가 대위변제되었다 하더라도 그 근저당권이 대위변제자에게 이전될 수 없다(대판 2000. 12. 26, 2000다54451).

5. 근저당의 처분과 소멸

1) 처 분

근저당권은 개개의 채권에 부종하지 않으나 기본계약인 피담보채권이 양도되면 저당권의 수반성에 의하여 근저당권도 이전한다. 근저당권의 기초가 되는 계속적 거래관계와 함께 근저당권을 양도하는 경우에는 피담보채권의 양도도 포함되기 때문에 근저당권자와 양수인 이외에 채무자를 포함하는 3면계약으로 하여야 한다.

☞ 근저당권의 이전여부

1) 근저당권이라고 함은 계속적인 거래관계로부터 발생하고 소멸하는 불특정다수의 장래채권을 결산기에 계산하여 잔존하는 채무를 일정한 한도액의 범위 내에서 담보하는 저당권이어서, 거래가 종료하기까지 채권은 계속적으로 증감변동되는 것이므로, 근저당 거래관계가 계소 중인 경우 즉 근저당권의 피담보채권이 확정되기 전에 그 채권의 일부를 양도하거나 대위변제한 경우 근저당권이 양수인이나 대위변제자에게 이전할 여지가 없다(대판 1996. 6. 14, 95다53812)

2) 물상보증인이 근저당권의 채무자의 계약상의 지위를 인수한 것이 아니라, 다만 그 채무만을 면책적으로 인수하고 이를 원인으로 하여 근저당권 변경의 부기등기

가 경료된 경우, 특별한 사정이 없는 한 그 변경등기는 당초 채무자가 근저당권자에 대하여 부담하고 있던 것으로서 물상보증인이 인수한 채무만을 그 대상으로 하는 것이지, 그 후 채무를 인수한 물상보증인이 다른 원인으로 근저당권자에 대하여 부담하게 된 새로운 채무까지 담보하는 것으로 볼 수는 없다(대판 2002. 11. 26, 2001다73022).

2) 소 멸

근저당권은 피담보채권이 확정된 때에 담보할 채권이 전혀 존재하지 않거나 채권이 있더라도 변제로 소멸한 때 또는 그 실행이 종료하면 소멸한다. 피담보채권이 확정되기 전에도 거래의 계속을 원하지 않는 등의 사정변경이 있는 경우 해지권의 행사로 피담보채권의 확정 후 변제로 근저당권을 소멸시킬 수 있다(대판 2002. 5. 24, 2002다7176). 그 밖에 근저당권이 설정된 후에 그 부동산소유권이 제3자에게 이전된 경우(대판 1994. 1. 25, 93다16338), 확정된 피담보채권액이 최고액을 초과하는 경우에 채무자인 근저당권설정자가 채권 전액을 변제한 경우에 근저당권을 소멸시킬 수 있다(대판 2002. 10. 12, 2000다59081). 경매부동산의 제3취득자는 피담보채권의 최고액과 경매비용을 변제공탁하고 근저당권의 소멸을 청구할 수 있다(제364조). 또한 근저당 부동산에 대하여 소유권을 취득한 제3자는 피담보채무가 확정된 이후에 그 확정된 피담보채무를 채권최고액의 범위 내에서 변제하고 근저당권의 소멸을 청구할 수 있다(대판 2006. 1. 26, 2005다17341).

☞ 근저당권의 소멸

1) 그 존속기간 또는 결산기가 경과하기 전이라 하더라도 근저당권설정자는 계약을 해지하고 근저당권설정등기의 말소를 구할 수 있고, 한편 존속기간이나 결산기의 정함이 없는 때에는 근저당권의 피담보채무의 확정방법에 관한 다른 약정이 있으면

그에 따르되 이러한 약정이 없는 경우라면 근저당권설정자가 근저당권자를 상대로 언제든지 해지의 의사표시를 함으로써 피담보채무를 확정시킬 수 있다(대판 2002. 5. 24, 2002다7176).

2) 근저당권이 설정된 후에 그 부동산의 소유권이 제3자에게 이전된 경우에는 현재의 소유자가 자신의 소유권에 기하여 피담보채무의 소멸을 원인으로 그 근저당권설정등기의 말소를 청구할 수 있음은 물론이지만, 근저당권설정자인 종전의 소유자도 근저당권설정계약의 당사자로서 근저당권소멸에 따른 원상회복으로 근저당권자에게 근저당권설정등기의 말소를 구할 수 있는 계약상 권리가 있으므로 이러한 계약상 권리에 터잡아 근저당권자에게 피담보채무의 소멸을 이유로 하여 그 근저당권설정등기의 말소를 청구할 수 있다고 봄이 상당하고, 목적물의 소유권을 상실하였다는 이유만으로 그러한 권리를 행사할 수 없다고 볼 것은 아니다(대판 1994. 1. 25, 93다16338).

3) 원래 저당권은 원본, 이자, 위약금, 채무불이행으로 인한 손해배상 및 저당권의 실행비용을 담보하는 것이며, 채권최고액의 정함이 있는 근저당권에 있어서 이러한 채권의 총액이 그 채권최고액을 초과하는 경우, 적어도 근저당권자와 채무자 겸 근저당권설정자와의 관계에 있어서는 위 채권 전액의 변제가 있을 때까지 근저당권의 효력은 채권최고액과는 관계없이 잔존채무에 여전히 미친다(대판 2002. 10. 12, 2000다59081).

4) 민법 제364조는 "저당부동산에 대하여 소유권, 지상권 또는 전세권을 취득한 제3자는 저당권자에게 그 부동산으로 담보된 채권을 변제하고 저당권의 소멸을 청구할 수 있다."고 규정하고 있다. 그러므로 근저당부동산에 대하여 민법 제364조의 규정에 의한 권리를 취득한 제3자는 피담보채무가 확정된 이후에 채권최고액의 범위 내에서 그 확정된 피담보채무를 변제하고 근저당권의 소멸을 청구할 수 있으나, 근저당부동산에 대하여 후순위근저당권을 취득한 자는 민법 제364조에서 정한 권리를 행사할 수 있는 제3취득자에 해당하지 아니하므로 이러한 후순위근저당권자가 선순위근저당권의 피담보채무가 확정된 이후에 그 확정된 피담보채무를 변제한 것은 민법 제469조의 규정에 의한 이해관계 있는 제3자의 변제로서 유효한 것인지 따져볼 수는 있을지언정 민법 제364조의 규정에 따라 선순위근저당권의 소멸을 청구할 수 있는 사유로는 삼을 수 없다(대판 2006. 1. 26, 2005다17341).

5. 포괄근저당

1) 의 의

포괄근저당은 거래의 종류를 특정하여 채권발생의 기초가 되는 계속적 거래관계에 의해 발생하는 모든 채권을 담보하거나 거래의 종류를 특정하지 않고 당사자 사이에서 발생하는 현재 및 장래의 모든 채권을 최고액까지 담보하기 위해 설정되는 근저당이다. 포괄근저당은 계속적 거래관계를 유지하고 있는 당사자 사이에서 반복하여 계속되는 다양한 종류의 거래를 모두 기본거래로 열거하는 것이 불편하고 불가능할 수도 있으므로 은행 등 실무거래에서 많이 이용되고 있다.

2) 유 효 성

(1) 학 설

은행거래 등에 많이 이용되는 포괄근저당은 기초적인 거래관계의 특정이 없이 장래에 발생할 일체의 채권을 담보하는 것으로서 피담보채권의 범위가 무한히 확대될 수 있다는 점에서 그 유효성이 문제될 수 있다. 학설은 이러한 포괄근저당을 전면적으로 무효로 보는 견해는 없으며, 대체로 그 유효성을 인정하나 그 범위에 대해서는 차이를 보이고 있다. 피담보채권의 발생원인을 묻지 않고 최고액의 범위 내에서 '장래의 일정한 시기'에 '특정'될 수 있는 것이면 포괄 근저당의 피담보채권으로 될 수 있다고 하여 일반적으로 유효성을 인정하는 단순유효설[125]와 피담보채권과의 부종성이 배제될 수 있는 극단적인 포괄근저당은 인정할 수 없으나 은행과의 거래에서 발생하는 채권 및 이러한 채권의 불이행으로 인하여 발생하는 손해배상청구권이나 부당이득반환청구권은 피담보채권이 될 수 있으나, 거래와 관계없이 발생하는 손해배상청구권이나 부당이득반환청구권은 피담보채권에 포함되지 않는다는 한정적 유효

125) 김용한, 590면; 김증한·김학동, 569면.

설[126] 및 포괄근저당을 하나의 법리에 의하여 해결할 것이 아니라 약관에 의한 경우와 개별약정에 의한 경우를 나누어 전자는 무효이고 후자는 한정적 유효설에 의하자는 이원설도 있다.[127]

(2) 판 례

판례는 포괄근저당의 유효성을 인정하나 그 인정범위를 분명하게 밝히고 있지 않다. 판례는 "근저당설정계약서는 처분문서이므로 특별한 사정이 없는 한 그 계약 문언대로 해석하여야 함이 원칙이지만, 그 근저당권설정계약서가 금융기관 등에서 일률적으로 일반거래약관의 형태로 부동문자로 인쇄하여 두고 사용하는 계약서인 경우에 그 계약 조항에서 피담보채무의 범위를 그 근저당권 설정으로 대출받은 당해 대출금채무 외에 기존의 채무나 장래에 부담하게 될 다른 원인에 의한 모든 채무도 포괄적으로 포함하는 것으로 기재하였다고 하더라도, 당해 대출금채무와 다른 채무의 각 성립 경위 등 근저당설정계약 체결의 경위, 대출 관행, 각 채무액과 그 근저당권의 채권최고액과의 관계, 다른 채무액에 대한 별도의 담보확보 여부 등 여러 사정에 비추어 인쇄된 계약 문언대로 피담보채무의 범위를 해석하면 오히려 금융기관의 일반 대출 관례에 어긋난다고 보이고 당사자의 의사는 당해 대출금채무만을 그 근저당권의 피담보채무로 약정한 취지라고 해석하는 것이 합리적일 때에는, 위 계약서의 피담보채무에 관한 포괄적 기재는 부동문자로 인쇄된 일반거래약관의 예문에 불과한 것으로 보아 그 구속력을 배제하는 것이 타당하다."고 한다(대판 2005. 7. 28, 2005다22565; 대판 1997. 5. 28, 96다9508; 대판 2001. 9. 18, 2001다36962).

---

126) 곽윤직, 372면; 김상용, 765면; 송덕수, 876면; 이영준, 959면; 양형우, 813면.
127) 이은영, 836면.

6. 공동근저당

피담보채권을 공동으로 하는 근저당권을 여러 개의 부동산 위에 설정한 경우가 공동근저당으로서 민법 제368조가 적용된다. 그러므로 확정채권액이 최고액보다 적은 때에는 확정채권액을 기준으로 하고, 많은 때에는 최고액을 기준으로 하여 동시배당에 대하여는 민법 제368조 제1항, 이시배당에 대하여는 민법 제368조 제2항을 적용하여야 한다.

☞ 공동근저당

민법 제368조 제1항은 공동저당권의 목적물의 전체 환가대금을 동시에 배당하는 동시배당의 경우에 공동저당권자의 실행선택권과 우선변제권을 침해하지 않는 범위 내에서 각 부동산의 책임을 안분시킴으로써 각 부동산상의 소유자와 차순위 저당권자 기타의 채권자의 이해관계를 조절하고, 같은 조 제2항은 대위제도를 규정하여 공동저당권의 목적 부동산 중 일부의 경매대가를 먼저 배당하는 이시배당의 경우에도 최종적인 배당의 결과가 동시배당의 경우와 같게 함으로써 공동저당권자의 실행선택권 행사로 인하여 불이익을 입은 차순위 저당권자를 보호하는 데 그 취지가 있는바, 위 조항들은 공동근저당권의 경우에도 적용되고, 또한 공동근저당권자 스스로 경매를 실행하는 경우는 물론 타인이 실행한 경매에서 우선배당을 받는 경우에도 적용된다(대판 2006. 10. 27, 2005다14502).

Ⅲ. 특별법이 규정하는 특수저당권

민법 이외의 법률이 규정하는 특수저당권에는 입목저당(입목에 관한 법률), 재단저당(공장 및 광업재단 저당법), 동산저당(자동차 등 특정 동산 저당법) 등이 있다. 각 특별법에 특칙이 없는 경우 저당권에 관한 민법의 규정은 위 특수저당권에도 준용된다(제372조).

1. 입목저당

입목에 관한 법률에 의하여 1필의 토지 또는 1필의 토지의 일부에 생육하는 수목의 집단은 소유권보존등기를 할 수 있고, 이 등기를 거친 수목의 집단을 입목법상 '立木'이라 한다(동법 제2조). 입목은 토지와는 독립한 하나의 부동산으로 보게 되며(동법 제3조 제1항), 따라서 토지와 분리해서 양도 및 저당권의 목적이 될 수 있다(동법 제3조 제2항). 이러한 입목을 목적으로 하여 설정된 저당권을 '立木振當'이라 한다.

입목저당권은 저당권자(채권자)와 저당권설정자(채무자 또는 제3자) 사이의 입목저당권설정의 합의와 저당권설정등기를 경료하여야 성립한다. 입목에 대해 저당권을 설정하기 위해서는 그 입목을 산림보호(山林保險)에 가입시켜야 한다(동법 제22조).

입목에 관하여 저당권을 설정하면 입목소유자는 당사자간에 약정된 방법에 따라 그 입목을 조성·육림하여야 한다(동법 제5조 제1항). 그리고 입목을 목적으로 하는 저당권의 효력은 입목을 벌채한 경우에 그 토지로부터 분리된 수목에 대하여도 미친다(동법 제4조 제1항). 또한 저당권자는 채권의 기한이 되기 전이라도 분리된 수목을 경매할 수 있으나, 그 매각대금을 공탁하여야 한다(동법 제4조 제2항).

토지와 그 지상의 입목이 동일소유자에게 속하는 경우에 그 어느 한쪽이 저당권의 목적이 되어 경매되고 토지와 입목의 소유자가 다르게 된 때에는 토지소유자는 입목소유자에게 지상권을 설정한 것으로 간주된다(동법 제6조). 지상권자 또는 토지임차인이 그의 소유입목을 저당한 때에는 저당권자의 승낙 없이는 자기의 지상권이나 임차권을 포기하지 못하며, 또한 토지소유자와 그 계약을 해지할 수 없다(동법 제7조).

2. 재단저당

재단저당이란 기업경영을 위하여 결합되어 있는 물적 설비와 권리를 묶어 하나의 재단으로 구성하고 그 위에 저당권을 설정하는 제도이다. 재단저당은 이러한 구성부분들을 하나로 묶어 재산적 가치를 높이는 동시에 저당권의 실행절차를 간편하게 함으로서 기업의 운영자금을 좀 더 용이하게 확보할 수 있다는 장점이 있다. 재단저당에는 특별법인 공장 및 광업재단 저당법이 적용된다.

1) 공장저당

(1) 공장재단저당

공장 소유자는 하나 또는 둘 이상의 공장으로 공장재단을 설정하여 저당권의 목적으로 할 수 있다. 공장재단에 속한 공장이 둘 이상일 때 각 공장의 소유자가 다른 경우에도 같다(동법 제10조 제1항). 그러나 공장재단의 구성물은 동시에 다른 공장재단에 속하지 못한다(동법 제10조 제2항). 공장재단은 공장에 속하는 토지와 공작물, 기계 기구, 전주, 전선, 배치제관, 궤조 기타의 부속물, 지상권 및 전세권, 임차권, 공업소유권으로 구성된다(동법 제13조 제1항). 공장재단은 1개의 부동산으로 간주되고, 소유권과 저당권 외의 권리의 목적이 되지 못한다. 다만, 저당권자가 동의한 경우에는 임대차의 목적물로 할 수 있다(동법 제12조). 그리고 공장재단의 구성물은 공장재단과 분리하여 양도하거나 소유권 외의 권리, 압류, 가압류 또는 가처분의 목적으로 하지 못한다. 다만, 저당권자가 동의한 경우에는 임대차의 목적물로 할 수 있다(동법 제14조).

(2) 협의의 공장저당

공장이란 영업을 하기 위하여 물품의 제조·가공, 인쇄, 촬영, 방송 또는 전기나 가스의 공급 목적에 사용하는 장소를 말한다(동법 제2조 1호). 협의의 공장저당이란 공장의 소유자가 공장재단저당과 별도로 재단을 구성하지 않고 공장에 설치 된 기계·기구 기타의 공장공용물을 공장의 토지나 건물과 함께 저당권의 목적으로 하는 것을 말한다(동법 제3조). 공장에 속하는 토지나 건물에 대한 저당권설정등기를 신청하려면 그 토지나 건물에 설치된 기계, 기구, 그 밖의 공장의 공용물로서 저당권의 목적이 되는 것의 목록을 제출하여야 한다(동법 제6조 제1항). 이러한 목록은 등기부의 일부로 보고 기록된 내용은 등기된 것으로 본다(동법 제36조). 그리고 목록에 기록한 사항이 변경되면 소유자는 지체 없이 저당권자의 동의를 얻어 목록의 변경등기를 신청하여야 한다(동법 제42조).

공장저당물건인 토지 또는 건물과 그에 설치된 공장의 공용물은 반드시 일괄하여 경매하여야 하는가 하는 문제가 있다. 공장저당법에 의한 저당권의 실행으로 경매가 이루어지는 경우에 공장저당물건인 토지 또는 건물과 그에 설치된 기계, 기구 기타 공장의 공유물과는 유가적인 일체성이 있으므로 반드시 일괄하여 경매하여야 한다(대결 1992. 8. 29, 92마576).

☞ 협의의 공장저당권의 효력

1) 공장저당법 및 민법의 각 규정을 종합하여 보면 공장의 토지 또는 건물에 설치된 기계, 기구 기타의 공용물은 공장저당법 제7조 소정의 기계, 기구목록에 기재되어야만 공장저당권의 효력이 미친다 할 것이다(대결 1993. 4. 6, 93마116 등 참조). 그러므로 복수의 공장저당권에 있어서 공장저당법 제7조에 의한 목록이 다르거나 추가되는 등의 사정으로 인하여 특정한 기계, 기구 기타의 공용물이 후순위의 공장저당권의 목록에만 포함되고 선순위의 공장저당권의 목록에는 기재되지 아니한 경우에 그 기계, 기구 기타의 공용물에 대하여는 특별한 사정이 없는 한 후순위의 공장저당권만이 그 효력을 미치고, 선순위의 공장저당권의 효력은 미치지 아니한다(대판 2006. 10. 26, 2005다76319).

2) 폐수처리시설이 공장저당법에 의하여 근저당권이 설정된 공장 토지와 그에 인접한 공장 토지가 아닌 타인 소유의 토지에 걸쳐서 설치되어 있는 경우, 그것이 설치된 토지에 부합되었다고 보기보다는 그 구조, 형태 또는 기능 등에 비추어 볼 때, 공장저당의 목적인 공장에 속하는 토지와 건물 및 기계, 기구와 함께 일체를 이루는 기업시설로서 그 공장 소유자의 소유에 속한다고 봄이 상당하므로, 그 공장에 속하는 토지와 건물 및 기계, 기구 위에 설정된 공장저당권의 효력은 그 폐수처리시설에도 미친다(대판 1997. 10. 10, 97다3750).

3) 공장의 토지 또는 건물에 설치된 기계·기구 기타 공장의 공용물은 공장저당법 제7조 소정의 기계·기구 목록에 기재되어야만 공장저당의 효력이 미치고, 공장저당법 제10조는 저당권의 효력이 기계·기구 등에 미치는 경우에 그 집행의 불가분성을 규정하고 있으므로, 공장저당이 설정된 공장의 토지 또는 건물에 대하여 압류 또는 가압류가 된 경우에 있어서도 그때까지 기계·기구 목록이 전혀 제출된 바가 없다면, 그 압류 및 가압류의 효력이 기계·기구에까지 미친다고 할 수는 없다(대판 1995. 6. 29, 94다20174).

2) 광업재단저당

광업권자는 광업재단을 설정하여 저당권의 목적으로 할 수 있으며(동법 제52조), 광업재단은 광업권과 토지, 건물, 그 밖의 공작물, 기계, 기구, 그 밖의 부속물, 항공기, 선박, 자동차 등 등기 또는 등록이 가능한 동산, 지상권이나 그 밖의 토지사용권, 임대인이 동의하는 경우에는 물건의 임차권, 지식재산권으로서 그 광업에 관하여 동일한 광업권자에 속하는 것의 전부 또는 일부로 구성할 수 있다(동법 제53조). 광업재단저당에 대하여는 대체로 공장재단저당의 규정이 준용된다(동법 제54조). 다만 광업재단저당만이 허용되고 협의의 공장저당과 같은 저당제도는 인정되지 아니한다.

3. 동산저당

민법상 동산은 질권의 목적은 될 수 있지만 저당권의 목적은 될 수 없다. 그러나 신용거래의 실무에서는 동산에 대하여도 채무자에게 점유를 담겨둔 채 담보화할 수 있는 방법이 강하게 요청되었으며, "자동차 등 특정동산저당법"에서 규율하고 있다.

이 법에 따라서 저당권의 목적물이 될 수 있는 것은 건설기계관리법에 따라 등록된 건설기계, 선박등기법이 적용되지 아니하는 소형선박, 자동차관리법에 따라 등록된 자동차, 항공법에 따라 등록된 항공기이며(동법 제3조), 저당권자는 채무자나 제3자가 점유를 이전하지 아니하고 채무의 담보로 제공한 특정동산에 대하여 다른 채권자보다 자기채권에 대하여 우선변제를 받을 권리가 있다(동법 제4조). 저당권에 관한 득실변경은 담보목적물별로 관련법에 따라 등록원부에 등록하여야 그 효력이 생긴다(동법 제5조 제1항). 저당권이 설정된 특정 동산에 관하여 등록관청이 등록을 말소하는 경우에는 등록말소의 뜻을 미리 저당권자에게 통지하여야 한다. 다만, 저당권자가 그 특정동산에 대한 등록의 말소에 동의한 경우에는 그러하지 아니하다(동법 제6조). 이 경우 저당권자는 통지를 받은 즉시 저당목적물 별로 정해진 기간 내에 저당권을 행사할 수 있다(동법 제7조).

그리고 담보목적물(항공기는 제외) 대한 저당권의 실행을 위한 경매절차에서 법원은 상당하다고 인정하는 때에는 저당권자의 매수신청에 따라 경매 또는 입찰에 의하지 아니하고 그 저당권자에게 압류된 담보목적물의 매각을 허가하는 양도명령의 방법으로 환가할 수 있다(동법 제8조). 또한 이 법의 적용을 받는 특정동산은 질권의 목적으로 할 수 없다(동법 제9조).

Chapter 05

비전형담보물권

제1절 비전형담보 일반

Ⅰ. 의 의

비전형담보란 민법이 인정하는 이외의 담보로서 거래계에서 실질적으로 채권담보의 기능을 수행하는 제도를 말한다. 민법이 규정하고 있는 담보물권을 전형담보라고 부를 때에 이에 대응하는 용어이다. 민법의 담보물권제도는 담보권을 정형화하여 그 내용을 획일적인 것으로 하고 그 실행에서의 당사자 간의 이해관계를 조절하고자 하는 것이므로, 실제 거래계에서는 그 이용에 한계가 있을 뿐만 아니라 금전대여자의 입장에서는 보다 안전하고 강력한 담보수단을 요구하게 된다. 더구나 신용의 수수에 있어서 금전대여자가 차용자에 비하여 우월한 지위를 차지하고 있는 것이 거래계의 현실이므로 이러한 사정 하에서 민법이 예상하지 아니한 여러 가지의 제도가 만들어지게 된 것이다.

Ⅱ. 비전형담보의 기능

1. 전형담보의 제한적 내용의 탈피

민법상의 전형담보는 그 목적물과 내용이 좁게 법정되어 있기 때문에 적절한 담보수단을 가지지 못한 자는 이용이 불편하다. 예컨대 금전을 차용하려는 자가 동산을 담보로 제공할 경우에는 질권을 설정하여야 하는데 채무자가 그

동산을 점유하여 사용할 필요가 있는 경우에 민법상의 담보제도로는 불가능하다는 것이다. 이러한 제한을 탈피하기 위하여 동산에 대한 양도담보가 이용되는 것이다.

2. 실행의 용이성과 초과이익의 취득

민법상의 전형담보는 주로 채무자나 제3자의 이익을 보호하기 위하여 채권자의 이익을 제한하고 있다. 예컨대 부동산에 대한 저당권의 경우에 담보권의 실행은 일정한 절차에 따른 공경매에 의하여서만 가능하며 그 절차가 복잡하고 오랜 시간이 걸릴 뿐만 아니라, 그 절차에 의하여 추심할 수 있는 범위도 제한되어 있으며 적정한 환가도 보장되어 있지 않다.

따라서 채권자는 현행 경매제도에 대한 회피로서 채권자는 담보권의 사적 실행으로서 변제기에 채무가 변제되지 않으면 채무자는 목적물에 대한 소유권을 종국적으로 상실하고 채권자는 그 소유권을 취득하거나 자신에게 유리한 방법으로 담보권을 실행할 수 있도록 하는 방안으로 마련된 것이다. 그러나 이러한 담보권의 실행은 현행법 하에서는 어렵게 되어 있다.

Ⅲ. 비전형담보의 유형

우리 사회에서 활용되고 있는 비전형담보는 여러 가지 형태로 나타나고 있으나 가장 문제가 많고 흔히 사용되는 형태는 소유권을 이전하거나 이전하기로 하는 계약의 형태를 빌어 담보의 목적으로 사용하는 것이다. 이를 일컬어 소유권이전형의 비전형담보라고도 한다. 소유권이전형의 비전형담보는 다시 어떠한 형식으로 자금수수가 이루어지는가에 따라 매매에 의한 방식으로서의 매도담보와 소비대차에 의한 방식으로서 소유권이 계약과 동시에 이전되는 형식을 취하는 협의의 양도담보와 채무불이행이 있을 때 소유권이 이전되기로 하는 가등기담보 등으로 나눌 수 있다.

Ⅳ. 비전형담보 규제

사회적인 필요에 따라서 자연발생적으로 생기는 비전형담보를 전적으로 부정하는 것은 오히려 금융거래의 경색을 초래할 수 있으므로 일정한 범위 내에서 인정하는 것이 필요하다. 그러나 원칙 없는 비전형담보의 인정은 채권자의 폭리행위 등으로 채권자와 채무자 사이의 현저한 불균형을 초래하므로 채무자의 보호라는 측면에서 어느 정도의 규제는 필요한 것이다.

비전형담보에 대한 규제는 원래 민법 제607조와 제608조를 중심으로 이루어져왔다. 이 규정들은 우리만의 특유한 규정으로 그동안 이용되어 왔던 대물변제 예약의 거래관행을 법적으로 규율하고자 하는 취지에서 규정된 조문이다. 그런데 금전채권의 담보로서 부동산에 대해 단순히 대물변제의 예약만을 하는 것이 아니라 이를 보전하기 위하여 가등기를 하면서 미리 제소전 화해조서를 작성해 두고 변제기에 변제가 이루어지지 않으면 채권자가 이를 이용하여 가등기에 본등기를 하는 방법으로 채권자는 그 담보실행과정에서 폭리를 취하는 등 여러 문제가 발생하였다. 이러한 문제점을 시정하기 위해서 1984년부터 "가등기담보등에 관한 법률(이하 가담법이라고 한다)"이 시행되고 있다. 이 법은 가등기 담보뿐만 아니라 양도담보, 매도담보에도 적용하도록 하여 비전형담보의 문제점을 시정하려고 하고 있다. 그러나 이 법도 소비대차에 기하지 않은 채권을 담보하기 위하여 재산권을 이전하는 경우에는 적용 예외를 인정하는 등 많은 적용 예외 사유들이 존재하여 규제의 실효성이 떨어지고 있다.

제2절 가등기담보

Ⅰ. 의 의

1. 의 의

가등기담보란 금전채권을 담보하기 위하여 채권자와 채무자(또는 제3자) 사이에 채무자(또는 제3자) 소유의 부동산을 목적물로 하는 대물변제예약 또는 매매예약을 체결하고 채무자의 채무불이행이 있는 경우에, 채권자가 그의 예약완결권을 행사함으로써 발생하게 될 장래의 소유권이전청구권을 보전하기 위한 가등기를 하는 담보형식을 말한다.

예컨대 甲이 금전소비대차계약에 의하여 乙로부터 3,000만원을 빌리면서 甲이 변제기에 3,000만원을 갚지 않으면 시가 5,000만원 상당의 甲소유 토지를 대신 주기로 미리 약정을 하고(대물변제예약) 그 예약에 따른 권리(장래의 소유권이전청구권)를 대외적으로 보전하기 위하여 甲소유 토지에 대해 乙명의로 가등기를 하는 방법이다.

2. 법적성질

가등기담보권자는 목적물의 소유권취득에 1차적인 목적이 있는 것이 아니라 목적물의 교환가치를 물권적으로 파악하고자 하는 것으로서(목적물의 소유권 취득은 교환가치 실현의 수단에 불과하다), 가담법에 의하면 가등기담보권자에게 경매청구권(가담법 제12조), 우선변제권(가담법 제13조), 별제권(가담법 제17조) 등이 인정되고, 많은 경우에 가등기담보권을 저당권으로 보는 점을 고려한다면, 가등기담보는 저당권에 유사한 특수한 저당권이라고 하는 담보물권설이 다수설이다.[128) 이것에 의하면 가등기담보에도 담보물권의 통유성(부종성·수반성·불가분성·물상대위성)이 인정된다.

이에 반해 가등기담보는 담보방법으로 이전등기가 아니라 가등기가 행하여질 뿐이라는 점에서, 근본적으로 소유권이전형의 담보방법에 속하는 것이므로 소유권이전형인 양도담보의 본질을 신탁적 소유권으로 볼 수밖에 없는 이상, 소유권이전예약형인 가등기담보도 신탁적 소유권이전으로 볼 수밖에 없고, 다만 그것이 정지조건의 성취 또는 예약완결권의 행사라고 히는 조건부로

---

128) 곽윤직, 387면; 김민중, 385면; 김상용, 804면; 김형배·김규완·김명숙, 799면; 송덕수, 887면; 지원림, 836면; 이은영, 867면; 양형우, 832면.

행하여지는 것에 불과하다고 주장하는 신탁적 소유권 이전설이 있다.[129)]

판례는 가등기담보의 법적성질에 관하여 명확하게 밝히고 있지는 않지만, 가등기담보의 피담보채권이 시효로 소멸하게 되면 담보가등기 및 그에 기한 소유권이전등기도 말소되어야 한다고 하여 담보물권의 부종성을 원용하고 있는 것으로 보아 담보물권설을 취하고 있는 것으로 판단된다(대판 2007. 3. 15, 2006다12701).

☞ 가등기담보의 법적성질

담보가등기를 경료한 토지를 인도받아 점유할 경우 담보가등기의 피담보채권의 소멸시효가 중단되는 것은 아니고, 담보가등기에 기한 소유권이전등기청구권의 소멸시효가 완성되기 전에 그 대상 토지를 인도받아 점유함으로써 소유권이전등기청구권의 소멸시효가 중단된다 하더라도 위 담보가등기의 피담보채권이 시효로 소멸한 이상 위 담보가등기 및 그에 기한 소유권이전등기는 결국 말소되어야 할 운명의 것이다(대판 2007. 3. 15, 2006다12701).

3. 가담법의 적용범위

판례에 의하면, 가담법은 다음과 같은 요건을 갖춘 경우에 적용된다.

첫째, 차용물의 반환에 갈음하여 다른 재산권을 이전할 것을 예약한 경우에 적용된다(대판 1995. 4. 21, 94다26080; 대판 2001. 1. 5, 2000다47682; 대판 2002. 12. 24, 2002다50484). 따라서 금전소비대차나 준소비대차에 기한 차용금 반환채무 이외의 채무를 담보하기 위하여 경료된 가등기에는 가담법이 적용되지 않는다(대판 2004. 4. 27, 2003다29968). 즉, 토지매매대금의 지급을 담보하거나(대판 1990. 6. 26, 88다카20392; 대판 2002. 12. 24, 2002다50484), 매매잔대금의 지급에 갈음하여 다른 재산권을 이전하기로 한 경우(대판 2007. 12. 13, 2005다52214), 물품대금 선급금 반환채무의 담보(대판 1992. 10. 27, 92다22879), 불하대금채무의 담

129) 이영준, 985면.

보(대판 1995. 4. 21, 94다26080) 및 채권자가 부동산에 대한 낙찰자로서의 권리를 포기하는 대가로 채무자가 지급하기로 약정한 금전을 담보하기 위하여 이루어진 가등기(대판 1998. 6. 23, 97다1495) 등에는 가담법이 적용되지 않는다.

둘째, 가등기담보를 위한 매매예약 체결 당시 그 재산의 예약 가액이 차용액 및 이에 붙인 이자의 합산액을 초과하는 경우에 적용된다. 재산의 가액이란 원칙적으로 「통상적인 시장에서 충분한 기간 거래된 후 그 대상재산의 내용에 정통한 거래당사자 간에 성립 한다고 인정되는 적정가격」을 의미하지만, 그와 같은 적정가격을 확인하기 어려운 경우에는 객관적이고 합리적인 방법으로 평가한 가액이 된다(대판 2007. 6. 15, 2006다5611). 재산권 이전을 위한 예약을 할 당시 이미 그 재산에 대하여 선순위 근저당권이 설정되어 있는 경우에는 재산의 가액에서 피담보채무액을 공제한 나머지 가액이 차용액 및 이에 붙인 이자의 합산액을 초과하는 경우에만 적용된다(대판 2006. 8. 24, 2005다61140).

판례에 의하면, 매매계약에 따른 소유권이전등기청구권 보전을 위한 가등기를 매매계 약 해제에 따른 대금반환채무를 담보하는 담보가등기로 유용하기로 당사자가 합의하였다고 하더라도 가담법이 적용되지 않는다(대판 1996. 11. 29, 96다31895). 다만 금전소비대차나 준소비대차에 기한 차용금반환채무와 그 외의 원인으로 발생한 채무를 동시에 담보할 목적으로 경료된 가등기나 소유권이전등기라도 그 후 후자의 채무가 변제 기타의 사유로 소멸하고 금전소비대차나 준소비대차에 기한 차용금반환채무의 전부 또는 일부만이 남게 된 경우에는 가담법이 적용된다(대판 2004. 4. 27, 2003다29968).

Ⅱ. 가등기담보권의 설정과 이전

1. 가등기담보권의 설정

1) 가등기담보계약

가등기담보계약은 채권담보를 위하여 채무자가 채무를 이행기에 이행하지 못할 경우에 채권자에게 담보목적물의 소유권을 이전하기로 하는 대물변제예약 기타의 계약으로서, 유상계약인 쌍무계약적 재산권 이전약정에 해당하므로 그 성질에 반하지 않는 한 매매에 관한 민법 규정이 준용된다(제567조, 대판 2001. 2. 27, 2000다20465).

(1) 당 사 자

가등기담보계약의 당사자는 일반적으로 채권자와 채무자가 되지만, 담보설정자는 채무자에 한하지 않고 제3자(물상보증인)라도 무방하며, 특히 일정한 요건을 갖춘 경우에는 제3자 명의의 가등기담보도 가능하다. 가등기담보권자는 채권자이어야 하므로 채권담보의 목적으로 가등기를 하는 경우에는 채권자와 가등기명의인이 동일인이어야 하나 판례는 일정한 요건하에서 제3자 명의의 등기도 유효한 것으로 인정하다.

☞ 제3자명의 가등기담보의 효력

채권담보를 목적으로 가등기를 하는 경우에는 원칙적으로 채권자와 가등기명의자가 동일인이 되어야 하지만, 채권자 아닌 제3자의 명의로 가등기를 하는 데 대하여 채권자와 채무자 및 제3자 사이에 합의가 있었고, 나아가 제3자에게 그 채권이 실질적으로 귀속되었다고 볼 수 있는 특별한 사정이 있거나, 거래경위에 비추어 제3자의 가등기가 한낱 명목에 그치는 것이 아니라 그 제3자도 채무자로부터 유효하게 채권을 변제받을 수 있고 채무자도 채권자나 가등기명의자인 제3자 중 누구에게든 채무를 유효하게 변제할 수 있는 관계 즉, 채권자와 제3자가 불가분적 채권자의 관계에 있다고 볼 수 있는 경우에는, 그 제3자 명의의 가등기도 유효하다고 볼 것이고, 이와 같이 제3자 명의의 가등기를 유효하게 볼 수 있는 경우에는 제3자 명의의 가등기를 부동산실권리자명의등기에관한법률이 금지하고 있는 실권리자 아닌 자 명의의 등기라고 할 수는 없다(대판 2002. 12. 24, 2002다50484; 대판 2009. 11. 26, 2008다64478, 64485).

(2) 계약의 내용

① 피담보채권

피담보채권이 소비대차에 의해서 발생한 채권이어야 하는 가에 대해서 학설은 다툼이 있다. 무제한설은 피담보채권은 금전채권이 보통이지만 담보권 실행시에 금전채권으로 변경될 수 있으면 설정당시에 금전채권이 아니어도 상관없다고 한다. 이는 금전채권에 한정한다면 이에 해당하지 않는 경우에는 가담법 제정 이전의 방법으로 해결하게 되어 부당하고 탈법을 조장하게 된다는 것을 이유로 든다.[130] 이에 반해 제한설은 가등기담보법의 제정 목적과 금전채권의 채권자 이외의 다른 채권자로 보호할 필요성이 있다는 이유로 피담보채권을 금전채권에 한정해야 한다는 견해이다.[131]

판례는 제한설의 입장에서 매매대금채권(대판 2001. 1. 5, 2000다47682; 대판 2002. 12. 24, 2002다50484), 공사대금채권(대판 1992. 4. 10, 91다45356, 45363), 매매계약 해제에 의한 대금반환채권(대판 1996. 11. 29, 96다31859)등에서 가등기담보법의 적용을 부정하고 있다.

☞ 가등기담보의 피담보채권

1) 가등기담보법은 차용물의 반환에 관하여 다른 재산권을 이전할 것을 예약한 경우에 적용되므로 매매대금채권을 담보하기 위하여 경료된 양도담보에는 그 법은 적용되지 아니한다고 할 것인바, 이 사건 양도담보의 피담보채권은 매매대금채권에 해당하므로 이 사건 양도담보의 실행에 가등기담보법의 적용은 없다고 할 것이고, 매매대금채권을 피담보채권으로 한 양도담보권설정계약 후 대여금채권이 그 피담보채권에 포함되었다고 하더라도 원래의 매매대금채권을 위한 양도담보권의 실행에는 지장이 없다(대판 2001. 3. 23, 2000다29356, 29363).

130) 고상룡, 747면; 곽윤직, 388면; 김상용, 806면; 김형배·김규완·김명숙, 800면; 김증한·김학동, 583면; 이상태, 532면; 이영준, 991면; 양형우, 832면.

131) 김용한, 649면; 송덕수, 888면; 지원림, 837면.

2) 가등기담보등에 관한 법률은 차용물의 반환에 관하여 다른 재산권을 이전할 것을 예약한 경우에 적용되므로 매매대금채권을 담보하기 위하여 가등기를 한 경우에는 위 법률은 적용되지 아니한다고 할 것이다(대판 2002. 12. 24, 2002다50484).

② 담보목적의 재산권의 이전 약정

가등기담보계약은 그 목적이 채권담보에 있으므로 채무자가 채무를 이행하지 않을 때에는 일정한 권리가 채권자에게 이전한다는 내용이 있어야 한다. 가담법은 담보의 목적으로 대물변제예약이 체결되었을 것을 요구하고 있지만(가담법 제1조, 제2조 제2항), 반드시 대물변제에 한정할 필요는 없고 매매예약도 담보의 목적으로 체결된 경우에는 가등기담보가 성립될 수 있다.[132] 따라서 가등기담보계약은 소유권 기타의 권리의 이전을 목적으로 하는 계약이면 충분하고 그 명목 내지 명칭은 상관이 없다.

③ 부동산의 가액

가담법은 채무불이행시에 이전하기로 한 부동산의 가액(예약 당시의 시가)이 차용액과 그에 따른 이자의 합산액을 초과하는 경우에 적용되므로(가담법 제1조), 예약 당시 담보부동산의 시가가 피담보채무액(차용액 및 이자의 합산액)에 미치지 못하는 때에는 가담법이 적용되지 않는다(대판 1993. 10. 26, 93다27611).

☞ 부동산 가액

가등기담보 등에 관한 법률은 재산권 이전의 예약에 의한 가등기담보에 있어서 재산의 예약 당시의 가액이 차용액 및 이에 붙인 이자의 합산액을 초과하는 경우에 적용되는바, 재산권 이전의 예약 당시 재산에 대하여 선순위 근저당권이 설정되어 있는 경우에는 재산의 가액에서 피담보채무액을 공제한 나머지 가액이 차용액 및 이에 붙인 이자의 합산액을 초과하는 경우에만 적용된다(대판 2006. 8. 24, 2005다61140).

---

132) 곽윤직, 388면; 송덕수, 889면; 지원림, 837면.

④ 가등기(가등록)가 가능한 재산

채권자가 계약상의 권리에 관하여 가등기를 할 수 있는 재산에 대해서만 가담법이 적용되므로 이전하기로 예약한 재산이 가등기(또는 가등록)를 할 수 있는 것이어야 한다. 부동산등기법 제2조에 열거된 부동산에 관한 권리 중 권리질권·저당권·전세권과 "동산·채권 등의 담보에 관한 법률"에 의하여 담보등기를 마친 경우를 제외한(가담법 제18조) 그 밖의 권리로서, 부동산의 소유권·지상권·지역권·임차권과 입목법상의 입목·선박·자동차·항공기·중기 등의 소유권 및 특허권 등의 지적재산권도 예약의 객체가 될 수 있다.

2) 가 등 기

기등기담보권이 성립하려면 가등기(또는 가등록)을 하여야 한다. 가담법은 이러한 가등기를 「담보가등기」라고 하여(가담법 제2조 3호) 순위보전의 가등기와 구분한다. 순위보존적 가등기는 본등기가 경료되기 전까지는 실체법적 효력을 가지지 않고 순위보존적 효력만이 있으나, 담보가등기에는 가등기담보법이 정하는 바에 따라 실체법적 효력을 가지게 된다. 따라서 가등기권리자는 가등기인 채로 우선변제권을 행사할 수 있다(가담법 제13조).

이처럼 가등기는 가등기담보를 공시하는 역할을 하지만, 저당권설정등기와 달리 피담보채권액·이자·변제기 등이 공시되지 않으므로 사실 공시방법으로서는 불완전하므로 제3자가 불측의 손해를 볼 수 있다는 문제점을 내재하고 있다. 그리고 가등기담보계약만 체결하고 가등기를 하지 않은 경우에는 가담법이 적용될 여지가 없다.

☞ 담보가등기의 결정여부

당해 가등기가 담보 가등기인지 여부는 당해 가등기가 실제상 채권담보를 목적으로 한 것인지 여부에 의하여 결정되는 것이지 당해 가등기의 등기부상 원인이 매매예약으로 기재되어 있는지 아니면 대물변제예약으로 기재되어 있는가 하는 형식적 기재에 의하여 결정되는 것이 아니다(대결 1998. 10. 7, 98마1333)

2. 가등기담보권의 이전

가등기담보권도 일종의 재산권으로서 담보물권성을 가지므로 그 양도성을 부인할 수 없다. 가등기담보권의 양도에는 저당권에 관한 민법 제361조가 유추 적용되므로 피담보채권과 함께 양도할 수 있을 뿐이고 피담보채권과 분리하여 양도할 수 없다. 가등기담보권을 양도하기 위해서는 양도인과 양수인 사이의 협의와 등기가 있어야 한다. 가등기담보권의 이전에는 담보권 자체의 양도와 담보권부채권의 양도가 병행하게 된다. 가등기담보권의 이전은 기존의 가등기에 권리이전의 부기등기를 경료하여 공시할 수 있을 것이며, 담보부채권의 이전은 채권양도에 관한 일반원칙(제449조~제452조)에 의하면 될 것이다.

Ⅲ. 가등기담보권의 효력

1. 일반적 효력

1) 효력이 미치는 범위

가등기담보권도 일종의 담보물권으로 볼 것이므로 저당권에 관한 민법규정이 적용된다. 따라서 가등기담보권의 효력이 미치는 범위는 계약으로 달리 정한바가 없다면 부합물과 종물에 미치고(제358조), 가등기담보도 담보물권이므로 저당권에서와 같이 물상대위가 인정된다(제370조, 제342조). 그리고 담보되는 피담보채권의 범위는 제360조가 적용되게 된다. 따라서 가등기담보권은 원본·이자·위약금·채무불이행으로 인한 손해배상청구권·담보권실행비용 등을 담보하게 된다.

☞ 가등기의 효력범위

1) 가등기담보 채권자가 가등기담보권을 실행하기 이전에 그의 계약상의 권리를 보전하기 위하여 가등기담보 채무자의 제3자에 대한 선순위 가등기담보채무를 대위변제하여 구상권이 발생하였다면 특별한 사정이 없는 한 이 구상권도 가등기담보계약에 의하여 담보된다고 보는 것이 상당하다(대판 2002. 6. 11, 99다41657; 대판 2007. 7. 13, 2006다46421).

2) 채권자와 채무자가 가등기담보권설정계약을 체결하면서 가등기 이후에 발생할 채권도 후순위권리자에 대하여 우선변제권을 가지는 가등기담보권의 피담보채권에 포함시키기로 약정할 수 있고, 가등기담보권을 설정한 후에 채권자와 채무자의 약정으로 새로 발생한 채권을 기존 가등기담보권의 피담보채권에 추가할 수도 있으나, 가등기담보권 설정 후에 후순위권리자나 제3취득자 등 이해관계 있는 제3자가 생긴 상태에서 새로운 약정으로 기존 가등기담보권에 피담보채권을 추가하거나 피담보채권의 내용을 변경, 확장하는 경우에는 이해관계 있는 제3자의 이익을 침해하게 되므로, 이러한 경우에는 피담보채권으로 추가, 확장한 부분은 이해관계 있는 제3자에 대한 관계에서는 우선변제권 있는 피담보채권에 포함되지 않는다고 보아야 한다(대판 2011. 7. 14, 2011다28090).

3) 채권 담보를 위한 소유권이전청구권가등기를 경료하였으나 등기절차에서 착오로 일부 토지가 누락되어 추가등기절차를 위해 누락 토지에 관하여 별도의 매매대금, 매매완결 간주일 등을 정한 부동산매매예약서를 작성한 사안에서, 당사자의 의사는 당초 전체로서 담보가등기를 설정하기로 한 채권 중 별도의 매매대금으로 정한 금액 상당의 채권에 관하여 따로 누락 토지에 관한 담보가등기를 설정하기로 한 것이다(대판 2007. 3. 15, 2006다12701).

2) 담보목적물의 이용관계(대내적 효력)

가등기담보권이 설정되어도 목적물의 소유권은 그 가등기담보권의 실행이 있게 될 때까지는 설정자에게 있으므로 설정자는 자유롭게 그 권리를 행사할 수 있다. 따라서 가등기가 설정되기 이전에 목적물에 설정된 용익권은 가등기에 의하여 아무런 영향을 받지 않는다. 또 가등기담보권이 실행되어 그 목적물의 소유권이 담보권자나 제3자에게 이전 되더라도 그들은 용익권이 붙어있는 상태로 소유권을 취득하는 데 지나지 않으므로 용익권에는 영향이 없다.

그렇지만 채권자가 가등기담보권을 실행하여 청산절차가 종료된 경우에는 담보목적물에 대한 과실수취권 등을 포함한 사용·수익권은 채권자에게 귀속한다(대판 2001. 2. 27, 2000다20465).

한편 부동산임차권을 등기하거나 주택임대차보호법에 의하여 임차인이 보호되고 있는 경우와 같이, 대항력 있는 임차권을 취득한 자에 대해서는 비록 그것이 담보가등기가 행해진 후에 설정된 것이라 하더라도 청산금의 범위 내에서는 동시이행의 관계를 인정함으로써 임차인의 권리를 보호하고 있다(가담법 제5조 제5항). 그 밖에도 토지와 그 위의 건물이 동일한 소유자에게 속하는 경우 그 토지나 건물에 대하여 담보권의 실행으로 소유권자가 달라지거나, 담보가등기에 따른 본등기가 행하여진 경우에는 그 건물의 소유를 목적으로 그 토지 위에 지상권(地上權)이 설정된 것으로 본다. 이 경우 그 존속기간과 지료(地料)는 당사자의 청구에 의하여 법원이 정한다(가담법 제10조).

☞ 청산절차가 종료 후 담보목적물에 대한 사용·수익권

일반적으로 담보목적으로 가등기를 경료한 경우 담보물에 대한 사용·수익권은 가등기설정자인 소유자에게 있다고 할 것이나, 가등기담보약정은 채무자가 본래의 채무를 이행하지 못할 경우 채권자에게 담보목적물의 소유권을 이전하기로 하는 예약으로서 유상계약인 쌍무계약적 재산권이전약정에 해당하므로 그 성질에 반하지 않는 한 매매에 관한 민법 규정이 준용된다 할 것이고(민법 제567조), 채권자가 가등기담보권을 실행하여 그 담보목적부동산의 소유권을 취득하기 위하여 가등기담보등에관한법률에 따라 채무자에게 담보권 실행을 통지한 경우 청산금을 지급할 여지가 없는 때에는 2월의 청산기간이 경과함으로써 청산절차는 종료되고, 이에 따라 채권자는 더 이상의 반대급부의 제공 없이 채무자에 대하여 소유권이전등기청구권 및 목적물 인도청구권을 가진다 할 것임에도 채무자가 소유권이전등기의무 및 목적물 인도의무의 이행을 지연하면서 자신이 담보목적물을 사용·수익 할 수 있다고 하는 것은 심히 공평에 반하여 허용될 수 없으므로 이러한 경우 담보목적물에 대한 과실수취권 등을 포함한 사용·수익권은 청산절차의 종료와 함께 채권자에게 귀속된다고 보아야 한다(대판 2001. 2. 27, 2000다20465).

☞ 관습법상의 법정지상권의 성립여부

가등기담보권이 설정된 나대지상에 그 대지소유자가 건물을 신축한 후 가등기에 기한 본등기가 경료되어 대지와 건물의 소유자가 달라진 경우에는 특별한 사정이 없는 한 건물을 위한 관습상 법정지상권이 성립하지 않는다(대판 1994. 11. 22, 94다5458).

3) 대외적 효력

가등기담보권이 국세기본법·국세징수법·지방세법·채무자 회생 및 파산에 관한 법률(이하 채무자회생법이라고 함) 등에 적용될 때에는 저당권으로 간주된다(가담법 제17조 제3항). 또한 가등기담보권설정자가 파산한 경우에 가등기담보권자는 별제권을 가지며(가담법 제17조 제1항, 제2항, 채무자회생법 제411조, 제414조), 가등기담보설정자에 대하여 회생절차가 개시된 때에는 가등기담보권은 회생담보권으로 취급된다(채무자회생법 제141조).

☞ 가등기의 효력

국세 압류등기 이전에 소유권이전청구권 보전의 가등기가 경료되고 그 후 본등기가 이루어진 경우 그 가등기가 매매예약에 기한 순위 보전의 가등기라면 그 이후에 경료된 압류등기는 효력을 상실하여 말소되어야 할 것이지만, 그 가등기가 채무담보를 위한 가등기 즉, 담보 가등기라면 그 후 본등기가 경료되더라도 가등기는 담보적 효력을 갖는데 그치므로 압류등기는 여전히 유효하므로 말소될 수 없다(대결 1998. 10. 7, 98마1333).

2. 가등기담보권의 실행

가등기담보권자는 채무의 불이행이 있으면 담보권을 실행할 수 있는데 그 하나는 담보권자가 직접 담보부동산의 소유권을 취득하는 방법(사적실행방법인 귀속청산)과, 다른 하나는 경매에 의한 대가로부터 변제를 받는 방법이며(공적실행방법인 처분청산) 가담법은 가등기권리자가 어느 것이든 자유롭게 선택할 수 있도록 하고 있다(가담법 제12조 제1항). 담보권자가 청산절차를 어느 방법으로 할 것인가는 자유로 하고 있다(대판 2001. 8. 24, 2000다15661). 그러나 담보권의 사적실행으로서 처분청산형의 담보권실행은 가담법상 허용되지 않는다(대판 2002. 12. 10, 2002다42001; 대판 2002. 4. 23, 2001다81856). 왜냐하면 처분청산을 하기 위해서는 가등기담보권자가 처분권을 취득하여 처분행위를 하여야 하는데, 가담법에 의하면 청산절차를 거치지 않는 한 가등기담보권자는 소유권을 취득할 수 없으므로 처분청산을 할 수 없다(가담법 제4조 제2항).

1) 권리취득에 의한 사적실행(귀속청산)

가등기담보권자가 그 담보권을 실행하여 그 담보목적부동산의 소유권을 취득하기 위해서는 채권의 변제기가 경과한 후에 청산금(목적물의 가액에서 채권액을 공제한 것)의 평가액을 채무자에게 통지하고, 그 통지가 상대방에게 도달한 날로부터 2개월(이 기간을 청산기간이라 한다)이 경과하고(가담법 제3조 제1항), 담보목적물의 평가액에서 피담보채권액을 공제한 금액(청산금)을 채무자에게 지급 한 후(가담법 제4조 제1항), 가등기에 기한 본등기를 마침으로써 담보목적물의 소유권을 취득하게 된다.

즉, 담보부동산이 부동산으로서 이미 소유권이전등기가 행해지고 있는 경우(양도담보의 경우)에는 청산기간이 경과한 후에 청산금을 채무자에게 지급한 때에 그 소유권을 취득하는 것이 된다. 이에 비하여 담보가등기가 행해지고 있는 경우(보통의 가등기담보)에는 청산기간이 경과하여야만 가등기에 기한 본등기를 청구할 수 있게 된다(가담법 제4조 제2항). 그러나 가등기담보의 경우에는 청산금지급의무와 부동산의 소유권이전등기 및 인도채무의 이행은 서로 동시이행의 관계에 놓이게 된다(가담법 제4조 제3항).

(1) 실행통지

통지할 사항은 청산금의 평가액이다. 구체적으로 보면 통지할 당시 목적부동산의 평가액과 민법 제360조에 규정된 채권액(원본·이자·위약금·채무불이행에 의한 손해배상·실행비용)을 명시하여야 한다(가담법 제3조 제2항). 그런데 가액을 평가하는 방법에는 제한이 없으므로 채권자가 나름대로 평가한 청산금의 액수가 객관적인 청산금의 평가액에 미치지 못한다고 하더라도 담보권 실행의 통지로서의 효력이나 청산기간의 진행에는 아무런 영향이 없고, 다만 채무자 등은 정당하게 평가된 청산금을 지급 받을 때까지 목적부동산의 소유권이전등기 및 인도 채무의 이행을 거절하면서 피담보채무 전액을 채권자에게 지급하고 채권담보의 목적으로 마쳐진 가등기의 말소를 구할 수 있을 뿐이다(대판 1996. 7. 30, 96다6974, 6981). 이 경우 부동산이 2개 이상인 때에는 각 부동산의 소유권이전에 의하여 소멸시키려고 하는 채권과 그 비용을 명시하여야 한다(가담법 제3조 제2항 후단).

평가한 결과 청산금이 없다고 인정되는 경우에는 그 사실을 통지하여야 한다(가담법 제3조 제1항). 일단 통지하고 나면 채권자는 자기가 통지한 청산금의 금액에 대하여 다툴 수 없다(가담법 제9조). 채무자 등에 대한 청산금의 통지방법에는 제한이 없으므로 구두나 서면으로 할 수 있다(대판 2001. 8. 24, 2000다15661).

실행통지의 상대방은 채무자·물상보증인·가등기담보 후 소유권을 취득한 제3자가 된다(가담법 제3조 제1항, 제2조 2호). 상대방이 여러 명인 때에는 그 모두에게 통지를 하여야 하고, 일부에 대하여 통지가 누락되면 통지로서의 효력이 발생하지 않는다. 따라서 가등기권자는 그 후 청산금을 지급하였더라고 가등기에 기한 본등기를 청구할 수 없고, 설령 본등기가 경료되었다고 하여도 소유권을 취득할 수 없다(대판 2002. 4. 23, 2001다81856). 통지 시기는 피담보채권의 변제기 이후라면 언제라도 상관없다(가담법 제3조 제1항).

☞ 귀속정산절차상 통지의 상대방

가등기담보 등에 관한 법률에 의하면, 가등기담보권자가 담보권실행을 위하여 담보 목적 부동산의 소유권을 취득하기 위하여는 그 채권의 변제기 후에 소정의 청산금 평가액 또는 청산금이 없다고 하는 뜻을 채무자 등에게 통지하여야 하고(제3조 제1항), 이때의 채무자 등에는 채무자와 물상보증인뿐만 아니라 담보가등기 후 소유권을 취득한 제3취득자가 포함되는 것이므로(제2조 제2호), 위 통지는 이들 모두에게 하여야 하는 것으로서 채무자 등의 전부 또는 일부에 대하여 위 통지를 하지 않으면 청산기간이 진행할 수 없게 되고, 따라서 가등기담보권자는 그 후 적절한 청산금을 지급하거나 실제 지급할 청산금이 없다고 하더라도 가등기에 기한 본등기를 청구할 수 없으며, 설령 편법으로 본등기를 마쳤다고 하더라도 그 소유권을 취득할 수 없다(대판 2002. 4. 23, 2001다81856).

(2) 청 산

실행통지가 채무자 등에게 도달한 날로부터 2개월(청산기간)이 경과할 때까지 채무자가 변제를 하지 않으면 가등기담보권자는 청산에 들어가게 된다(가담법 제3조 제1항). 통지의 상대방이 수인인 경우에는 모두에게 통지가도달한 시점을 기준으로 한다. 가등기담보권자는 2개월의 청산기간이 경과한 때에, 목적 부동산의 가액과 채권액의 차액을 청산금으로서 채무자 등에게 지급하여야 할 청산의무가 있다(가담법 제4조 제1항).

청산의무를 규정하고 있는 가담법의 내용에 위반되는 특약으로서 채무자에게 불리한 것은 무효가 된다(가담법 제4조 제4항). 따라서 청산금을 지급하지 않기로 하는 특약이나, 청산금지급의무와 목적물에 대한 이전등기 및 인도의 동시이행관계를 배제하는 특약은 허용되지 않는다. 그러나 청산기간이 경과한 후의 특약으로서 제3자의 권리를 침해하지 않는 것은 예외이다(가담법 제4조 제4항 단서).

청산금은 실행통지 당시의 목적 부동산 가액에서 그 시점의 피담보채권액을 공제한 차액이 되므로, 피담보채권액을 계산할 때 선순위담보권이 있는 경우에는 그것에 의하여 담보된 채권액도 합산하여야 한다(가담법 제4조 제1항). 가등기담보권자가 지급할 청산금을 산정하기 위한 목적 부동산의 가액은 실행통지시의 주관적인 평가액이 아니라 객관적인 평가액을 말한다. 그러나 주관적 평가액이 객관적 평가액보다 크다면 주관적 평가액에 의한다(가담법 제9조).

청산금청구권자는 채무자·물상보증인·목적부동산의 제3취득자이다(가담법 제4조 제1항, 제2조 2호). 또한 가담법에 의하면 담보가등기 후에 등기된 저당권자·전세권자·가등기담보권자도 청산금청구권을 행사할 수 있다(가담법 제5조 제1항, 제2조 5호). 또한 실행 통지가 채무자 등에게 도달하면 채권자는 지체없이 후순위권리자에게 그 사실과 내용 및 도달일을 통지하여야 하고(가담법 제6조 제1항), 담보가등기 후에 등기한 제3자(1항에 따라 통지를 받을 자를 제외하고, 대항력 있는 임차권자를 포함한다)가 있으면 그 제3자에게도 실행통지의 사실과 그 채권액을 통지하여야 한다(가담법 제6조 제2항). 그리고 이러한 청산의무는 청산기간이 만료한 때에 발생하므로 채무자가 청산기간이 지나기 전에 한 청산금에 관한 권리의 양도나 그 밖의 처분을 하거나, 채권자가 청산기간이 지나기 전에 청산금을 지급한 경우 또는 제6조 제1항에 따른 통지를 후순위권리자에게 하지 아니하고 청산금을 지급한 경우에는 이로써 후순위권리자에게 대항하지 못한다(가담법 제7조).

청산금채권이 압류되거나 가압류된 때에는 채권자는 청산기간이 경과한 후 청산금을 법원에 공탁하여 그 범위 내에서 채무를 면할 수 있으며(가담법 제8조 제1항), 채권자가 공탁을 한 때에는 채무자등과 압류채권자 또는 가압류채권자에게 지제없이 공탁의 통지를 하여야 한다(가담법 제8조 제4항).

☞ **후순위권리자에게 통지 없는 청산의 효력**

1) 가등기담보권자인 채권자가 청산기간이 경과하기 전 또는 가등기담보법 제6조1항에 의하여 채무자에게 청산통지를 하였다는 사실 등을 후순위권리자에게 통지하지 아니하고, 채무자에게 청산금을 지급한 경우에는 이로써 후순위권리자에게 대항할 수 없다. 그러나 이러한 채권자의 변제 제한의 효력은 후순위권리자에게만 적용되는 상대적인 것이므로, 후순위권리자는 청산금채권이 아직 소멸하지 않은 것으로 보고 채권자에게 직접 권리를 행사할 수 있고 후순위권리자가 채권자에게 청산금을 지급하여 줄 것을 청구하게 되면 채권자로서는 청산금의 이중지급의 책임을 면할 수 없다는 취지일 뿐이지, 후순위권리자가 존재한다는 사유만으로 채무자에게 담보권의 실행을 거부할 권원을 부여하는 것은 아니다(대판 2002. 12. 10, 2002다42001)

2) 가등기담보권자가 가등기담보등에관한법률 제3조에서 정한 담보권 실행의 통지를 채무자에게 하고, 후순위 권리자가 있는 경우에는 같은 법 제6조 제1항에서 정한 통지를 한 후 같은 법 제6조 제1항의 통지를 받은 후순위 권리자가 채권자에게 직접 권리를 행사한 바가 없고 또한 청산기간을 경과하게 되면, 채권자는 채무자에게 청산금을 변제할 수 있음은 물론, 채권자가 채무자에 대하여 가등기담보에 의하여 담보되지 아니한 별개의 금전채권을 가지고 있는 경우에는 이것을 자동채권으로 하여 채무자의 청산금채권을 상계할 수 있다(대판 2002. 6. 11, 99다41657).

(3) 본등기에 의한 소유권 취득

가등기담보권자가 실행통지와 청산(청산기간의 경과 및 청산금의 지급)을 거쳐 지급할 청산금이 없는 경우에는 가등기담보권자는 청산기간이 지난 후에 담보가등기에 의한 본등기를 청구할 수 있고(가담법 제4조 제2항), 청산금이 있는 경우에는 가등기담보권자는 청산기간이 지난 후 채권자 등에게 청산금을 지급하거나 청산금을 공탁하고 본등기의 청구를 할 수 있으며(가담법 제4조 제2항, 제8조), 이 본등기청구권의 행사에 의하여 자기 앞으로 소유권이전등기를 하여야 목적물에 대한 소유권을 취득하게 된다(제186조).

판례에 의하면 실행통지와 청산절차를 위반하여 담보가등기에 기한 본등기가 이루어진 경우에는 그 본등기는 무효가 되며, 그 본등기가 가등기권리자와 채무자 사이의 특약에 의하여 이루어졌다고 하더라도 그 특약이 채무자에게 불리한 것으로서 무효가 되면 그 본등기도 여전히 무효가 되고, 약한 의미의 양도담보로서 담보의 목적 내에서 유효한 것은 아니다. 다만 가등기권리자가 가담법 소정의 절차에 따라 청산금의 평가액을 채무자 등에게 통지한 후 채무자에게 정당한 청산금을 지급하거나 지급할 청산금이 없는 경우, 채무자가 그 통지를 받은 날로부터 2개월의 청산기간이 경과하면 그 무효인 본등기는 실체적 법률관계에 부합하는 유효한 등기가 될 수 있다고 한다(대판 2002. 12. 10, 2002다42001; 대판 2007. 7. 13, 2006다46421; 대판 2007. 12. 13, 2007다49595).

☞ 가등기담보의 소유권 취득

가담법이 시행되기 전에 채권자가 채권담보의 목적으로 부동산에 가등기를 경료하였다가 그 후 변제기까지 변제를 받지 못하게 되어 위 가등기에 기한 소유권이전의 본등기를 경료한 경우에는 당사자들 사이에 채무자가 변제기에 피담보채무를 변제하지 아니하면 채권채무관계는 소멸하고 부동산의 소유권이 확정적으로 채권자에게 귀속된다는 명시의 특약이 없는 한, 그 본등기도 채권담보의 목적으로 경료된 것으로서 정산절차를 예정하고 있는 이른바 "약한의미의 양도담보"가 된 것으로 보아야 한다(대판 2005. 7. 15, 2003다46963).

(4) 채무자등의 가등기말소청구권

채무자 등은 청산금을 변제받을 때까지 채무액(반환시까지의 이자와 손해금 포함)을 채권자에게 지급하고 채권담보의 목적으로 경료된 소유권이전등기의 말소를 청구할 수 있다(가담법 제11조 본문). 이 규정은 담보의 목적으로 소유권이전등기를 경료한 경우에 적용되는 것으로서 양도담보에 관한 규정으로서 가등기말소청구권에 관한 규정은 아니다. 따라서 채무자 등은 청산금이 지급이 있을 때까지 채무를 변제하고 가등기의 말소청구를 할 수 있는가가 문제이다. 이에 대해서 가등기담보에 있어서도 채무자 등이 채무를 변제하면 가등기의 말소청구를 할 수 있다고 하여 가담법 제11조의 유추적용을 인정하는 것이 통설의 견해이고[133] 판례(대판 1994. 6. 28, 94다3087, 94다3094)도 이러한 입장을 취하고 있다.

다만 채무의 변제기로부터 10년이 경과하거나 또는 선의의 제3자가 소유권을 취득한 때에는 소유권이전등기의 말소를 청구할 수 없다(가담법 제11조 단서). 이러한 가담법 제11조 단서의 내용을 가등기담보에도 유추적용할 것인가에 대해서는 학설상 다툼이 있다. 이를 인정함이 통설적 입장이지만,[134] 변제기가 경과한 때로부터 10년이 경과한 경우에 대해서는 유추적용을 인정하지 않는 견해도 있다.[135]

☞ 가등기담보의 말소청구

채권자가 가등기담보권을 실행하여 그 담보목적부동산의 소유권을 취득하기 위하여 채무자에게 담보권 실행을 통지하고 2월의 청산기간이 경과한 후에도 채무자는 정당하게 평가된 청산금을 지급받을 때까지 목적부동산의 소유권이전등기 및 인도채무의 이행을 거절하면서 피담보채무 전액과 그 이자 및 손해금을 지급하고 그 채권담보의 목적으로 경료된 가등기의 말소를 청구할 수 있다(대판 1994. 6. 28, 94다3087).

2) 경매에 의한 실행

가등기담보권자는 목적부동산의 담보권실행경매를 청구하여 그 경매대금으로부터 자기채권의 변제를 받을 수 있다. 가등기담보권자가 목적물의 경매

133) 곽윤직, 397면; 김상용, 820면; 송덕수, 896면; 지원림, 845.
134) 고상룡, 757면; 곽윤직, 398면; 김용한, 656면; 김증한·김학동, 591면; 이영준, 1003면; 이은영, 877면; 지원림, 845면.
135) 김상용, 821면; 이상태, 539면; 송덕수, 897면.

를 청구한 경우에는 가등기담보권을 저당권으로 봄으로써 법적 처리가 행해진다(가담법 제12조 제1항). 그 우선순위는 담보가등기가 행해진 때를 기준으로 정한다.

3. 가등기담보권자의 배당참가

담보가등기를 마친 부동산에 대하여 제3자에 의한 강제경매 등이 개시된 경우에 담보가등기권리자는 다른 채권자보다 자기채권을 우선변제 받을 권리가 있다. 이 경우 그 순위에 관하여는 그 담보가등기권리를 저당권으로 보고, 그 담보가등기를 마친 때에 그 저당권의 설정등기(設定登記)가 행하여진 것으로 본다(가담법 제13조). 경매법원은 가등기권리자에 대하여 그 가등기가 담보가등기인 때에는 그 내용 및 채권의 존부, 원인 및 수액을 신고할 것을 최고하여야 하고(동법 제16조 제1항), 압류등기 전에 경료된 담보가등기권리가 매각에 의하여 소멸하는 때에는 1항의 채권신고를 한 경우에 한하여 그 채권자는 매각대금의 배당 또는 변제금의 교부를 받을 수 있다(가담법 제16조 제2항). 이는 등기부상의 기재만으로 가등기가 담보가등기인지 보전가등기인지 구별하기 어려운 점을 고려한 것이다. 따라서 압류등기 전에 경료된 담보가등기권리자가 집행법원이 정한 기간 안에 채권신고를 하지 아니하면 매각대금의 배당을 받을 권리를 상실한다(대판 2008. 9. 11, 2007다25278).

담보가등기가 되어 있는 부동산에 대하여 경매의 개시결정이 있는 경우에, 그 경매 신청이 청산금을 지급하기 전에 이루어진 때에는 가등기담보권자는 가등기에 기한 본등기를 청구할 수 없다(동법 제14조), 담보가등기가 되어 있는 부동산에 대하여 경매가 이루어진 때에는 가등기담보권은 그 부동산의 매각에 의하여 소멸한다(동법 제15조). 따라서 경매가 있으면 가등기담보권자는 오직 배당에 참가하여 변제받을 수 있을 뿐이다. 경락인이 경락대금을 지급하여 소유권을 취득하였다면 가등기담보권은 소멸하므로 경매 후에 가등기에 기하여 이루어진 본등기는 무효 등기가 되며, 그 본등기가 종전 소유자와의 대물변제의 합의에 의하여 이루어진 것이라고 하여도 이는 소유권을 경락인이 취득한 후에 무효인 가등기를 유용하는 것에 해당하여 역시 무효가 된다(대판 1994. 4. 12, 93다52853).

☞ 가등기담보권자의 우선변제권

가등기담보권자는 그 담보가등기가 경료된 부동산에 대하여 경매 등이 개시된 경우에 다른 채권자보다 자기 채권에 대하여 우선변제를 받을 권리가 있다고 할 것이고 이 경우 그 순위에 관하여는 그 담보가등기권리를 저당권으로 보고 그 담보가등기가 경료된 때에 저당권설정등기가 행해진 것으로 보게 되므로, 가등기담보권에 대하여 선순위 및 후순위 가압류채권이 있는 경우 부동산의 경매에 의한 매득금 중 경매비용을 제외한 나머지 금원을 배당함에 있어 가등기담보권자는 선순위 가압류채권에 대하여는 우선변제권을 주장할 수 없어 그 피담보채권과 선순위 및 후순위 가압류채권에 대하여 1차로 채권액에 따른 안분비례에 의하여 평등배당을 하되, 담보가등기권자는 위 후순위 가압류채권에 대하여는 우선변제권이 인정되어 그 채권으로부터 받을 배당액으로부터 자기의 채권액을 만족시킬 때까지 이를 흡수하여 변제받을 수 있으며 선순위와 후순위 가압류채권이 동일인의 권리라 하여 그 귀결이 달라지는 것이 아니다(대판 1992. 3. 27, 91다44407)

Ⅳ. 가등기담보권의 소멸

가등기담보권은 목적물의 소멸과 같은 물권 일반에 공통된 소멸원인이 있으면 소멸한다. 또한 채무의 변제·소멸시효 기타의 사유로 피담보채권이 소멸하면 부종성에 의하여 가등기담보권도 소멸한다. 예컨대, 담보가등기의 피담보채권이 시효로 소멸한 경우에는 그 담보가등기 및 그에 기한 소유권이전등기는 말소되어야 한다(대판 2007. 3. 15, 2006다12701). 그 밖에 가등기담보권자가 가담법에 의하여 소유권을 취득하거나(가담법 제4조), 목적 부동산에 경매가 실시된 경우(가담법 제15조), 소유권이전등기가 된 뒤 10년이 경과하였거나 선의의 제3자가 부동산의 소유권을 취득한 경우(가담법 제11조의 유추적용)에도 가등기담보권은 소멸한다.

제3절 양도담보

Ⅰ. 의의 및 법적성질

1. 의 의

양도담보란 채권담보를 위하여 채무자 또는 제3자(물상보증인)의 소유권 기타의 재산권을 외관상 채권자에게 이전하며, 변제기에 채무자가 변제를 하면 그 소유권 기타의 재산권을 채무자 또는 제3자에게 반환하고, 변제기에 변제하지 않는 경우에는 그 재산권에 관하여 청산절차를 거쳐 우선변제를 받을 수 있는 소유권이전형의 비전형담보를 말한다.

예컨대 甲금전소비대차계약에 의하여 乙로부터 3,000만원을 빌리면서 그 담보로 시가 5,000만원 상당의 甲소유 토지를 乙 앞으로 소유권이전등기를 해 주는 방법이다. 이 경우 甲은 변제기에 3,000만원과 이자를 변제하고 토지를 다시 찾아오는 형식이다.

2. 양도담보와 매도담보

채권자에게 소유권을 이전하는 형식을 보통의 매매로 할 것인가 아니면 환매특약부 매매 또는 그에 준하는 재매매예약부 매매로 할 것인가에 따라 전자를 협의의 양도담보(약한 양도담보), 후자를 특히 매도담보(강한 양도담보)라고 한다.

양자는 먼저 피담보채권의 존부에 차이가 있다. 전자에는 소비대차 등 채권

발생 원인이 매매보다 전에 또는 동시에 체결되어 있어서 대여금반환채권이라는 피담보채권이 존재하지만, 후자에는 소비대차에 기한 채권과 채무가 존재하지 않는다는 것이다. 그리고 양자는 채무이행시 채무자가 목적물의 원상을 회복하는 방법에 차이가 있다. 전자의 경우에는 소유권에 기한 반환청구권 혹은 양도담보계약상의 반환청구권으로 회복하지만, 후자의 경우에는 매매계약상 특약으로 채무자가 가지는 환매권 혹은 재매매예약완결권의 행사로 회복하게 된다. 양자 모두 금융의 수수를 목적으로 한다는 점과 소유권 이전의 외관을 갖추고 있다는 점에서 공통점이 있다.

그래서 양자의 구별여부에 대하여 긍정설[136]과 부정설[137]이 병존한다. 양자는 분명히 개념상 구별된다. 하지만 매도담보를 비전형담보 부분에서 구별하여 논의할 실익은 없다. 매도담보에 관하여는 이미 규율하는 환매 규정(제590조~제595조)과 예약규정(제564)이 있고, 매도담보를 비전형담보인 양도담보와 같이 논의하는 것은, 당사자가 매매대금의 수수를 금융수수로 의식하였다면 당사자의 약정을 채권담보설정으로 해석할 수 있기 때문이다. 그리고 가담법은 매도담보를 협의의 양도담보와 같이 규율대상으로 함으로서 채권자의 폭리를 예방하고 있으므로 특별한 논의는 필요 없다고 하겠다.

3. 법적성질

양도담보는 그 목적이 채권담보임에도 불구하고 담보권을 설정하지 않고 소유권이전이라는 형식을 취하고 있기 때문에 목적과 형식 사이에 불일치가 존재한다. 따라서 그 형식을 중시하여 소유권이 이전된다고 할 것인가 아니면 채권담보라는 목적을 중시하여 담보물권이라고 구성할 것인가가 문제된다. 이에 대하여 양도담보가 모두 가담법의 적용을 받는 것은 아니므로 나누어서 살펴본다.

---

136) 곽윤직, 402면; 김상용, 828면; 김증한·김학동, 594면.
137) 고상룡, 766면; 김준호, 495면; 송덕수, 901면; 이상태, 543; 이영준, 975면.

1) 가담법의 적용을 받는 경우

신탁적양도설[138]은 채권담보의 목적으로 대외적 관계에서는 소유권을 완전히 담보권자에게 이전시켜 주지만, 대내적으로는 소유권이 양도담보설정자에게 유보되어 있는 상태로 본다.

담보물권설[139]은 채권자는 형식적으로 목적물의 소유권을 취득할 뿐이고, 실질적인 소유권은 여전히 설정자에게 있고, 담보권자는 양도담보권이라는 일종의 담보물권을 취득한 것에 불과하다고 본다.

가담법 제정 이전의 다수설과 판례는 동산과 부동산을 불문하고 신탁적 양도설을 따랐다. 즉, 양도담보권자는 목적물의 완전한 소유권을 취득하지만, 그 소유권을 행사함에 있어서는 양도담보권설정자에 대하여는 담보의 목적범위 내에서 소유권을 행사하여야 할 채무를 부담할 뿐이라고 한다. 따라서 이에 위반하면 채무변제기 전에 목적물을 제3자에게 양도하면 양수인은 선의·악의를 불문하고 목적물의 소유권을 유효하게 취득하고, 양도담보권자는 채무불이행으로 인한 손해배상의무를 지게 된다.

그러나 가담법 시행 이후의 다수설인 담보물권설은 그 실정법적 근거로 가담법 제4조 제2항이 "채권자는 담보부동산에 관하여 이미 소유권이전등기가 경료된 경우에는 청산기간 경과 후 청산금을 채무자 등에게 지급한 때에 목적부동산의 소유권을 취득"하는 것으로 규정하고 있는 것으로 보아 청산절차가 종료되기 전까지는 설정자에게 소유권이 있고, 단지 양도담보권이라는 일종의 담보물권이 설정된 것으로 보아야 하고, 양도 담보에서 소유권이전의 목적은 채권담보에 있는 것이므로 실질적으로는 양도담보권이라는 담보권만이 채권자에게 귀속하고 소유권은 여전히 설정자에게 유보한다고 하는 것이 당사자의 의사에 합치하는 해석이라고 한다. 또한 세법에서 체납자가 채권자에게 양도담보의 목적물로서 재산권을 양도한 경우라 하더라도 그 재산으로부터

138) 김준호, 496면; 이영준, 983면; 양형우, 845면.

139) 고상룡, 774면; 곽윤직, 408면; 김상용, 834면; 김용한 632면; 이상태, 547면; 김증한·김학동, 598면; 송덕수, 903면; 지원림, 862면.

체납금을 징수할 수 있는 것으로 규정한 것(국세기본법 제42조, 지방세법 제36조)은 양도담보를 일종의 담보물권에 불과한 것으로 보고 소유권은 여전히 설정자가 보유하고 있음을 전제로 한 것이라고 하여 담보물권설의 근거로 들고 있다.[140]

가담법 시행 이후 판례는 담보물권설과 신탁적 소유권이전설(대판 1995. 7. 25, 94다46428; 대판 1992. 1. 21, 91다35175) 사이에서 명확한 입장표명을 보류한 듯하지만, 최근의 판례의 경향은 담보물권설을 취하는 것으로 해석된다(대판 2007. 5. 11, 2006다6836; 대판 1991. 11. 8, 91다21770; 대판 2001. 1. 5, 2000다47682).

다만 동산양도담보의 경우 학설은 가등기담보법의 유추적용을 인정하지만, 판례는 신탁적 소유권이전설에 따른다(대판 2008. 11. 27, 2006도4263; 대판 2003. 9. 26, 2003다29036; 2005. 2. 18, 2004다37430).

2) 가담법의 적용을 받지 않는 경우

동산양도담보나 부동산 양도담보라도 공사대금의 지급을 담보하는 경우와 같이 소비대차에 의하지 않는 채권을 담보하는 경우(대판 2001. 3. 23, 2000다29356, 29363; 대판 2004. 4. 27, 2003다29968)나 매매대금의 지급을 담보하기 위하여 부동산의 소유권을 이전하여 주는 경우(대판 2001. 1. 5, 2000다47682)에는 가담법이 적용되지 않는다.

이에 대하여 판례(대판 1999. 9. 7, 98다47283; 대판 2005. 2. 18, 2004다37430; 대판 2007. 2. 22, 2006도8649; 대판 2008. 11. 27, 2006도4263)는 신탁적소유권이전설의 입장을 취하고 있다. 따라서 소유권은 채권자에게 이전하되 채권자는 담보의 목적 범위 내에서 권리를 행사하여야 한다는 것이다.

---

140) 김형배·김규완·김명숙, 810면; 송덕수, 903면; 양형우, 843면.

Ⅱ. 양도담보권의 설정

1. 양도담보설정계약

양도담보설정계약은 채권의 담보의 목적으로 채권자와 채무자 혹은 제3자(물상 보증인)사이에서 채무자 혹은 제3자의 특정 재산을 채권자에게 양도하고 채무불이행이 있을 때 그 재산으로부터 변제를 받게 하는 계약으로 낙성·불요식의 계약이다. 목적물은 재산적 가치가 있는 것으로서 양도 가능한 것이면 동산·부동산은 물론이고 채권·주식·지식재산권 등도 목적물이 될 수 있다. 나아가서 집합물도 양도담보의 목적물이 된다. 종류·장소·수량 등의 지정으로 특정 가능하면 하나의 재산권으로 되기 때문에 일물일권주의에 반하지 않는다. 심지어 집합물을 구성하는 개개 물건이 변동하여도 새 구성물에 대하여 별도의 설정행위를 하지 않아도 양도담보의 목적물이 된다. 유의할 것은 가령 일정한 돼지우리 안의 여러 마리 돼지들로 구성된 집합물의 경우 새로 태어나는 돼지들은 일정기간에 따라 출하 처분되는 큰 돼지들의 대체물로서 역시 기존 집합물의 구성물이 되며, 양수인이 별도의 자금을 투입하여 반입한 돼지에까지 양도담보권자의 목적물에 대한 수익권이 미치지 않는다는 것이다(대판 2004. 11. 12, 2004다22858).

그리고 양도담보권에 의하여 담보되는 피담보채권은 금전채권이 보통이지만, 반드시 금전채권에 한정되지 않는다.

2. 양도담보권의 공시방법

양도담보설정계약이 물권행위로서의 효력을 발생하기 위해서는 목적물의 종류에 따라서 공시방법을 갖추어야 한다.

목적물이 동산인 경우에는 동산의 인도가 있어야 하는데, 동산질권과는 달리 점유개정에 의한 인도도 무방하다(대판 1994. 8. 26, 93다44739). 즉, 점유개정으로 설정자가 이를 사용하는 것이 양도담보 제도가 고안된 이유이기 때문이다. 점유개정에 의한 2중의 양도담보는 인정되지 않으며(대판 2004. 12. 24, 2004다45943; 대판 2005. 2. 18, 2004다37430), 양도담보권자가 점유를 상실하여도 양도담보의 효력에는 아무런 영향을 미치지 않는다(대판 2000. 6. 23, 99다65066).

목적물이 부동산인 경우에는 그 등기를 갖추어야 한다. 그런데 부동산 등기법이 양도담보의 등기에 관한 규정을 두고 있지 않으므로, '매매'를 등기원인으로 단순한 이전등기를 하는 것이 관행이었으나, 1995년 제정된 「부동산실권리자명의등기에 관한 법률」은 부동산 양도담보의 경우 채무자, 채권액 및 채무변제를 위한 담보라는 뜻을 기재한 서면을 등기관에게 제출하도록 하고 있다(부동산 실권리자명의 등기에 관한 법률 제3조 제2항).

기타의 재산권이 양도담보의 목적인 때에는 각각의 권리의 이전에 필요한 공시방법을 갖추어야 한다.

☞ 점유개정에 의한 2중의 양도담보의 효력

금전채무를 담보하기 위하여 채무자가 그 소유의 동산을 채권자에게 양도하되 점유개정에 의하여 채무자가 이를 계속 점유하기로 한 경우 특별한 사정이 없는 한 동산의 소유권은 신탁적으로 이전됨에 불과하여 채권자와 채무자 사이의 대내적 관계에서 채무자는 의연히 소유권을 보유하나 대외적인 관계에 있어서 채무자는 동산의 소유권을 이미 채권자에게 양도한 무권리자가 된다. 따라서 다시 다른 채권자와의 사이에 양도담보 설정계약을 체결하고 점유개정의 방법으로 인도를 하더라도 선의취득이 인정되지 않는 한 나중에 설정계약을 체결한 채권자는 양도담보권을 취득할 수 없는데, 현실의 인도가 아닌 점유개정으로는 선의취득이 인정되지 아니한다. 결국 뒤의 채권자는 양도담보권을 취득할 수 없다 할 것이다(대판 2004. 6. 25, 2004도1751)

Ⅲ. 양도담보권의 효력

1. 일반적 효력

1) 효력이 미치는 범위

양도담보권도 일종의 담보물권으로 법적 구성한다면 저당권에 관한 민법규정, 예컨대 제360조·제358조·제342조 등이 적용된다. 따라서 양도담보권은 원본·이자·위약금·채무불이행으로 인한 손해배상청구권·담보권 실행비용 등을 담보하게 되나, 지연배상은 원본의 이행기를 경과한 1년분에 한정된다(제360조). 제360조 단서는 양도담보권자의 제3자에 대한 제한이므로 채무자가 양도담보권자에게 이 제한을 주장할 수 없다(대판 1992. 5. 12, 90다8855). 부합물·종물 등도 양도담보권의 효력이 미치는 목적물의 범위에 포함된다(제358조). 하지만 사용수익권이 채무자에게 있는 양도담보의 경우 원칙적으로 과실은 제외된다(대판 1996. 9. 10, 96다25463). 원물의 과실이 수익의 내용임이 보통이지만, 유통집합물의 경우에는 출하되는 원물을 보충 내지 대체하는 천연과실은 양도담보권의 목적물이라고 보아야 한다. 또한 양도담보권도 저당권과 같은 불가분성을 가진다고 볼 것이며, 채권자에게 물상대위가 인정된다(민법 제342조).

☞ 양도담보권의 범위

1) 양도담보가 설정된 대지상의 건물임차인에게 양도담보권자는 토지소유자임을 내세워 명도를 구할 수 없다(대판 1996. 6. 28, 96다9218).

2) 돼지를 양도담보의 목적물로 하여 소유권을 양도하되 점유개정의 방법으로 양도담보설정자가 계속하여 점유·관리하면서 무상으로 사용·수익하기로 약정한 경우, 양도담보 목적물로서 원물이 돼지가 출산한 새끼 돼지는 천연과실에 해당하고 그 천연과실의 수취권은 원물인 돼지의 사용·수익권을 가지는 양도담보설정자에게

귀속되므로, 다른 특별한 약정이 없는 한 천연과실인 새끼 돼지에 대하여는 양도담보의 효력이 미치지 않는다고 본다(대판 1996. 9. 10, 96다25463).

3) 돈사에서 대량으로 사육되는 돼지를 집합물에 대한 양도담보의 목적물로 삼은 경우, 그 돼지는 번식, 사망, 판매, 구입 등의 요인에 의하여 증감 변동하기 마련이므로 양도담보권자가 그 때마다 별도의 양도담보권설정계약을 맺거나 점유개정의 표시를 하지 않더라도 하나의 집합물로서 동일성을 잃지 아니한 채 양도담보권의 효력은 항상 현재의 집합물 위에 미치게 된다. 따라서 돈사에서 대량으로 사육되는 돼지를 집합물에 대한 양도담보의 목적물로 삼은 경우, 위 양도담보권의 효력은 양도담보설정자로부터 이를 양수한 양수인이 당초 양수한 돈사 내에 있던 돼지들 및 통상적인 양돈방식에 따라 그 돼지들을 사육·관리하면서 돼지를 출하하여 얻은 수익으로 새로 구입하거나 그 돼지와 교환한 돼지 또는 그 돼지로부터 출산시켜 얻은 새끼돼지에 한하여 미치는 것이지 양수인이 별도의 자금을 투입하여 반입한 돼지에까지는 미치지 않는다(대판 2004. 11. 12, 2004다22858).

2) 대내적 효력

목적물의 사용·수익권은 당사자의 합의로 정하여지나, 특약이 없으면 설정자에게 귀속된다고 보아야 한다(대판 2001. 12. 11, 2001다40213; 대판 2008. 2. 28, 2007다37394, 37400). 설정자의 사용·수익권의 법적 근거는 특약이 없는 경우 담보물권설에 의한다면 소유권은 여전히 설정자에게 있으므로 대내외적으로 소유자로서 담보권으로 제한되는 범위를 제외한 권리의 행사로서 사용·수익할 수 있다. 신탁적양도설에 따르면 설정자의 내부적 소유권에 근거해서 사용·수익하는 것이다. 따라서 가담법의 적용을 받는 경우에는 양도담보권자는 담보권만을 취득하고 소유권은 설정자에게 있으므로 담보권설에 근거해서, 가담법의적용을 받지 않는 경우에는 신탁적소유권이전설에 근거하는 것이라고 볼 수 있다.

> ☞ 양도담보목적물의 사용·수익권자
>
> 1) 일반적으로 부동산을 채권담보의 목적으로 양도한 경우 특별한 사정이 없는 한 목적부동산에 대한 사용수익권은 채무자인 양도담보설정자에게 있는 것이므로 양도담보권자는 사용·수익할 수 있는 정당한 권한이 있는 채무자나 채무자로부터 그 사용·수익할 수 있는 권한을 승계한 자에 대하여는 사용수익을 하지 못한 것을 이유로 임료상당의 손해배상이나 부당이득반환청구는 할 수 없다(대판 1988. 11. 22, 87다카2555; 대판 2008. 2. 28, 2007다37394, 37400).
>
> 2) 일반적으로 부동산을 채권담보의 목적으로 양도한 경우 특별한 사정이 없는 한 목적부동산에 대한 사용수익권은 채무자인 양도담보 설정자에게 있는 것이므로 설정자와 양도담보권자 사이에 양도담보권자가 목적물을 사용 · 수익하기로 하는 약정이 없는 이상 목적부동산을 임대할 권한은 양도담보 설정자에게 있다(대판 2001. 12. 11, 2001다40213).

3) 대외적 효력

(1) 양도담보권의 처분

담보물권의 부종성에 따라 양도담보권은 오직 피담보채권의 양도와 함께 제3자에게 양도될 수 있다. 신탁적양도설을 취하더라도 이러한 양도는 허용될 것이다. 이는 가등기담보법의 적용 여하와 목적물이 무엇인가를 불문하고 마찬가지이다.

(2) 양도담보물의 처분

① 양도담보권자의 변제기전 처분

통상의 담보물권과 달리 특히 등기원인을 양도담보라고 기재하지 않고 소유권이전등기를 넘겨받은 부동산양도담보권자는 목적물을 변제기 전에 처분할 현실적 가능성이 있다. 동산양도담보의 경우에도 처분의 가능성이 희박하지만 있다. 이러한 처분은 양도담보설정계약에 반하는 것이지만, 제3자와의 관계는 가등기담보법의 적용여하에 따라 달라질 수 있다. 가담법에 담보권자는 청산절차를 완료하여야만 소유권을 취득할 수 있으므로 그 전에 담보권자가 부동산을 처분하게 되면 담보권설에 의하든 신탁적소유권이전설에 의하거나, 가담법 제11조 단서에 의하여 악의의 제3자는 소유권을 취득할 수 없게 된다. 그러나 제3자가 선의인 경우에는 설정자는 소유권을 잃게 된다.[141] 이 경우에 설정자는 채권자에게 소유권침해 혹은 계약상 의무 위반에 따른 손해배상을 청구할 수 있다. 이 법이 적용되지 않는 경우 특히 동산양도담보의 경우에는 양도담보권의 성질을 무엇으로 보는가에 따라 다르다. 담보물권설에 의하면 선의취득이 인정되는 경우에 한하여 제3자는 소유권을 취득한다. 하지만 신탁적양도설에 의하면 제3자는 선의인지 여부를 묻지 않고 소유자인 양도담보권자로부터 정상적으로 소유권을 확정적으로 취득한다.

② 양도담보권설정자의 처분

가담법의 적용을 받는 경우 양도담보에 있어서는 소유권이 설정자에게 있으나, 담보권자 명의로 등기가 되어 있으므로 실질적으로 설정자가 처분하는 것은 불가능하다. 가담법의 적용을 받지 않는 경우에도 소유권이 담보권자에게 이전하므로 설정자의 처분이 불가능하다. 이는 주로 동산양도담보로서 설정자가 목적물을 점유하는 경우에 문제된다. 이 경우에는 선의취득의 법리에 의해서 양수인의 소유권취득 여부를 결정하여야 할 것이다.

☞ 양도담보권자의 처분에 따른 선의취득

집행채무자의 소유가 아닌 경우에도 강제집행절차에서 그 유체동산을 경락받아 경락대금을 납부하고 이를 인도받은 경락인은 특별한 사정이 없는 한 그 소유권을 선의취득한다 할 것인바, 일반 채권자가 채무자가 제3자에게 양도담보로 제공한

141) 김형배·김규완·김영숙, 814면; 송덕수, 910면; 지원림, 869면; 양형우, 850면.

동산에 대하여 강제집행을 신청하여 배당을 받은 경우, 경락으로 인하여 경락인이 그 소유권을 선의취득의 방법으로 취득하고 이에 따라 양도담보권자는 그 소유권을 상실하게 되는 결과 일반 채권자는 채무자 아닌 제3자 소유의 동산에 대한 경락대금을 배당받음으로써 법률상 원인 없이 이득을 얻고 그로 인하여 양도담보권자는 손해를 입었으므로, 양도담보권자에 대하여 이를 부당이득으로서 반환할 의무가 있다(대판 1997. 6. 27, 96다51332).

(3) 일반채권자와의 관계

가담법이 적용되는 경우에 있어서 양도담보권자의 일반채권자가 목적물을 압류한 경우, 담보물권설에 의하면 설정자는 소유자이므로 제3자 이의의 소를 제기할 수 있으나, 신탁적양도설에 의하면 설정자는 대외적으로 소유권이 없고 단지 양도담보계약상 채무이행을 할 경우 소유권반환청구권을 가지는 지위에 불과하므로 제3자 이의의 소를 제기할 수 없다고 하겠다. 양도담보권자가 파산한 경우에는 담보물권설에 의하면 설정자는 환취권을 갖지만(채무자 회생 및 파산에 관한 법률 제407조), 신탁적양도설에 의하면 갖지 못한다. 가담법이 적용되지 않는 경우에는 소유권은 양도담보권자에 있으므로 양도담보권자의 일반채권자가 압류한 경우에는 설정자는 제3자 이의의 소를 제가할 수 없고, 파산한 경우에도 환취권을 가지지 못한다.

설정자의 일반채권자가 목적물을 압류한 경우에 가담법이 적용되면 양도담보권자는 제3자 이의의 소를 제기할 수 없고, 설정자가 파산하거나 개인회생절차를 개시하게 되면 담보권설에 의하면 양도담보권자는 별제권를 가지게 된다(동법 제411조, 414조). 가담법이 적용되지 않는 경우에는 소유권이 양도담보권자에게 있으므로 양도담보권자 제3자 이의의 소를 제기할 수 있고, 설정자가 파산하면 환취권을 가지게 된다(동법 407조).

(4) 제3자에 의한 침해

제3자가 목적물을 불법점유하거나 당사자의 점유를 침해하는 경우에 각 당사자는 소유권 및 양도담보권에 기한 물권적 청구권을 행사할 수 있다. 담보물권설에 의하면 양도담보권자는 양도담보권이라는 담보물권 의하여 설정자는 소유권에 기하여 물권적 청구권을 행사할 수 있다. 반면에 신탁적양도설에 의한다면 양도담보권자는 소유권에 기한 물권적 청구권을 행사할 수 있으며, 설정자는 점유권에 기하여 물권적 청구권을 행사할 수 있을 것이다.

그 외에 위 제3자가 목적물을 멸실·훼손하는 경우 각 당사자는 양도담보권 내지 소유권의 침해로 인한 손해배상청구가 가능하다. 이 때 소유권을 가진 당사자는 담보물가치 전액의 배상을 청구할 수 있으며, 소유권이 부인되는 양도담보권자는 피담보채권액을 한도로 청구할 수 있고, 받은 배상액만큼 피담보채권액 및 설정자의 손해배상액이 감축된다.

☞ 양도담보권자의 물권적 청구권

1) 채권담보를 위하여 소유권이전등기를 경료한 양도담보권자는 채무자가 변제기를 도과하여 피담보채무의 이행지체에 빠졌을 때에는 담보계약에 의하여 취득한 목적 부동산의 처분권을 행사하기 위한 환가절차의 일환으로서 즉, 담보권의 실행으로서 채무자에 대하여 그 목적 부동산의 인도를 구할 수 있고 제3자가 채무자로부터 적법하게 목적 부동산의 점유를 이전받은 경우 역시 그 목적 부동산의 인도청구를 할 수 있다고 할 것이나, 직접 소유권에 기하여 그 인도를 구할 수는 없다(대판 2007. 5. 11, 2006다6836; 대판 1991. 11. 8, 91다21770).

2) 채무의 담보를 위하여 채무자가 자기의 비용과 노력으로 신축하는 건물의 건축허가 명의를 채권자 명의로 하였다면 이는 완성될 건물을 양도담보로 제공하기로 하는 담보권 설정의 합의로서, 완성된 건물에 관하여 자신의 명의로 소유권보존등기를 마친 채권자는 채무자가 이행지체에 빠졌을 때에는 담보계약에 의하여 취득한 목적부동산의 처분권을 행사하기 위한 환가절차의 일환으로서 즉, 담보권의 실행으로서 채무자 또는 채무자로부터 적법하게 건물의 점유를 이전받은 주택임차인 등 제3자에 대하여 명도청구를 할 수 있다(대판 2002. 1. 11, 2001다48347).

☞ 양도담보설정자의 물권적 청구권

부동산의 양도담보권설정자는 그 부동산의 등기명의가 양도담보권자 앞으로 되어 있다 할지라도 그 부동산의 불법점유자인 제3자에 대하여는 그 실질적 소유자임을 주장하여 불법점유의 상태의 배제권을 행사할 수 있다(대판 1988. 4. 25, 87다카2696, 2697).

☞ 양도담보권자의 손해배상의 범위

양도담보권자는 담보권의 실행을 위하여 담보채무자가 아닌 제3자에 대하여도 담보물의 인도를 구할 수 있고, 인도를 거부하는 경우에는 담보권 실행이 방해된 것을 이유로 하는 손해배상을 구할 수는 있으나, 그러한 경우에도 양도담보권자에게는 목적 부동산에 대한 사용수익권이 없으므로 임료 상당의 손해배상을 구할 수는 없다(대판 1991. 10. 8, 90다9780).

2. 양도담보권의 실행

가등기담보법이 모든 양도담보에 적용되는지에 대하여 견해의 대립이 있으나, 판례는 피담보채권의 원인이 소비대차나 준소비대차가 아닌 경우에 대하여 이 법을 적용하지 않는다. 아래에서는 이 법이 적용되는 경우와 아닌 경우로 나누어 양도담보권의 실행을 살펴본다.

☞ 가등기담보법이 적용되는 양도담보의 실행

가등기담보법은 차용물의 반환에 관하여 다른 재산권을 이전할 것을 예약한 경우에 적용되므로 매매대금채권을 담보하기 위하여 경료된 양도담보에는 그 법은 적용되지

> 아니한다고 할 것인바, 이 사건 양도담보의 피담보채권은 매매대금채권에 해당하므로 이 사건 양도담보의 실행에 가등기담보법의 적용은 없다고 할 것이고, 매매대금채권을 피담보채권으로 한 양도담보권설정계약 후 대여금채권이 그 피담보채권에 포함되었다고 하더라도 원래의 매매대금채권을 위한 양도담보권의 실행에는 지장이 없다(대판 2001. 3. 23, 2000다29356, 29363).

1) 가등기담보법이 적용되는 경우

가등기담보법 가운데 담보권의 사적실행에 관한 규정인 제3조, 제4조 그리고 제8조 내지 제11조가 양도담보의 실행에 적용될 규정들이다. 이들은 귀속정산의 방법이며, 이 법이 적용되는 경우에는 청산절차가 배제되는 처분정산은 허용되지 않는다. 절차는 가등기담보와 같이 가담법의 절차에 의해서 실행의 통지, 청산기간의 경과, 청산, 소유권취득의 순서로 진행된다.

양도담보권자는 채무자등에게 변제기 이후에 실행의 취지와 함께 청산금의 평가액과 피담보채권액, 그리고 청산금이 없으면 없다는 점 등을 내용으로 하는 통지를 하여야 하며(가담법 제3조), 이 통지가 채무자에게 도달된 뒤 2개월의 청산기간이 경과되면 청산금의 지급으로, 청산금이 없으면 청산기간의 경과로 목적물의 소유권을 취득한다(가담법 제4조). 만일 청산금채권이 (가)압류되면 공탁을 하여 소유권을 취득한다(가담법 제8조). 양도담보권자가 소유권을 취득하기 전이며, 변제기 경과로부터 10년이 되기 전이고, 그리고 선의의 제3자가 소유권을 취득하기 전에, 채무자은 피담보채무를 변제하고 담보목적물의 권리를 회수할 수 있다(가담법 제11조).

토지와 그 지상의 건물이 동일한 소유자에게 속하는 경우, 그 토지 또는 건물의 어느 한쪽을 목적으로 하는 양도담보가 실행된 때에는 건물을 위하여 지상권이 설정된 것으로 본다(동법 제10조).

☞ 양도담보권의 청산방법

가등기담보법이 제3조와 제4조에서 가등기담보권의 사적 실행방법으로 귀속정산의 원칙을 규정함과 동시에 제12조와 제13조에서 그 공적 실행방법으로 경매의 청구 및 우선변제청구권 등 처분정산을 별도로 규정하고 있는 점, 위 제4조가 제1항 내지 제3항에서 채권자의 청산금 지급의무, 청산기간 경과와 본등기청구, 청산금의 지급의무와 부동산의 소유권이전등기 및 인도 채무의 동시이행관계 등을 순차로 규정한 다음, 제4항에서 제1항 내지 제3항에 반하는 특약으로서 채무자 등에게 불리한 것은 그 효력이 없다(다만, 청산기간 경과 후에 행하여진 특약으로서 제3자의 권리를 해하지 아니하는 경우는 제외된다)고 규정하고 있는 점, 나아가 제11조는 채무자 등이 청산금 채권을 변제받을 때까지 그 채무액을 채권자에게 지급하고 그 채권담보의 목적으로 경료된 소유권이전등기의 말소를 청구할 수 있다고 규정하고 있는 점 등을 종합하여 보면, 가등기담보권의 사적 실행에 있어서 채권자가 청산금의 지급 이전에 본등기와 담보 목적물의 인도를 받을 수 있다거나 청산기간이나 동시이행관계를 인정하지 아니하는 '처분정산'형의 담보권실행은 가등기담보법상 허용되지 아니한다고 할 것이다(대판 2002. 4. 23, 2001다81856).

2) 가등기담보법이 적용되지 않는 경우

가담법의 적용을 받지 않는 양도담보의 경우에는 가담법에 의한 실행은 요구되지 않는다. 그러나 반드시 정산은 하여야 한다. 정산의 방법에는 '귀속정산'과 '처분정산'이 있다. 귀속정산은 담보부동산의 가액에서 채권의 원리금을 공제한 나머지를 채무자에게 반환하고 담보부동산의 소유권을 취득하는 방법이고, 처분정산은 담보부동산을 제3자에게 처분하여 그 매각대금에서 채권원리금의 변제에 충당하고 나머지를 채무자에게 반환하는 방법이다. 채권자는 이러한 정산방법 중 어느 것이든 자유롭게 선택할 수 있다(대판 2001. 8. 24, 2000다15661). 그리고 정산은 부동산의 시가가 채권의 원리금에 미달하여도 행하여져야 한다(대판 1998. 4. 10, 97다4005). 그 경우 귀속 정산을 하려면 부동산의 평가액이 피담보채권액에 미달하는 때에는 채무자에게 그와 같은 내용의 통지를 하는 등의 정산절차를 마쳐야 하며(대판 2005. 7. 15, 2003다46963), 평가액이 피담보채권액에 미달 하는 경우에는 청산금이 있을 수 없으므로 귀속정산의 통지방법으로 부동산의 평가액 및 채권액을 구체적으로 언급할 필요없이 그 미달을 이유로 채무자에 대하여 담보권의 실행으로 그 부동산을 확정적으로 채권자의 소유로 귀속시킨다는 뜻을 알리는 것으로 충분하다(대판 2001. 8. 24, 2000다15661).

Ⅳ. 양도담보권의 소멸

양도담보도 보통의 담보물권의 경우와 같이 채권의 변제·보증인이나 양도담보의 제3취득자가 대위변제한 경우·소멸시효 기타의 사유로 인하여 소멸하면 그에 따라 소멸하게 된다. 피담보채권의 소멸로 인하여 양도담보권이 소멸한 경우, 목적물이 부동산이면 설정자는 담보의 목적으로 경료된 소유권이전등기의 말소를 청구할 수 있다(가담법 11조 본문).

양도담보권자가 채무자에게 청산금을 지급함으로써 소유권을 취득한 때에도 양도담보권은 소멸한다. 다만 이 경우에는 담보목적으로 경료된 소유권이전등기가 원래의 뜻으로서의 소유권이전등기로 변하는 셈이므로 등기에 관해서 별로 문제될 것이 없다.

담보의 목적물의 멸실·훼손되면 그 범위내에서 양도담보권은 소멸하며, 약정에 따라 실행을 위하여 처분한 때에도 소멸한다.

☞ 양도담보설정자의 환취권 행사여부

파산법 제79조가 "파산선고는 파산자에 속하지 아니하는 재산을 파산재단으로부터 환취하는 권리에 영향을 미치지 아니한다."라고 규정하여 파산자의 소유에 속하지 아니하는 재산을 파산절차에 의하지 아니하고 파산관재인으로부터 환취할 권리를 보장하는 반면, 같은 법 제80조는 "파산선고 전에 파산자에게 재산을 양도한 자는 담보의 목적으로 한 것을 이유로 그 재산을 환취할 수 없다."라고 규정하여 양도담보설정자의 양도담보물에 대한 환취권을 제한하고 있는바, 위 규정은 양도담보권의 피담보채권이 아직 소멸하지 않은 경우에 양도담보권자의 파산을 이유로 환취권을 행사하는 것을 허용하지 않는 것이라 해석할 것이고, 양도담보권의 피담보채권이 소멸한 경우에는 파산자는 더 이상 양도담보권의 목적이 된 재산권을 보유할 권원이 없으므로 양도담보설정자는 원칙적인 규정인 같은 법 제79조에 의하여 양도담보의 목적이 된 재산권을 환취할 수 있다(대판 2004. 4. 28, 96다25463).

제4절 소유권유보

Ⅰ. 의 의

일상거래에서 매도인의 대금채권의 확보를 위해서 목적물의 점유를 매도인으로부터 매수인에게 이전하면서 대금채권의 완전변제가 있을 때가지 그 소유권을 매도인에게 유보시키는 담보형태를 말한다. 매수인은 매매대금의 완전 변제를 하지 않고 목적물을 점유·사용할 수 있도록 함으로서 구매력을 증진시킬 수 있고, 매도인은 매매대금이 지급되지 않은 상태에서 목적물의 점유을 이전시킴으로서 발생할 수 있는 매매대금 회수의 곤란이라는 위험을 담보할 수 있다는 점에서 담보의 수단으로 이용되고 있다.

Ⅱ. 법적성질

소유권유보부 매매의 법적성질에 대해서 판례는 "동산의 매매계약을 체결하면서, 매도인이 대금을 모두 지급받기 전에 목적물을 매수인에게 인도하지만 대금이 모두 지급될 때까지는 목적물의 소유권은 매도인에게 유보되며 대금이 모두 지급된 때에 그 소유권이 매수인에게 이전된다는 내용의 소위 소유권유보의 특약을 한 경우, 목적물의 소유권을 이전한다는 당사자 사이의 물권적 합의는 매매계약을 체결하고 목적물을 인도한 때 이미 성립하지만 대금이 모두 지급되는 것을 정지조건으로 하므로, 목적물이 매수인에게 인도되었다고 하더라도 특별한 사정이 없는 한 매도인은 대금이 모두 지급될 때까지 매수인뿐만 아니라 제3자에 대하여도 유보된 목적물의 소유권을 주장할 수 있고, 다만 대금이 모두 지급되었을 때에는 그 정지조건이 완성되어 별도의 의사표시 없이 목적물의 소유권이 매수인에게 이전된다."고 하여 정지조건부 물권행위로 보고 있다(대판 1996. 6. 28, 96다14807).

Ⅲ. 소유권유보부 매매의 효력

1. 대내적 효력

소유권유보부 매매에서 매수인과 매도인의 대애적 관계는 계약에 의해서 결정된다. 계약이 없는 경우에는 소유권은 매도인에게 귀속되고, 매수인은 목적물을 인도받아 사용·수익하는데 지나지 않는다. 매수인은 정기적으로 약정된 할부금을 지급하여야 하고, 목적물에 관하여 지출되는 비용은 매수인이 부담하여야 한다.

2. 대외적 효력

매매대금이 모두 지급되기까지는 목적물의 소유권은 매도인에게 있으므로, 매수이니 목적물을 처분하는 경우 양수인은 선의취득의 요건을 갖추거나 소유권유보의 매도인이 추인하지 않는 한 소유권을 취득할 수 없다. 그리고 매수인의 일반채권자가 목적물을 압류하면 제3자 이의의 소를 매도인을 제기할 수 있다(민사집행법 제48조). 매수인이 파산한 때에는 매도인은 환취권을 취득하게 된다(채무자 회생 및 파산에 관한 법률 제407조).

매도인은 목적물을 제3자에게 처분할 수 있고 제3자는 매도인의 지위를 승계하게 되고, 매수인은 제3자에게 대금을 지급하여야 한다. 매도인의 일반채권자가 목적물을 압류하게 되면 피담보채권과 함께 담보물권의 압류로 보아야 한다(민사집행법 제189조).

☞ 매수인의 목적물의 처분

동산의 매매에서 그 대금을 모두 지급할 때까지는 목적물의 소유권을 매도인이 그대로 보유하기로 하면서 목적물을 미리 매수인에게 인도하는 이른바 소유권유보약정이 있는 경우에, 다른 특별한 사정이 없는 한 매수인 앞으로의 소유권 이전에 관한 당사자 사이의 물권적 합의는 대금이 모두 지급되는 것을 정지조건으로 하여 행하여진다고 해석된다. 따라서 그 대금이 모두 지급되지 아니하고 있는 동안에는 비록 매수인이 목적물을 인도받았어도 목적물의 소유권은 위 약정대로 여전히 매도인이 이를 가지고, 대금이 모두 지급됨으로써 그 정지조건이 완성되어 별도의 의사표시 없이 바로 목적물의 소유권이 매수인에게 이전된다. 그리고 이는 매수인이 매매대금의 상당 부분을 지급하였다고 하여도 다를 바 없다. 그러므로 대금이 모두 지급되지 아니한 상태에서 매수인이 목적물을 다른 사람에게 양도하더라도, 양수인이 선의취득의 요건을 갖추거나 소유자인 소유권유보매도인이 후에 처분을 추인하는 등의 특별한 사정이 없는 한 그 양도는 목적물의 소유자가 아닌 사람이 행한 것으로서 효력이 없어서, 그 양도로써 목적물의 소유권이 매수인에게 이전되지 아니한다(대판 2010. 2. 11, 2009다93671).

Ⅳ. 소유권유보의 실행

매수인의 매매대금 채무에 대한 불이행이 있으면 매도인은 계약을 해제하고 목적물의 반환을 청구할 수 있으며, 이 경우 매도인은 수령한 금액에서 손해배상액을 공제하고 반환하여야 한다. 매도인이 청산금을 지급하고 있지 않은 상태에서 매수인은 잔대금을 모두 지급하고 소유권을 완전하게 취득할 수 있다.

Ⅴ. 소유권유보의 소멸

소유권유보는 매수인이 대금을 완납하거나, 소유권이 제3자나 매수인에게 이전하면 소유권유보는 효력을 상실하게 된다. 또한 제3자가 목적물을 점유하는 경우 선의취득에 관한 요건을 구비하게 되면 소유권유보는 소멸하게 되며, 그리고 가공의 법리에 의하여 매수인의 가공으로 인하여 목적물의 가액이 현저하게 증가한 때에는 매수인이 목적물의 소유권을 취득하게 된다(제259조 제1항). 매도인이 매수인에 대하여 소유권의 포기하면 소유권유보는 소멸한다.

판례색인

사항색인

ㅁ

ㅂ

ㅅ

ㅇ

ㅈ

ㅊ

ㅌ

ㅍ

ㅎ

저자약력

■ 장 석 천

【 학력 및 경력 】

▹ 충북대학교 법학과 졸업(법학사), 동 대학원 졸업(법학박사)
▹ (현) 충북지방경찰청 수사이의심사위원
▹ (현) 충북지방노동위원회 차별시정담당 공익위원
▹ (현) 충청북도 건축위원회 분쟁전문위원
▹ (현) 충북대학교 법학전문대학원 교수

【 주요 업적 】

▹ "사용자책임에 있어서 구상권 제한의 법리", 한양법학 제23권 제3집, 2012. 8.
▹ "개정민법에 있어서 성년후견과 의료행위 동의권", 재산법연구 제28권 제3호, 2011. 11.
▹ "중국 물권법의 담보물권 규정과 담보법 및 사법해석 상호간의 효력문제", 법학논총 제27집 1호, 2010. 3.
▹ "한국과 중국에 있어서 부동산등기의 공신력에 대한 비교검토", 법학연구 제21권 1호, 2010.4.
▹ "일·한·중에 있어서 부실등기를 신뢰한 선의의 거래자의 보호에 관한 고찰", 법학연구 제20권 2호, 2009. 12.
▹ "중국 물권법상 부동산등기의 선의취득에 대한 고찰", 재산법연구 제25권 2호, 2008. 10.
▹ "의료정보보호와 민사법적 문제", 법학연구 제28집, 2007. 11.
▹ "기업의 유동집합자산 양도담보의 특정과 공시방법", 경영법률 제18집 1호, 2007. 10. 외 다수.

【 저 서 】

▹ "법학통론", 법문사, 2008.

담보물권법

저 자	장 석 천	2013년 7월 8일 초판 인쇄
발 행 인	양 진 수	2013년 7월 16일 초판 발행
발 행 처	진 원 사	

서울시 서초구 서초3동 1714-32 형덕빌딩 1층
전화 : 02) 916-1850 / 팩스 : 02) 916-3442
신고번호 제321-2512007002호
http://www.jinwonsa.co.kr
http://www.lawbookstore.co.kr

저자와의 협의하에 인지생략

ISBN : 978-89-6346-308-7 94360
ISBN : 978-89-6346-044-4 94360(세트)

정가 23,000 원